彩色的
阅读教室

周其星　著

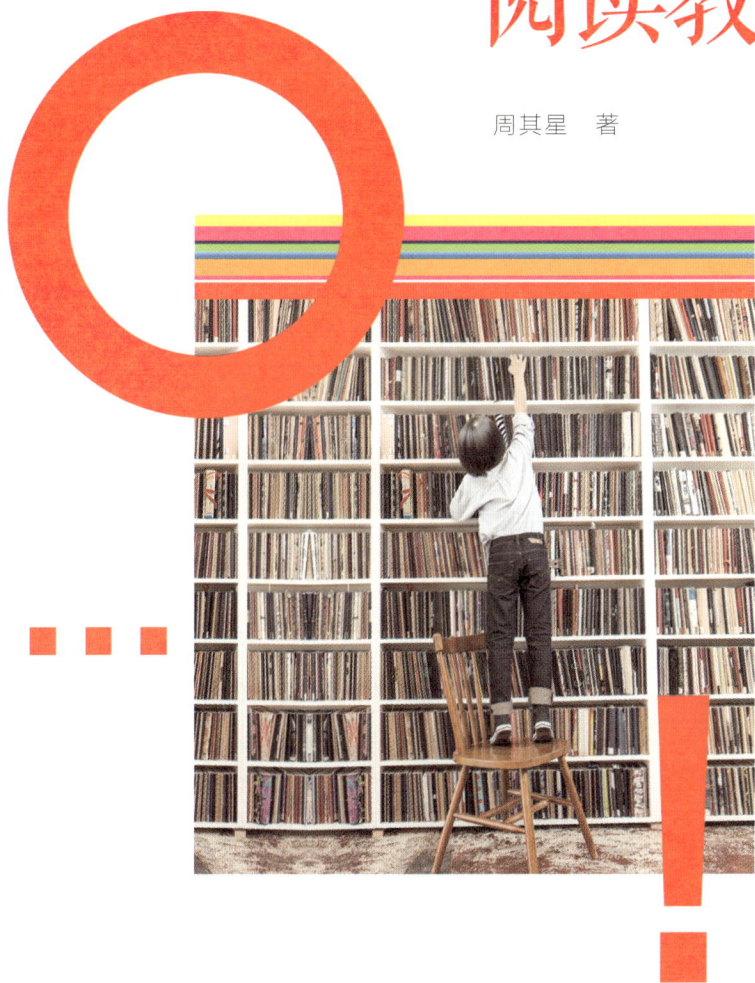

北京师范大学出版集团
BEIJING NORMAL UNIVERSITY PUBLISHING GROUP
北京师范大学出版社

图书在版编目(CIP)数据

彩色的阅读教室 / 周其星著. —北京：北京师范大学出版社，2014.6（2021.8重印）

ISBN 978-7-303-14759-5

Ⅰ. ①彩…　Ⅱ. ①周…　Ⅲ. ①读书方法－通俗读物　Ⅳ. ①G792-49

中国版本图书馆CIP数据核字（2014）第072015号

营销中心电话　　010-58808083
少儿教育分社　　010-58806648

CAISE DE YUEDU JIAOSHI

出版发行：北京师范大学出版社 www.bnupg.com
　　　　　北京市西城区新街口外大街12-3号
　　　　　邮政编码：100088
印　　刷：北京玺诚印务有限公司
经　　销：全国新华书店
开　　本：710mm×1000mm　1/16
印　　张：21
字　　数：260千字
版　　次：2014年6月第1版
印　　次：2021年8月第8次印刷
定　　价：45.00元

策划编辑：谢　影　　责任编辑：谢　影
美术编辑：袁　麟　　装帧设计：红杉林文化　　插图：卡森插画工作室
责任校对：陈　民　　责任印制：乔　宇

童话是真的
——关于一个地点的故事

梅子涵

　　我忘记了时间，但是我记得地点。我也记得在那个地点我听见什么，看见什么。于是我就可以开始叙述，你也就会听见我要说的故事了。

　　那个地点是在深圳。那个地点是在一个学校。非常重要的是那个地点曾经有一位叫李庆明的校长。于是我就到那个地点去了。我做完了关于童话和阅读的讲演，那位校长对我说："你去听听一位老师上课吧！"

　　于是我就走进了更小的地点，这个地点叫教室。

　　我就看见了他，也就是看见了你。

　　你对你的教室说："我们现在开始上课吧！"

　　在这个叫深圳的大地点，你说着另外一个地点的口音，你的口音的地点叫安徽。

　　你的安徽口音说："我们今天来读一篇小说，小说的名字叫《走在路上》。"

　　我坐在这个很小的地点的后面。我不知道你今天要上的课是《走在路上》——我的小说，我二十几年前的一个写作，我那时的一个很重的感情，我的这个很重的感情的故事漂漂泊泊很多年，成了我的代表，成了一个著名，成了很多教材里的一篇。我现在要听你给你的这个大地点里的小地点中的小孩们讲我的这个很重的感情，我不知道，今天的，深圳的，这个迅速耸立的城市的小孩，他们优越着，会感动吗？

　　你开始讲这个路上的故事给他们听。你读着里面的段落，读着一句一句。故事里的小远走在前面，奶奶走在后面。奶奶走得真慢啊，电影要开场了，小远一次一次回过头朝着奶奶嚷，让她快走。故事的叙述一次一次回到从前的时间，从前的路上，那时是奶奶抱着小远，背着小远，搀着小远。小远，这一些，你还记得吗？

　　这一些，这一切，我都记得，故事是我写出来的，而现在我在你的教室里又走回以前的路。我的奶奶已经不在，我听着你在叙述我写的故事，我很想追着我已经走得很远的奶奶，对她说："奶奶，对不起您！"因为故事里的小远正是我自己，我长大以后，有一次，和奶奶在路上走，我嫌她慢，朝她嚷，后来就写了这个故事。只要一次，就会懊悔，一次懊悔，就会一直都懊悔，所以最好不要那一次！这一定不会是我一个人的故事。我们真是需要明白，要快干什么？要干什么呢？和奶奶一起在路上走，和父母一起过日子，慢慢的，慢慢的，有多好！即使慢慢的，慢慢的，很慢很慢的，时间也是飞快走完，后来他们就不见了，后来就成为想念，想啊，想啊，满脸都是慢慢的眼泪。

　　我看见你，眼里也有很多的泪水！

　　你讲完了。你的教室安静得像没有一个人。你说："下课吧。"你的教室好像没有听见你宣布。你说："下课!"你的教室开始有轻轻地移动。可是有几个小孩一直站着不移动,他们低着头在哭。

我站了起来。我知道了你的名字,对你说："谢谢啊,周其星!"

后来,我又去过你们学校。后来,你就开始了儿童文学的别的阅读,别的教学,你不是只在你的那一个地点了,你渐渐地有了别的地点,一个又一个,你而且穿起西装。不过你穿西装的时候,那个西装总好像是借来的,但是美好的儿童文学到了你的课里不像是借来的,你渐渐更加熟悉它,很多喜欢儿童文学的人也开始渐渐熟悉你,你就为自己起了个名字:深圳星星!你倒是感觉挺好的,说自己是星星,但是你的确就是一颗阅读儿童文学教学儿童文学的星星,这样的星星现在已经不止十颗,不止一百颗,越多越好,一起闪亮,闪亮的光里没有猴面包树,没有统治的国王和酒鬼,没有商人和数不完的数字,只有童话的快乐和奇妙,只有鸟儿对变成了灯火的树的歌唱,只有小远们回头一看,原来奶奶已经老了,我们应该扶着她慢慢走了,小远说:"奶奶,您走得慢一点!"小远跑过去扶奶奶。

这是一条多么好的路,一个多么好的新地点,它的名字叫阅读,叫儿童文学,我们早已长大,可是我们竟然总在这个地点里遇见,我们是这里的永远的徘徊者,行走者,我们十分喜欢,所以我们喜欢带儿童到这儿来看看,以后,儿童们都不需要我们带了,自己会来,可是我们自己还是会来,因为儿童文学其实只是一个名称,它原本就是所有人的文学,所以安徒生是人类的文学家,不只是小孩的文学家,《小王子》是世界的童话,不只是小孩手里的书,这个地点里,有任何人的座位!

　　其星，买一套合身的西装吧，穿着，讲童话，这样就成为深圳西装星星了，安徽口音的深圳西装星星，家乡气息，移民城市，西方服装，世界故事，而且还在空中，所有的地点全在身上，闪啊闪啊，简直不会熄灭了！

　　其星，当你出版这本书的时候，你应该分外想念你的李庆明校长，他现在到了另外一个城市，在另一个地点带领阅读。你的现在的很多闪烁里，是有他的很多光的，我们都要学会记住光，因为这也是童话的要求，而很多的光就是童话，童话是真的！

　　我现在要写下我讲这个故事的时间和地点：
2014年4月27日
上海樱园家中三楼书房铺着法国台布的桌上

目　录

1 没有他的教室，
　　像风吹过后的林子

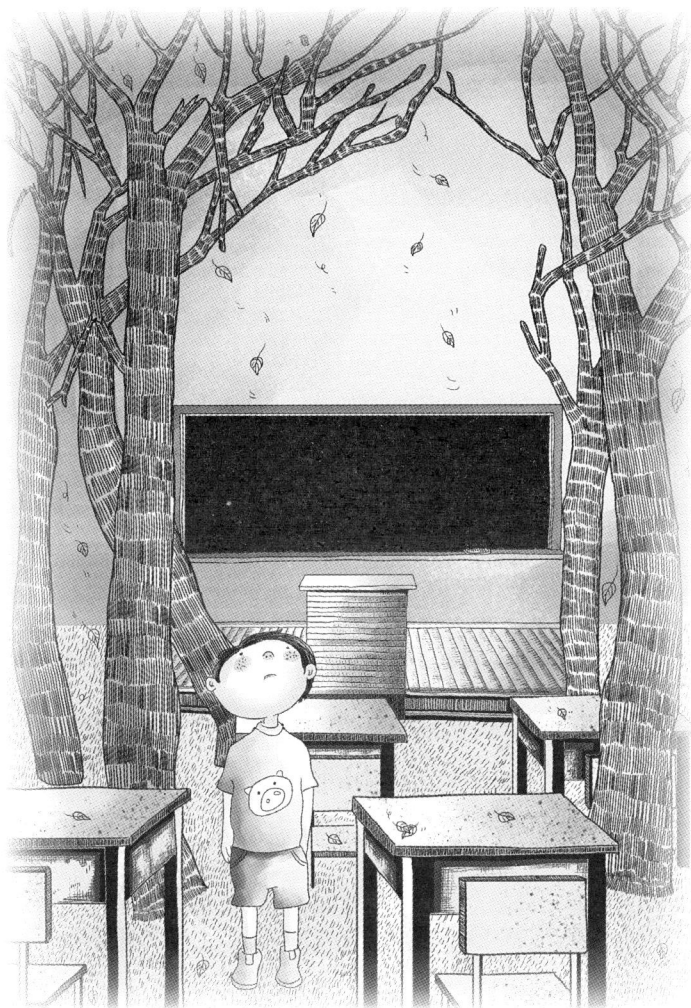

风吹过，林子里不再有他的身影。

风声里，寻找他的消息。

"他已经不教书了。"

多年以后，我大学毕业。想起我的童年时代，那些熠熠生辉的日子，总在拨弄着我思忆的心弦，我想念我的童真年代，想念他——那位守护着我童年的师长。

终于回到母校去找他时，他的同事，准确地说，是他曾经的同事、我以前的老师们这么跟我说。

初闻此言，我吃了一惊——我不敢相信他会离开，我不能接受没有他的校园。往事岂能如烟，虽然时隔多年，我却依然记得他微微笑着的样子，他笑起来眼睛眯成一条缝的模样，那张娃娃脸讨巧地显示着年轻，也透露着亲切。

在我们面前，他永远充满激情。作为一名老师，他的成功或许就在于他热情洋溢的声音让教室散发出人性的温度，他抑扬顿挫的声调让课堂充满璀璨的活力。无论春困还是秋乏，你都不会在他的课堂上睡觉，隔壁办公室的同事总能听到他热情洋溢的声音。经过他教室门口，也能看到他手舞足蹈、张牙舞爪的模样，喜怒哀乐就像春夏秋冬一样在他的课堂上随着剧情尽情上演。而我们，就是这其中的演员和观众。

在我看来，他不像别的老师那样，只是拿着教材和教案上课。他简直是在用生命表演。在我们面前，他一会儿变国王，一会儿变巫婆，有时装阿猫，有时扮阿狗。小小的教室就是他大大的舞台，我们就是他的主角，就是他生命演出的最重要的参与者。或者说，我们构成了一个剧团，一部乐章，置身教室其间的每个人就是其中的一句台词，一个音符。

当我后来把这种感觉和同学们说起时，没想到他们也有同样的印象。

你说，我怎能相信——他会舍得离开这块让他充满深情的舞台?

是的，我不愿相信他离开校园会成为既定的现实，虽然我在这陌生又熟悉的校园里再也寻不见他的踪影，就像一股清泉没入沙地，就像一阵风吹过树林，悄无声息。

没有我熟悉的那颗星星，天空不会是我的天空，我无需再为它仰头。

没有我熟悉的那个名字，校园不再是我的校园，我不会再为它驻足。

✿✿✿✿✿

"听说他在做全职爸爸。"有人说

他的女儿是我的同学，我们曾经有过一段很愉快的同桌时光。在我的记忆里，每天早上总能看到他骑着电单车往学校疾驶而来，车后座上他的女儿我的同学不那么安分地坐着，很多时候却是站着，双手紧紧抓住他的衣服，我能看到她在笑，我能猜到他们正在说着什么开心事。一辆半新不旧的电单车，成为他忠实的坐骑也承载着我们快乐的记忆——他不喜欢开车，也没有想买车的意思，所以总是驾着坐骑在风雨与阳光里来去，我们喜欢被他放学后留在最后做作业，然后跟他一起回家，那样我们就有机会蹭着坐他的电单车，体会那种奔驰起来的刺激与被他裹挟在怀里的欣喜。他的车技很好，胆子特别大，每次总有很多人想坐车，他就会在前面挤着俩人，后面还载着一个，连同三个人的书包，挂在左右两边的车把手上，夸张地开出学校，把我们送到各自的家门口。坐惯了小车的我们挤在一块儿都觉得很过瘾，一路上七嘴八舌、嘻嘻哈哈喜不自胜。他骑得很小心，看得出，他也很享受和我们在一起的快乐。

每天早上七点四十分要赶到学校，这是他做班主任（我们那时都称作导师）时立下的规矩，大家都能克服困难，默契地遵守着。和别的班级相比，我们要比他们早十分钟到学校，这样每天就比别人多出十分钟的晨诵时间，更免除了上学高峰期学校门口堵车之苦。这种提前到校的行为，在学校后来取消晨读安排之后，优势更是显而易见——别人没有太多的时间读书背诵，我们每天都会花上二十分钟诵读童谣童诗和古代经典，你能看到那些天鹅绒般质地的语句经过每天口舌间诵读，慢慢地烂熟于胸，以至有一次我们在海边玩沙，都情不自禁地背诵起黎巴嫩诗人纪伯伦所写的《沙与沫》①中的名篇来：

"我永远在沙岸上行走，在沙土和泡沫的中间。高潮会抹去我的脚印，风也会把泡沫吹走。但是海洋和沙岸，却将永远存在。"

一人起兴，全体迅速加入高声诵读，这些熟悉的句子，很自然地流淌在唇边，响亮起来，最终消融于海风之中。就这样自然而然，让旁人讶异，让我们得意，让他惊喜。

每个早晨，往往是他先到学校，来了就直接走进教室，陪我们读书，带我们一起诵背。

偶尔也有例外。

早晨上学前总是一天里最为紧张忙碌的时刻，谁都巴不得有着三头六臂，三下五除二就能忙完刷牙、洗脸、早餐这些必做的事情，然后可以从容地去学校。可是，只要稍稍有些迟疑有些拖拉，你就会迟到。这时，大家都能自觉地去操场跑几圈，或者拿着跳绳去一边的走廊跳几百下。这是我们一起讨论后商定的班规。告诉你们吧，我们的班规都是他和我们一起商

---

① ［黎巴嫩］纪伯伦：《沙与沫》，冰心译，新蕾出版社 2006年版

议制定的，他说他的灵感来自那个很有名的美国年度教师克拉克，他和孩子们一起商量制定班规，然后大家都要坚定地遵守相互的约定，迟到是要挨罚的，迟到一分钟要在操场跑一圈，或者跳一百下跳绳，也可以从一楼到五楼爬楼梯。这样的惩罚，开始我们不太适应，到最后倒是很喜欢了，因为这样既可以锻炼我们严重缺乏锻炼的身体（我们班的体育一度是年级最强的，每届田径运动会总分都会超过平行班，甚至能打败很多高年级，在学校赫赫有名。你说这是巧合，还是这样的惩罚确实增强了我们的体能？），又可以以此警醒鞭策自己，可谓一举两得。规则面前，一律平等，谁都没有特权。即便是他，也被自己订下的规矩惩罚过，毕竟，谁都不敢保证自己不会犯错，他身为老师，却也不例外。每每七点四十分一到，如果他还没来，我们就格外开心，等他匆匆赶到教室之后，我们都会很好心地一起提醒他说"老师你迟到了"。他总是憨憨一笑，如果我们在跑步，他就在结束后自觉地围着操场跑几圈，如果没有跑步，他就拿起跳绳到一旁走廊上去跳。他就这么乖乖地在我们的眼皮底下受罚。如果你不了解我们班的特点、不了解他的为人，你肯定会觉得十分诧异：这怎么可能，老师还会罚自己？可是对我们来说，大家都觉得这没什么，赏罚分明天经地义，这样做才是公平的——规则理应指向教室里的每一个人，制定规则者同样要接受规则的约束和惩戒，这样，规则才能成为大家共同认同并遵守的约定。他一直强调在他的教室里每一个人都是平等的，他要让每一个孩子都有安全感，都能受到公平相待。

为了赶在我们到校之前到学校，他没法在家做饭吃，只能抽空在学校食堂随便吃点什么，所以，我总能看见他用纸巾包着两个馒头带到他女儿面前，他的女儿—我的同学就会乖乖地啃掉这顿简单的早餐，再跟我们一起继续读书。

他很喜欢召集我们开展活动。说来你们可能会羡慕，我们班上总会有几个很热心的家长乐于出面组织活动。每次举行活动，都能看到他和他女儿的身影，女儿就是他的小尾巴，快乐地跟在后面摇啊摇。

为了心爱的女儿，他选择全职并不是一件多奇怪的事。

只是……可是……在这样一个高度物质化的时代，他哪来足够充裕的钱供女儿过好生活？

虽然说，我小学五年级后就转到市内另外一所学校读书去了，从此也就失去了与他以及他女儿的联系。可是，我知道他一直向往着自由自在的日子，读读书，写点东西，偶尔出去走走，这是他崇尚的生活——简单、平淡、从容不迫。可是，在这个高消费的时代，浪漫需要经济来护航，理想需要实力来保障。仅靠微薄的稿费，没有其他的经济收入，他不会那么自在吧。他为了女儿全职在家，只会让他的生活局促不安。

✿ ✿ ✿ ✿ ✿

"好像他去做公益了。"

这不是空穴来风，我将信将疑。

那时，他和几位朋友成立了一个公益组织，鼓励爸爸妈妈去给孩子讲故事，听说在全国影响很大，他们的努力改变了很多家庭的教育观念，至少，让更多的妈妈知道自己的孩子需要看些什么书，不同年龄段的孩子看什么书合适。对我们来说，印象最深的就是参加了他参与发起的每年一度的绘本剧大赛。每年我们都要选择一个很棒的绘本故事排练成舞台剧，轰轰烈烈华丽丽地上台去表演。记得第一次参赛时，我们才一年级，进小学也就一个月时间，全班四十个孩子都上场表演，拿了好多大奖。之后，一发不可收拾，每年一个剧，每年一个大奖……我的自信就是从那里开始建立起来的。随着年级升高，能力渐强，我们可以自己组成小剧组排剧了，这是后话。年龄渐大，我们对这个世界也逐渐由好奇到疑惑，我们不知道除了学习还可以做些什么，除了参加各种兴趣班还可以参加什么，只觉得浑身的劲儿没处使。幸好，他一直鼓励我们利用假期去做公益，去各类公益组织做义工，感受另一种生活，尝试着用自己的努力去影响另外的人，用自己的真诚与热情去改变哪怕一个小小的世界。

"这样，我们的未来才有希望。"

他这么说的时候，总是很坚定的样子，听得我们一个个热血沸腾。

哦，对了，我记得那时他一直在坚持写博客，每天都要记录点什么，博客的名字就是"种树的男人"。

"种树的男人"来自于一个法国作家书写的故事，他带着我们读了这个故事，还专门看了一个视频。

他总是这样，但凡自己喜欢的东西，比如好书、好的音乐、好的电影、好的活动……像宝贝一样和我们尽情分享，毫不吝啬。你绝对不会想到，因为他喜欢民谣，喜欢台湾的民谣之父胡德夫，我们不仅在教室里听《匆匆》、听《美丽岛》，和他一样喜欢上这样动听的旋律，胡德夫来大陆开讲座，我们这一群大小胡粉们还跟着他一起去广州追过星呢。

他带给我们的都是很美妙的东西，这一点我们心知肚明，所以很自然地都会喜欢上他额外带来的这些"福利"。你要知道，这比在语文课上学课文有趣多了。课文总是面目单一索然无味，故事总是新鲜活泼亲切可人。

那个一直在普罗旺斯高原上种树人的故事给了我们很强烈的震撼——几十年如一日，一直在荒原上选种、播种、培植、护林，直到绿树成荫，这需要多么了不起的勇气和毅力！这简直就是造物主般的神迹。有时，我觉得他俩身上还真有一些相近之处，除了都是男人，都在做着让世界变得更加美丽的事情之外，他俩做事时都有着一种特别宝贵的品质，那就是心无旁骛。我也就是从这个故事里，第一次听说"心无旁骛"这个词。都过了这么久了，直到刚才听说他可能去专职做公益了，我才算真正懂得了这个词的意思。

我进入初中、高中以及大学之后，一直记得他多次跟我们说的这句话："我们自身的意义是通过对别人的价值实现才得以实现的"，正如他多年来的努力实践一样。我想，如果他真的选择专心去做公益的话，这也是一件好事。那是他的所爱，能做自己喜爱的事，是幸福的。只是不知道，他发起的那个公益组织过了这么多年后，现在做得怎么样了？

✿✿✿✿✿

"他出家了。"

"啊！不会这样吧？！"听到这个说法我惊得叫了起来。

他那么热爱生活，他喜欢生活中一切的美好，用他一贯的说法，那就是"要尽情啜饮生活中的甜"。他总是组织我们远离呆板的课堂，参加各种活动——在学校大玩跳蚤市场以物易物，去公园放风筝野餐，去城市绿道骑单车，去海边露营捉螃蟹，去观星台仰望星空，去滑雪场滑雪，去海边浮潜……入世这么深，怎么可能斩得断对这俗世的留恋？

可是回想起他和我们相处的那些日子，印象最深的，莫过于他引导我们对现实的焦点关注，对各种社会事件的讨论，对恶劣现实的批判。他总是鼓励我们要学会独立思考，他喜欢听到不一样的声音。有些时候，我们跟着他一起哈哈大笑，笑得在地上打滚；有些时候，我们会跟着他一起流泪，哭得稀里哗啦，甚至在下一节课上还是眼泪汪汪，让科任老师莫名其妙。

他的眼睛里充满着对现世太多的关怀，他从不考虑出国，因为他离不开这片让他爱恨交加的土地。他的身上似乎有着宗教般的情怀和气质，他迷恋那些让人精神上获得空灵安静的东西，《圣经》《六祖坛经》立于案头随手可取。可是，我还是不太相信他会选择走这样一条路。每天晨诵时，我们在读书，他也在读，我曾经悄悄看到过他在背《摩诃般若波罗蜜心经》。可是，他若真的远离红尘投身古寺，切断世间一切联系，这对我来说，对我们这些深爱着他的弟子来说，无疑是最难接受、最觉残忍的事。

❦ ❦ ❦ ❦ ❦

我一定要找到他，我一定要问清楚

原想在母校见到陪伴我整整五年的老师，没想到偌大的校园竟然再也不见他的踪影。在这个信息极为发达的时代，我就不信我找不到他。

回到家，我试着在同学通讯录上寻找他的电话号码，然后，依次按下那11个数字……

铃声只不过是响了几遍，居然就拨通了他的电话，这么顺利是我没想到的。听着电话那头熟悉的声音依然那么明亮，我沉郁的心也跟着一起明亮起来。

他的电话号码居然一直没变。这样的固执！固执得可爱。

顺着他在电话里的指引，我不怎么费力就找到了他的家。

他还是固执地租住在一个不足四十平方米的小房间里，丝毫没有换间大房子的意思。在生活方面，他是一个不太懂得享受的人，更不会去刻意经营，不然，依他的能力和名望，悄悄地做做家教搞搞培训，收入一定会相当可观。要知道，多少人想让孩子进入他的班级，多少人从他那里获取教育的经验。很显然，他不愿做这样的事，在世俗的社会里，他宁愿离物质远一点，离精神近一些。

这应该是我第二次来他家了，上一次发生在三年级的时候。那次是因为我的父母有急事需要赶回老家处理，家里没人照顾我，只好把我托管在他家。他找来一大堆书让我看，做我最喜欢的意大利肉酱面给我吃，然后，我和他的女儿一起玩，他自己就在一旁看书……

那是我童年时代最难忘的一段日子。往后的岁月里，我总是不断回味着这段时光，就像经常擦拭的门把手，在阳光下锃锃发亮；又像微微翻卷着四角的老照片，泛着温暖而淡淡的黄。

一张沙发，一台笔记本电脑，一张上下铺的木床，一个衣橱，一台冰箱，还有一张古琴，然后，就是这里那里一堆又一堆的书。

他过得一如既往的简单。我就站在这样的简单当中，心也跟着简单下来。

"长高了！"

这是他见到我以后说的第一句话。

没有拥抱，没有客套，我们像昨日还在一起的朋友今朝又遇上了一样，就那么随意地席地而坐，侃侃而谈。

"为什么不再教书了？"

"可能是累了，可能是厌了，人生应该有很多面貌，换种方式进入另一种生活也不错。"

"您这么好的老师……"

"用'你'吧，不要客气，我们一直都是朋友哦。觉得可惜是吧？那是因为你是我的学生，我们有着那么久相处的时光，我们参与了彼此太多的生活，多了很多了解，你才会有这样的判断。可是，别人未必会这么想。好坏从来都是人为制定的标准，在很多人看来，我多少有些另类，不务正业，不去专心应试，却热衷于组织这样那样乱七八糟的活动。总之，想法太多，心太野了。"

"我们都很喜欢你。"

"我知道，就像我喜欢你们一样。"

"你真的舍得离开让你挥洒自如的方寸之地吗？更何况，你曾经那么有名，外地很多老师来学校参观，都要去听你的课，有作家来，都是你带着我们上读书会……"

屋内出现了短暂的沉默。

环顾四周，阳台外是一座小山，山上生长着茂盛的竹子，就在这沉默的间隙里，你能听到屋外的竹林在风中摇曳的声音。是不是因为"宁可食无肉，不可居无竹"的士人情怀，才让他选择继续住在这个廉租房里呢？

我抬头看他，他也在看我，笑而不语。

我是长高了，站起来个头比他还高，嘴边也冒出了胡须，不再是从前的单薄瘦弱和幼稚，也不用像从前那样抬头仰望着他。他却还像当年那么年轻，一副娃娃脸，小小的眼睛透过黑框眼镜送来亲切柔和的光，岁月似乎并没有在他身上留下太多痕迹，跟以前相比，他的神情里只是多了些平和之气，却从来不缺失热情。

　　我当然无权去过问他的人生，按自己的意旨生活，听从自己内心的呼唤，或许，这就是他的魅力所在，也正是最让我着迷的地方。我想，他这么做是对的，我开始试着去理解他。或者说，我想努力去支持他。这个人在我的生命里留下了太深的印痕，他带给我的是何等欢乐的童年，我和我的小伙伴们跟他一起经历过多少快乐的时光。那些年来，我们上过哪些课文、学得多少语文知识、考了多少分数早已被岁月之风风化，但是他叠加在我们心灵上精神中的印记却并不如烟。站在他面前，我总会翻拣出更多的细节，这里或者那里，未必连贯，却粒粒饱满、新鲜得像麦田里刚刚脱了壳的麦子。

　　说到麦田，我就想起塞林格的小说来，他就像那个麦田的守望者，努力守护着我们的童年，让我们得以在金色的田野间肆意撒欢。与别的同龄人相比，我们快乐地学，痛快地玩，"野蛮了体魄"，也"强健了精神"。以至只要是他的选择，我都坚定地相信和认同，我甚至一度觉得"吾爱真理，吾更爱吾师"。

　　"什么时候开始的?"

　　"你是指念头吗? 好像突然就有了，好像一直就潜伏在那里，也没什么特别的，这个时代，想活下去并不难。我对生活的要求不算太高，这点，你看看我多年如一日的生活，就知道了。"

　　"你做得那么好，已经很有名气了。不是有很多家长都想把孩子送到你班上来吗? 你忍心让更多人失望?"

　　"经常会有人打听我什么时候再教一年级，他们要想办法把孩子送到我班上来。因为他们看到了你们的精彩，他们也想继续创造一个传奇。可是我没法确定我是否还可以像带你们那样疯狂地去带新一轮的孩子和家长，我不知道是否还有体力去全身心的投入，我不想让朋友们失望。再说了，没有人是救世主，一个人的能量总是有限的，我不会天真到以为自己可以改变一切。"

"真的很感谢你带给我们那么多美好的时光。"

"那是我们共同的时光。你要懂得，是你们成全了我，我要谢谢你们。"

正如我无法回到过去，他也不再重返校园，生活就是一列一直往前开的火车，故事精彩，是因为它盛开在来时的路上。

❦ ❦ ❦ ❦ ❦

回到家，和爸爸妈妈聊起他

妈妈从书柜上翻出那时的相册，打开相册，重逢过去的时光。

记忆真是个很奇怪的东西，它会有选择地给你留下一些线索，需要你去整理，去谈论，于是就有了一个神奇的场，在这个场里，大家的言语一点一滴地唤醒彼此的回忆，就像各自拿着手中的拼图，你拼一块，我拼一块，不知不觉就凑成了一个完美的整体。

可见，有些东西，它一直就在那里，只是蒙了一层时间的纱，你只要轻轻揭开，它就会完整地呈现在你面前，一如当初。

我们仿佛回到了从前，看到了我从幼儿园走进小学，来到他班级时的情景。

那时的我个头好小啊，刚到爸爸妈妈的腰部，爸爸在左，妈妈在右，他们牵着我的手，爸爸喊着"一、二、三"，然后和妈妈一起用力将我提起，我就高高地向远处跳起来跳出很远的距离。我嘴里喊着："飞呀！飞呀！"就这样飞呀飞呀，飞离了幼儿园，飞进了我的小学。

学校门口，一些大哥哥大姐姐肩上斜挎着红红的绶带，笑眯眯地站成两排迎接我们。我迈进学校大门，一个看起来很精神也很帅的大人还向我弯腰鞠躬，我愣了一下，赶紧停了下来，看着他。我从没接受过大人向我敬礼，更别提鞠躬礼了。也就是犹豫了这么一刻，呆呆地看着他的笑脸，我突然明白自己该怎么做了，我毕恭毕敬地站在他的面前，学着他的样子向他深深地弯下腰来给他敬礼。后来，妈妈告诉我，给我敬礼的就是这个"很大的学校"的校长。

"很大的学校"是我的说法，妈妈只不过是引用了我的话而已。本来就是这样的，跟我以前读书的幼儿园相比，这个新学校确实大多了：楼梯很宽，平台很敞亮，还有很大的操场，很隐蔽的生物园，里面散布着各种小动物，楼下有一座白色的石桥，白石桥架在一个小提琴形的水池上，水池里有金鱼一队队地游来游去，一朵莲花冒出水面，黄的蕊，紫的瓣，引来红蜻蜓飞来又飞去，飞去又飞来。大王椰高高地站在校园里，神气得很。还有些树的名字我叫不出来，但我记得它们，因为我从上面找到了三个鸟窝。

我还知道这个很大的学校一共有五座楼，在三楼有一条长长的通道，将这五座楼连接起来。我们要去的是第三座楼。楼下第二层是很大很漂亮的儿童阅读城，儿童阅读城里有很多很多的书，楼上才是小学生上课的教室。

爸爸妈妈从贴在墙上的一张纸上找到了我的名字，我被分在了一年级三班。教室比我们幼儿园里的要大，可是没我们的好看。教室里多了很多的桌子椅子，还有一个大大的讲台，一前一后两块黑板。窗子很大，很多，教室里很亮，也很热，没有空调，只有头顶上的六个电扇很卖力地扇来扇去，爸爸找到一张纸很努力地扇来扇去，汗还是不断地流出来。

他怕热，我不怕。我只是怕人，怕陌生人，怕很多人都是陌生人。

教室里有很多怕热的家长，也有很多像我一样不怕热的孩子。

我一个都不认识。

很害羞地，我找了一张桌子坐下来，爸爸妈妈站在旁边，和其他家长聊起来，话题都跟我有关，说以前的幼儿园啊，说现在的这个大学校啊，说平时的喜好啊，甚至不小心会抖出我的一些小缺点，害得我向他们瞪大眼睛表示抗议。一个高高壮壮的男人走了进来，手里捧着一堆书，书上还放着一叠纸，他在每个孩子的座位上发了一本书，再发一张纸。

我很好奇地翻起了他发下来的书，这样的书竟然是我不曾看过的，里面是一个故事，还有很多幅画，都是很大的画，占了书上绝大多数地方，看来画儿很重要，因为，画儿好像也在讲故事。

爸爸妈妈拿起纸看着，不再说话了。

要说话的是这个男人。

他很自然地走上讲台，拿起一支粉笔，在黑板上写下了他的名字，还有一连串的数字，那是他的手机号码和QQ号，妈妈赶紧从包里拿出笔记了下来。

写好之后，他才说话。

原来，他就是我们班的语文老师；原来，发给我们看的书叫绘本；原来，那张纸是他写给家长的一封信。

我的小学生活就这样开始了……

我们聊着上学第一天的场景。爸爸笑着说，一开始，我就被他吸引住了，因为他的字写得很漂亮，看起来像是话不多的一个人。

妈妈说，一看就知道这是一个很有热情的人，在女老师占多的情况下，小学一开始就能遇上一位男老师做你的语文老师很难得，所以当时心里很是沾沾自喜了一回。妈妈说得对，在幼儿园里，除了保安是男人，其他人都是女人，如果小学也一直都被女老师教着，我都担心自己身上还有没有男孩子气了。

开始时，他还没有做我们的导师，所以他介绍完就站在一旁笑眯眯地看着我们，后面是数学老师也就是导师在给我们说着开学要注意的事情，然后就是发新书……

时间可以冲走很多细节，大多数记忆都被渐渐模糊掉，他带给我的第一印象却是如此新鲜、深刻，多年以后依然清晰如昨。

2 因为孩子，
你如此热切

孩子永远是大人最深的牵挂。

童年的天空，应该飘着七彩的云霞。

你平静的生活，因为过去的学生W的突然来访而泛起涟漪，波光粼粼中，回忆如潮水般起落。

时光就是一位神奇的魔术师，转眼间，当年的小豆丁如今变成了大小伙子。

你还记得和他们第一次见面的场景，那时的他，个头好小哦，那么短短的、肉乎乎的……跟他回忆过去时，你一边笑一边用右手的大拇指和食指比划着，就像比画着一颗小小的弹珠。

现在想来，不光他们那么小，那时的你也还年轻，虽然这不是教学生涯里第一次教一年级，心情却如初上讲坛时般那么急切。因为你是下了决心要好好带一个班从一年级跟上去的。

学校当初的安排可不是这样。那时，你刚教完六年级，班上一些学业成绩优秀的孩子要转学去市内其他名校，学校几次找到你，希望你将他们带到初中去，这样或许可以吸引住这些孩子留下来而不至于离开。在那个为了升学竞争激烈的时代，大家都想多挽留一些本校的优秀生源，这样才能确保在中考的残酷竞争中获得更理想的排名。不要抱怨说为什么如此急功近利，这就是应试教育，实际得看不到一点教育的浪漫。无论是学校还是你，对你执教初中都很自信，因为在这之前你有过执教初中语文的经历。

那时学校语文老师紧缺，你只好一会儿出现在小学五年级，一会儿出现在初中二年级。五年级在C区五楼，八年级在A区四楼，每天在AC之间奔走固然辛苦，可是你很开心。在八年级的课堂上，你和那班孩子每节课都有着大量的对话，除了学那些要考要背的死的语文知识，更是从课本跳出去，大谈文学历史和哲学，每天都会带着孩子一起听音乐讲故事，你们讨论要不要相信童话，如何将古代志怪小说改编成童话，该不该去抵制家乐福，如今的报纸哪些可以读，哪些电影经典得不能错过……你们就这样一起阅读报刊、分享书籍、推荐电影、剖析社会问题。你们在课堂上聊，你们在饭堂里聊，在上学放学的路上聊，在博客QQ群里聊。你五年级的学生看到你和八年级的学生聊得那么投入，会带着小小的醋意跑过来将你拉走……前后你也就教了他们一年时间，充其量只是他们生命中的一个匆匆过客，可是你让他们从繁重的课业学习之中撕开了一个口子，得以探出头去，窥见一些外面世界的亮光，并用这种方式让他们喜欢阅读学会思考。和五年级那个班一样，到最后毕业时他们的成绩照样在全年级里顶呱呱。

学校为了让你继续带班跟上初中去，许诺了很多优惠条件，什么加课时补贴、优先晋升职称……可你就是一根筋到底坚持下来教一年级。为什么？你是想给自己一个机会，一种可能吗？你要从起点出发，从一年级开始，打造一个充满传奇的班级、培养一届特别优秀的学生？不管怎样，为此你整个暑假提前做了很多准备……

你认为，没有准备就轻易跑去教一班一年级的孩子，是一件很大胆很冒险的事。

首先，当然要阅读。你读了很多关于儿童心理学甚至动物行为学研究的书，也看了很多优秀教师写的一年级教学日志——《儿童心理学》《孩子们，你们好》《孩子你慢慢来》《社会动物》《裸猿三部曲》《学飞的盟盟》《心平气和的一年级》……你想从别人的描述中扒拉出更多六七岁孩子的信息。你长成大人已经很久了，都忘了孩子究竟是怎样的一个小精灵，你得离那时的他们更近些，只有贴近他们，知道小小的他们是什么样子的，会想些什么，是什么样的生命节奏，会为何喜为何忧……然后你才有勇气和信心去陪伴他们，带领他们往前走。

对于一个小小的孩子世界，任何轻率的接近和冒昧的进入都是很危险的，更何况你要做这一大帮小小孩的启蒙老师。这需要理论的引导，也需要经验的借鉴。虽然你也有过经验，不仅是你曾经也是小孩儿，不仅是你家也有一个小孩儿，而且，你从前也教过两次一年级。可那毕竟是多久以前的事啊，那还是你在老家时候的故事。

第一次教一年级，那时你刚毕业，也就是个大孩子，什么都不懂呢。那还是五年制的学校，把那帮孩子带到五年级以后，你又下来教一年级，这就是第二次了。所以你很喜欢从一年级开始，领着一嘟噜孩子走啊走啊一直送到小学毕业。从头开始，意味着无限的可能，而能陪着他们一起慢慢长大，是一件很有趣的事……

你喜欢带给孩子有趣的生活，所以带着他们举办了很多活动……

听说过一句名言吗？"无趣的人生不值得一过。"知道谁说的吗？就是你啊！

和W聊着天的间隙，你给电热壶里灌满水，放在灶台上接通电源，然后从冰箱里拿出一罐茶叶来。

你邀请他和你一起喝着家乡的绿茶。

你喜欢咖啡，也喜欢茶，偶尔，还会来几杯酒。这些都是公开的秘密了，你都跟孩子们说起过。你的生活并不神秘，你的喜好也很简单，你想让孩子们看得见你的真实与真诚，你希望他们能和你一起分享着你的喜欢，你们甚至在课堂上还一起品尝过普洱茶。

那是你的一位作家朋友送给你的。

三年级的时候，课文里选了云南作家吴然老师的一篇散文，那天你们刚学到，你就说办公室里正好有吴然老师送的茶叶，我们一起来喝喝"作家茶"吧。大家欢呼着说好耶好耶……你沏上普洱，给他们每个人倒上一小杯，他们恭恭敬敬地接过去，煞有介事地品咂。那节课上，你们一边读着作家的文章，一边喝着作家的茶，教室里一片欢乐，孩子们一脸陶醉。

你的家乡产绿茶，而你的家乡情结就像茶叶必须溶于水才得以舒展，可是你对家乡的情感却很复杂，有时会觉得自己是个逃兵，是一个背叛者。只有你自己清楚，你的人生启蒙是从来深圳以后开始的。你迫切需要一个更大的舞台来提升自己，完善自己。你很清楚自己是不可能在老家待太久的。你曾经跟孩子们提起过自己所走的弯路，那些去上海应聘、去合肥试教最后都无疾而终的经历，然后笑着说自己的运气真好，能够在深圳立足，遇上志同道合的朋友们，一起做着自己最喜欢做的事。

你曾经描述过自己刚来深圳的情景，诉说着对深圳的好感。

那是1999年的暑假，工作了五年的你跟着朋友来过一次深圳，在朋友家住了将近两个月，从那时起你就喜欢上了这座年轻热情充满朝气的城市，好像随处都能看到梦想在开花。第二次来深圳已是七年后了，从此再也不舍得离开，虽然后来遇到过很多机会，可以到别的城市去，会有房子车子以及更好的待遇给你，但是你都委婉地谢绝了。你不想移民，也不想去其他的城市。虽然你的乡土情结很浓，可是也不怎么回老家。"只有不断修改背景，才能重返故乡。"①北岛的这句诗击中了你的心。

---

① 北岛：《结局或开始》，长江文艺出版社 2011年版

莫非，你也像北岛一样成了一名精神漂泊者？

❧ ❧ ❧ ❧ ❧

还是回到开学前的准备上来吧。学校终于答应了让你接一个一年级班，只做语文老师，只教这个班的语文课。

酝酿良久的热情终于可以得到释放，你的心自然变得无比热切。

为了在一开始就凝聚起一个班级，为了让你的热情点燃更多的家长，你坚持一个月给家长写一封信，信中的你情意深深，真情切切。你太想表达自己，想让你的家长们尽快了解你的理念，更多地了解你的特质，紧跟着你一起往前走。

在第一次和家长孩子们见面时，你捧着一大摞绘本，发给每一个孩子，同时还给家长发了一封信，信是这样写的——

选择了出发，选择怎样的开始

尊敬的家长：

您好！

很高兴，因为孩子赐予的机缘，我们走到了一起，并将继续陪伴孩子走过一段漫长的人生历程。

孩子从不同的家庭、不同的幼儿园走到一个共同的班级，开始新的出发，我们都准备好了吗？我们应该为他们做些什么呢？相信这是我也是您一直在思考和酝酿的。

为了孩子，我相信您的每一个选择都极其慎重，而最终的决定也必然相对智慧。在您选择我们这所学校之前，也一定对这所年轻而充满活力的学校有不少的了解和关注。如您所了解的那样，这是一所弥漫着浓浓的书香气息的都市田园学校，让每一个孩子爱上读书是我们矢志不渝的追求。

诗人惠特曼曾经这样说道："有一个孩子每天向前走去，他看见最初的东西，他就变成那东西，那东西就变成了他的一部分……"因此，我们在孩子最初的时候应该给予他们最美好的东西，例如优美的书籍，动听的故事，欢快的童谣，迷人的音乐，精彩的电影，开心的礼物，快乐的心情，温馨的陪伴……

我们应该在孩子的童年种下这些幸福的种子，让每一棵小树参天，让每一朵小花绽放。就像那本很有名的图画书《好饿的毛毛虫》里展示的那样：一粒小小的卵可以诞生出一条小小的毛毛虫，这条小小的毛毛虫因为每天都吃着各种很美味的食物，最后终于变成一只美丽的蝴蝶。

那我们应该用什么来喂养孩子，强健其体格，丰满其精神？

史翠克兰·吉利兰在《阅读的妈妈》[①]中这样说：

> 你或许拥有无限的财富，
>
> 一箱箱的珠宝和一柜柜的黄金。
>
> 但你永远不会比我富有——
>
> 我有一位读书给我听的妈妈。

是的，书籍，尤其是那些优美的童书应该在童年的生活中占有着极其重要的位置。伟大的教育家苏霍姆林斯基[②]说：家庭智力生活背景，即书籍在家庭生活中所占的分量——于学龄前，在很大程度上决定了儿童智力生活的状况。所有那些有教养、好求知、品行端正、值得信赖的年轻人，他们大多出自对书籍有着热忱的爱心的家庭。如果我们足够爱我们的孩子，如果我们的孩子每天都有一位读书给他听的爸爸、妈妈、老师，

---

① [美]吉姆·崔利斯：《阅读的妈妈》，沙永玲等译，南海出版社 2012年版
② [苏]B.A.苏霍姆林斯基：《给教师的建议》，教育科学出版社 1984年版

他将拥有多少令人羡慕的财富！

我愿意成为这样的一位阅读教师、故事老师，在日常的语文学习之外，我不会忘记自己身为文学启蒙老师的角色，我会用自己的热情与多年来积累起来的经验，甚至调动远远近近的资源，切实推动每一个家庭和孩子的阅读。我无限希望，在此过程中，您能和我一起来，共同致力于班级书香阅读氛围的营造；我也无限相信，在此过程中，一定会发生很多很美妙的事，或许一不小心，将会书写一段传奇。

为了对每一个家庭和每一个孩子的阅读起点有一个初步的了解，我需要您抽出时间对下面的问题作耐心、细致的回应，如有不便回答的，可以暂时留空不写；如有内容很多不吐不快的，欢迎另附页。我将会综合大家的回复情况，谋划着如何打造咱们的阅读教室。

问题一：您平时和孩子是否有过亲子阅读的经历？

问题二：您一般每天给孩子讲几个故事？

问题三：家中一般主要是谁来给孩子讲故事？

问题四：家庭书架上孩子的书大约有多少本？

问题五：孩子最喜欢哪十本书？

问题六：您最推崇哪五本书？

问题七：您愿意做我们班的故事爸爸或故事妈妈吗？如果愿意，您大概在周几什么时候有时间？

问题八：您对我们班的阅读环境建设有哪些希望和建议呢？

您的新朋友

再读这些信件，一年级的时光，那些快乐无忧的日子，就像装在瓶子里的五彩的小石子，随着此时的阅读轻轻摇晃，叮当作响。

这些信，最后你都要收回来的，然后看看家长们的反馈，了解每个家长的想法每个家庭的情况，最关键的是，你要了解来到你面前的这些孩子之前是什么样子的，有过哪些阅读基础，家里的阅读环境如何，这样才能更顺利地推进后面的阅读。

后来你才知道，收到这封信后，家长们的反应很好玩，因为"绘本"这个词他们几乎是第一次听说。在这之前，他们甚至都不知道这个世界上会有这么美好的东西，这么美好的可以给孩子的东西。

是的，他们不知道很正常，因为从来没有人告诉他们这些，就像从来没有人告诉他们如何去做父母一样。我们接受的教育从来就是这样"目中无人"的，只管分数不管人，不会从孩子出发让他享受更好的发展。在几乎所有的大人眼中，读书很重要，但是分数更重要。分数是让你们得以一步步进入名校名班的敲门砖，然后进入好的大学选修好的专业。再然后呢？争取找到好的工作。虽然就业越来越难，但是大家不会想那么多，毕竟未来还那么遥远，还没有发生在自己身上。他们小时候就是这样长大的，所以这样要求你们，甚至更苛刻。这就是教育的恶性循环。

这种短视很可怕。所以你决定从这帮孩子开始，做点不一样的事来。面对社会的重重包围，有不少人也深切体会到应试之恶，抱怨或宣泄着对现实的诸多不满，这也不行，那也不好，这个很恶劣，那个一塌糊涂，最后把什么问题都推到体制上去。发泄一通容易，批判破坏容易，但是建设起适合自己的东西却很难。你追求的不是一律打倒，也不是彻底推倒重来，你在努力重建，你要在自己的教室里重建一个生机勃勃的学习空间，这是你的教室，这是你们一起探索一起摸爬滚打一起泪水欢笑的地方。

所以，除了让孩子们读语文书，你还会带着大家把更多时间用在读课外书上。

其实，这样努力并不是才开始的。记得刚来这所学校的时候，有天晚上你接到校长的短信，他希望你好好寻思着如何让学校的孩子更爱读书，让学校成为一个书香弥漫的校园。在校长的支持下，你们一直在努力，做了很多尝试——成立教师读书会，举办各种读书沙龙，经常邀请作家走进校园、走进课堂和小读者们面对面交流，举办主题大单元活动，每个学期之初就要推荐这个主题下的很多童书，班级里利用跳蚤市场赚得的钱做文化经费购买这些好书，充实班级的图书角。每个学期举行"读书大王"和"阅读之星"的评选，鼓励大家读更多的书。后来学校将小学部的整个二楼变成了一座儿童阅读城，里面的环境布置得充满童话气息，足以吸引每个孩子流连忘返……就这样你们一步步努力，终于打造出一个充满文化阅读气息的书香校园。再后来你和几位朋友一起发起了一个亲子阅读公益组织，鼓励故事爸爸妈妈走进班级讲故事，举办各种亲子讲述表演大赛和绘本剧大赛，让书香弥漫在更多的家庭……这么多年来，你一直矢志不渝地努力着，付出了极大的热情与努力，很辛苦，也很欣慰，因为当初那条短信里提到的希望在校园里梦想成真了，你们的阅读做得风生水起，在全国小有名气。

当这帮孩子来上学的时候，改革的力度更深了。那时你们在努力推行校长提出的"文学和语言分科"实验，一年级时每周是九节语文课，你们用了至少四节课来读书讲故事。在这样纯粹的文学课堂上，孩子们几乎每天都能带一个故事回家去，课外书已经不再是课本之外的书，也不再是课堂之外的书了，而是登堂入室，出现在了语文课堂。不，准确地说应该是文学的课堂上。你们专门开设了文学课程，绘本阅读课、名著推荐课、班级读书会、主题阅读课……有讲述、有表演、有讨论、有思辨，重欣赏、重感悟、重体会。

在你看来，教材当然只是一个媒介，只是一个提供给普通水平的孩子最基础的阅读材料。受地域局限以及教师观念的限制，它只能长成这个模样，所以不要指望能从中得到多少文学的滋养。但是这并不意味着我们可以彻底抛弃它。在现行的体制下，我们可以用它作为语言训练的材料，或者作为直接应付考试的材料。没有成绩，我们很多想法都不允许实现。基于这样的现实，所以，你还得保证你班上的孩子有着不俗的成绩，这样可以打消学校和家长对应试的忧虑，你后续的一切理想主义行为才有了说服力。

你还记得刚刚启动文学阅读时的困窘。那时你刚刚来到这所学校，刚刚在推动文学走进课堂上发力，结果，在期末考试中，你们班的语文成绩不是很理想，只是年级第四名，比第一名的平均分少了五分。负责教学管理的行政拿着这个成绩单第一时间冲到校长办公室，质疑文学阅读是否具有可行性和全校推广价值。校长为你做了解释，间接地保护了你，让你得以继续勇敢地尝试。

从这以后，你们开始思考语言和文学分科教学的可能性。

教材当然要用，这是应试的必需。但是如果课堂上只有这些，一年到头就学那两本薄薄的文学性不强营养价值不高的书，实在是童年的极大浪费，所以你只能努力带给孩子们更多更好的东西，就像你的一个好朋友说的那样，要把世界带进教室。

　　如果说，在全校范围内推动阅读，可以让校园的阅读蔚然成风，那么，班级就是你的自留地，你当然要全力以赴做出更大的努力。所以你一连写了几封信来动员家长，号召大家跟着你一起推进班级和家庭的阅读。这首先要更新家长的观念，你认为，教育者必须先受教育，才不至于走上歪路。

　　就在这批孩子入学后的第四个月，你专门做了一个关于阅读的沙龙，邀请全班家长参加，题目就是《童年·阅读·温暖·爱》。在沙龙上你读了这封信：

家长们：

　　忙忙碌碌就来到了十二月，我们还要继续忙忙碌碌地往前赶。

　　亲爱的家长，谢谢你们对我的信赖，对孩子们的挚爱。你们能不厌其烦地紧跟慢赶，不知不觉中，我们共同建立起了一个超级强大的班级：一群超级学生，一群超级家长，几位超级教师。

　　如果说，曾经的辛劳付出使我们得到了应有的肯定，也吸引了足够多的关注，那么，对于未来，我们无法不充满信心。

　　今天，我们可以稍作休息，安安静静地坐下来，说说童年，聊聊阅读。

　　是的，我们应该仔仔细细地谈谈阅读了，这是一件很好玩的事儿。

　　在这之前，我已经给大家发出了几个书目，很多家长按图索骥，淘得了不少好书，为每天睡前的亲子生活增添了很多乐趣。也有很多妈妈，热心地订购了书目中的童书，送到班上来，就有了这样一个书柜。

我们还开始尝试使用亲子阅读记录本，有心的家长很仔细地记录着与孩子共同阅读共同生活时的点点滴滴。如果我们的想象力再稍稍往前滑行一点，不妨设想一下，一年两年过后，我们会记下多少很容易被忽视被遗忘的温情小故事？

如果你要问我：为什么这么强调阅读？

我会告诉你这样一件事。

在2007年年底，我们学校举办了一场儿童阅读国际论坛，我带着那届五年级的学生上了一节《马提与祖父》的读书会。我一直深深地记着某亲子阅读网站的朋友听完我的课后给我的留言，我把它理解成一位家长对老师的殷切期待：

"吾友，今天早上，当我牵着女儿的手，迎着清晨的太阳和微风，走在去幼儿园的路上，我想到的不是什么名家名师名言，是你，真的。除了家长，另一双要牵着我孩子的手，就是你的，就是和你一样年轻的每天做着具体教学工作的老师的。希望你坚持理想，努力前行，很多像我这样的家长，很多我女儿这样的孩子，需要很多你这样的老师。"

迎着这样的目光，我哪里能停下脚步？

我知道，虽然我只是孩子生命中的一段过客，可是，我愿意将自己的生命融入他们小小的生命中，印在他们童年的天空中。

如果你要问我：阅读意味着什么？

我会说，阅读是一种相遇，它能带给我们一段段神奇的旅程；阅读是一种温暖的陪伴，它能带给我们安全感；阅读是光明，可以带给我们生活的勇气；阅读是一种唤醒，能激起我们向上的热情；阅读是一种教养，可以让心灵变得温润柔软，目光变得清澈明净。我们在文字里经历、在阅读中体验、在故事里神游。

孩子的童年不能缺少阅读，再多的玩具也无法取代温暖的故事。法国童书作家艾姿碧塔在她的《艺术的童年》①里这样回忆：

"那时没有书陪伴我，但我没有感到过丝毫的遗憾，因为我拥有一位比书好过一千倍的仙女教母。在她的膝头上、小窗前，我们共同度过了每一个黄昏。她从不厌倦地、一遍又一遍地给我讲格林童话，一直讲到夜幕垂下，巫婆被火烧了，我们才点上灯火。

在那个贫穷的年代，因为生活在丰富的想象世界，我一点都不曾感受到困苦的滋味。相反地，在我的记忆里，尤其是那些童话故事，就像一个个取之不尽、用之不竭的宝库，令人不禁想要将这些宝贵的经验与人分享。"

当我们为童年捧起了书，我们的孩子就变得格外幸运。我们，就成了孩子的仙女教母。

当我们的理念相同心意相通了，我们就可以在这样一个大的话题之下聊很多更好玩儿的小话题了。

家庭的读书氛围如何营造？

每天用什么时间看书？

识字以后，还要不要爸爸妈妈读？

孩子们喜欢什么样的读书方式？

如何做好亲子阅读的记录？

怎样用故事来引导孩子的情绪？

可以在网上购书了还要不要到书城去买书？

怎样带孩子进图书馆？

怎样开展家庭读书会？

① [法] 艾姿碧塔：《艺术的童年》，林徽玲译，安徽教育出版社 2005年版

如何组织户外读书Party？

如何引导孩子来认识一本书走近一位作家？

……

我们可以用很多的方式在不同的地方来交流这些温暖的话题。像一片生命的林子，有了文学的阳光，有了诗意的甘露，有了童话的土壤，一棵棵小树才会长得很壮实。

而我，就是那个护林人。

您真诚的朋友

你不仅极力"鼓吹"童年阅读的好处，而且你一直在努力在行动。你们班经常购买新书，一个书柜装不下，又专门订做了六个简易却稳固而实用的书柜，在教室后排围成一个小空间，你们把它叫作"阅读小宫殿"。一到下课，大家就脱了鞋子进去翻看一本本好书。你们的怡然自得显然也吸引了其他班级的注意，后来很多班级都配置了和你们一样的书柜。

好东西自会有吸引人感召人的力量，你无比坚信这一点，就像你无比相信阅读的力量一样。后来，你在一年级即将结束的那个六月，再次写了一封信继续强调阅读的问题：

你要知道，阅读再怎么强调也不为过

很久没有和你们有这样的书信往来了，我亲爱的家长们。

我知道，很多家长朋友已经养成这样的上网习惯——打开电脑，第一件事就是来读我的博客，看看班里发生的新鲜事。

这也在无形中，让我养成了坚持书写的习惯——每天早起，写下前一天的班级故事。就像沏好一壶热茶，等你坐下，为你斟上，慢慢啜饮。

我们，已经在这样的书写和阅读中完成了很重要的交流：我的思想，我的行为，我们的举止，都在你关切的目光之中。

没有回复，但并不表示没有回应，从平时的言谈中，我还是能感受得到：基于对孩子的关心，对班级的关注，对我们的认可，你常常在这里进出，你显然洞悉教室里正在发生的一切。

现在，我要跟你说的是我听到的一个真实的故事，那时，班上恰好也有几位家长就在现场。

昨天的一次学校活动上，一位嘉宾介绍了自己女儿的故事。她的女儿本来文科很好，读了很多的书，作文曾获全国大赛一等奖。高中后却转而去学理科，最后考取了剑桥大学数学系，学的是精算，据说，这是数学中最难的科目。

为什么一个文科极好的学生竟然能去从事如此艰深的数学的学习？

家长为我们提供了一个数据。这位爸爸说，国外有数据显示：阅读与数学能力的相关度是千分之八百八十九。也就是说，阅读能力强的孩子，一千个中就有八百八十九个数学能力也很强，反过来也一样，一千个数学能力强的孩子中，就有八百八十九个孩子阅读好。

阅读不仅仅是语文的事，对其他学科的学习也同样重要。所以，我们不仅要读"闲书"，还要读更多的闲书才是。只知道死做题的孩子，目光只是停留在脚下，代价是灵气尽消，前途难广。

这位爸爸我认识，他是旅德作家程玮老师的同学，我们曾经有过几次接触。交流中，他还提供给我另一个来自日本的信息：

家庭藏书量多的孩子，即使父母学位不高，学业成就也会超过父母学位高但藏书少的孩子。

这恰好与另一组数据直接呼应，而那则资料更加具体而耐人寻味。

《三联生活周刊》2010年5月31日的信息显示：

一直以来，教育学家们都认为，父母受教育水平的高低是衡量子女是否可以接受更高水平教育的最有利因素。然而根据美国内华达州研究小组一项长达20年的跟踪调查结果，家里有没有书的重要性同样不可忽视。研究者发现，家里藏有500本以上的书对子女教育程度的影响相当于父母一方拥有大学学位，与没有藏书或父母受教育年数低于3年的家庭中的孩子相比，这两个因素可以将孩子受教育的年限平均延长3.2年。这一效果在中国更为明显，拥有500本以上书籍的家庭中的孩子，平均比家中无书的孩子多接受6.6年的教育，而美国一项研究显示，拥有大学学位的人比仅上过高中的人平均每年多赚21185美元。

我之所以愿意收集这样的信息，乃至不厌其烦地罗列这些数据，其实是想告诉大家：阅读是有用的，不仅仅是"无用之用"，而且关系到孩子将来的学业成就，丝毫不可怠慢。

我知道，这样的摆事实讲道理，对有些家庭来说，是不需要的，这些家长一直在带着孩子读书，在还没有进入小学之前，就因为对书本的热爱，坚持给孩子讲故事，让孩子欲罢不能。还有一些家庭，是在进入一年级之后开始更好的阅读的，我能欣悦地看到这些孩子的神奇进展。不过，我也不能不担心，总会有一些家庭一些孩子，在这方面缺少持续的热情，或者没有形成顽固的习惯，做起来难免有一搭无一搭，一直处于悬浮状态。孩子在学校的表现就是浮躁不安，一本书还无法让他安静。

不是孩子没做好，归根到底还是我们成人自己出了问题。如果你有着强烈的学习愿望，你愿意为孩子付出更多的努力，你能像H的妈妈那样，去问去想去学习，终于从一个个焦虑中走出来；能像K的爸爸妈妈一样，不放过每一个学习的机会；像X的爸爸那样，专心地陪伴孩子……你就会认同这个观点——

孩子是一种可能的存在，他不是一张白纸，可以任意涂抹，他意味着无限的可能性，需要我们去引导去陪伴。今天，在孩子的起步阶段，我们再怎么强调阅读也不过分，我们兴致勃勃地去买很多的书，我们口干舌燥地给孩子讲故事，我们坚持记录孩子的阅读与成长，这些都是为了将来的轻松。

那是一种自得的轻松，因为那时孩子已不需我们过多管束，他在开始时已经充分地打开，获得了厚实的积淀，在别的孩子身上发生的问题很少在我们孩子身上重现，我们因此也不会有别的父母一样的焦虑与不安。

当你已经知道阅读的神奇之后，请义无反顾地带着孩子读更多的书吧，让孩子有一对听故事的耳朵，一双爱阅读的眼睛，一颗敏感善思的心灵。孩子有福了，我们也就有福了。

亲近作家，亲近文学，这是你的初衷。你总会利用自己一切的资源，带着孩子们尽可能去那些有文化意蕴的场所，接触有文化品位的人，在这个过程中开阔孩子的视野，提升自己的文化底蕴。所以，你会带他们去有文艺气息的实体书店看书买书，参加作家见面会，参观画家的工作室，拜访一些有名的出版社，和出版社的编辑座谈，了解如何推出一本新书……让你庆幸的是，家长们都很支持，很显然，在这个过程中未必能获得多少具体可见的知识，但是比同龄人多了经历，也长了见识，长期的濡染会让孩子的气质不一般。

你曾经充满激情地写了这样一篇《告大人书》。

写给长大了的孩子

是我们把孩子带到这个世界上来的，将来，我们又要将这个世界交还给孩子，在他们年纪还小的时候，我们这些成人，总得为童年，也是为未来的世界做些什么才好。

童年的天空是彩色的，不应该被考试和分数涂抹上灰色的阴霾；童年的表情是生动的，不应该为高分喜低分愁；童年的书包是轻盈的，里面要放着一本美丽的童话。童年不是在电视机前度过，不是在电子游戏里耗过，也不是在机械的练习题里折磨。这不应是我们给予童年的世界。

我们要学会拒绝庸俗，拒绝浮躁，在这个功利化的时代。让一个家庭，一所学校，一个班级，一个孩子能够因为一本书而变得格外安详，格外宁静，这正是我们要做的事情。唯有阅读——那些经典的阅读、文化的阅读、有品质的阅读，才可以让童年高贵、典雅、芬芳。

童年是追求欢乐的，但绝不是追求短暂的快感，那只是物质器官的简单宣泄。童年需要感动，童年的生命理应高贵、厚重、深刻，那是植入生命最深处的馥郁，可以温暖孩子一生。

我们要将孩子放牧在童话的殿堂，诗意的国度，让知识变得有趣，让文字变得沁香，让气质变得典雅，让呼吸变得高贵。我们的大手要抚着童年的肩膀，握着幼嫩的小手，一起捧着一本美丽的书，目光在图文之间游弋，手指在纸页之间嬉戏，我们嘴里要发出奇妙的音节悦耳的声音，在这样的声音里长大的童年是丰满的、圆润的。

我们将自己认定为阅读推广人，就要带着宗教般的虔诚去做着推广高品质阅读的事。这支队伍里有校长、老师、爸爸妈妈、作家、媒体、出版社、图书馆，这是一支越来越大的队伍，都想为童年做点事情。这些官方的或者民间草根的力量，正是教育的希望、民族的希望。我们彼此之间都应该庆幸，庆幸自己能够和大家走到一起来，我们在忙碌着自己的生活的同时，念念不忘为孩子带来一个又一个精彩的故事，我们的生活就多了许多无邪的笑声，这样的幸福不是我们给予孩子的，是孩子赐予我们的，说感谢的应该是我们。

这个世界上还有很多贫穷的地方，无论是繁华都市中的民工子弟学校，还是天高地远信息闭塞的乡村小学，生活在那里的孩子读不到美好的童书，他们的童年都是贫困的，我们关爱的目光应该看到这些荒凉的地区饥渴的孩子，我们要将读书的种子播得更远些更广些，雨过天晴以后，阅读的荒原上总会萌生出点点的绿意来，这点点的绿就是未来，就是希望。

如果说真的有天堂，天堂一定像图书馆，我们沉浸在书香世界，流连在文学殿堂，我们的魂灵才会自由地升腾。读过书的孩子是不一样的，有书读的童年是不一样的，一切正义、勇敢、善良、无私、人性、智慧……人类所有最美好的品行都可以在阅读中铸就，经过阅读洗礼的小树是会长成一棵很好的大树的。

成人，孩子，童书……在童年里相遇。这是世界上最美丽的事。我们就是其中最幸福的见证者。这是我们成人的宣言，是要说给所有的童年听的，因为，我们也从童年里走过，我们愿意永远居住在童年里。

❀ ❀ ❀ ❀ ❀

开始的时候，总是最为艰难的

那时，你总是跟孩子们说，阅读与书写，应该成为我们日常的人生。可是他们整日忙碌，你自己也终日忙碌，实在无法拥抱这样的人生。于是都只能是说说而已、想想而已。这样一件单纯美好的事，却很少有人能够做到。

你的心一度落空。每次走进教室，你会望着那些闹哄哄忙碌碌的孩子们发呆。一门又一门功课堆在他们面前，一位又一位老师轮流上台念着紧箍咒。哪怕是五天一遇的双休，也会有一个接一个的培训班在等着他们。小学如此，中学尤甚，任谁都会在它面前低头。面对这样的现实，那时你的心里只会涌起巨大的悲哀。你曾经读着儿童文学作家梅子涵老师的《女儿的故事》，书中那些看起来很好笑的故事，你读着读着实在笑不出来。分数分数分数……这简直是全中国孩子的紧箍咒，在最该玩耍的时候，家长孩子都在为分数奋争，好像今天的一切努力都是为了要考上好初中、好高中、好大学。等到进了大学，在原本最该努力的时候，孩子就像终于等到解放似的迫不及待地放任自己。这就是一个畸形的现实、无望的将来，难怪每年总会有很多孩子逃离，跑到国外去读书。更多的时候，你看着教室里一张张彼此相似的木然的脸，不由得想：分数、成绩固然可以吸引住一部分学生奋斗在教室或培训班，那些已经对成绩失去信心的孩子呢？他们的未来在哪里？我们看到的是他们处处被否定的现在，在苦口婆心声色俱厉皆无功而返的情况下，我们要将他们推向何方？每个孩子都该有一个灵活的身体、生动的灵魂，如果生动的灵魂栖息在麻木的身躯上，这教育一定疯了。

你听到过一些老师的抱怨："我带着孩子读书，举行各种活动，他们可以过得很开心很精彩，可以摆脱束缚和包袱，可是一旦进入评比，那些平时死抠书本反复操练的孩子，他们就是考得好，你看他们的笑脸、老师的神色、家长的夸耀哦，我还能这样做吗？我是不是走在一条孤单寂寞的绝路上？不行啊，我得掉过头去走那条老路了。"

是啊，你们是不是走在了一条绝路上，不仅孤单寂寞，而且吃力不讨好，以为栽下一粒饱满的种子，开出的定是一朵鲜花，可是后来才发现结出的是一颗苦果！

挣扎太辛苦，纠结太磨人。

于是，很多人实在忍不住了，只好离开理想之路，继续在题海中折腾。

于是，你们可以看到，很多孩子固然可以考出很高的分数，但想象力殆尽灵气全无。最可怕的是，他们心中只容得下自己，不懂分享、不会合作，他们所谓的成功就是别人的失败，当然，他们也容不下自己一点点的失误。

一心追逐分数追求成绩，大概只能得到这样的结果。

人生最大的悲哀，莫过于看到了将来的悲剧，却无力改变一步步接近的现实，人们总是在某种程度上成为自己当初反对的那个自己。所以康德说："父母希望孩子适应这个世界，哪怕这是一个堕落的世界。"

你曾经不断追问自己：如何做真教育？

这是功利化的时代，分数至上，考试第一。你却那么迫切地想推进儿童阅读，憧憬着要打造一间彩色的阅读教室，总显得另类，显得不合时宜，这些思想这些举措，究竟该如何深入人心？

你每个学期都要认认真真地开家长会，每次你都做很精心的准备、很诚恳的思考。在一次家长会上，你和他们讨论了这样一个话题——"我们要培养什么样的孩子？"

当你在黑板上写下这行字，心里其实很敞亮。

自从你接手做孩子们的导师以后，心里很多的想法，不仅仅在涌动，而且执意要化作具体的行为，生长在教室的每个角落，渗透在孩子的行为之中。

这个过程比人们想象的难多了，所以很多人只会说说而已，不会真的用心用力去做，因为太累了。

我们需要培养什么样的孩子？

我们希望自己的孩子长成什么样子？

如果按照卓越的理念来教育我们的孩子，我们该怎么去做？

大家总会把很好的理念挂在嘴边，往往却失去行动的毅力与勇气。

一个好的教育理念谁都会说，就像一朵美丽的花，必须结出具体的果实才有意义。一个好的教育思想要落实到每一个具体的孩子身上，在他具体的生活中得到体现才行。

你跟大家说了你的想法和做法，这其中，有很多是跟家长七嘴八舌聊出来的建议，这些建议比许多教育专家的滔滔不绝要强很多倍。

你还是想从德智体美劳几个方面分别说说在各方面的培养目标以及一些具体的做法。

德，主要是指公德养成。

我们希望自己的孩子：大气、宽容、乐观、向上、有责任心、恒心，勇于担当，有爱心，同时自立自重，有着自我情绪的管理能力。

回到生活里，公民素养，就要从基本的做起，如餐桌礼仪、公共场合里的言行举止、同学之间的交际交往等，这些都不是说做就能做到的，还需要在每一天的每个细节里去慢慢勾勒、细细打磨、提出规则、实景演练，然后才能知道如何去做。也就是说，孩子好的行为习惯是从大人那边得到的，我们得有意识地用好的行为方式去影响和规范孩子。例如，说话声音多少分贝为宜，去图书馆看书如何借书、还书、交流，如何引导孩子上台发言……这里有很多学问，不是一句口号一声令下就可以简单实现的。

你做导师以后，给孩子的第一道紧箍咒就是不许迟到，早上七点四十分准时到校，迟到一分钟罚跑一圈。规则制定以后，迟到拖拉的人变得越来越少了，你能从家长的反馈里知道孩子再也不敢随便拖拉了，有的甚至主动将手表时间拨快五分钟……

第二道紧箍咒紧接着进行，那就是要求每天早上到校后必须及时交作业……

很小的事很细的要求，却关系着孩子的良好发展势态，如果不抓，或者不执行，执行以后不坚持，以后就别想把其他事做好。

智，聪明地应试，这是最基本的前提，同时还需要广博的知识与独立思考的能力。

语文学科的学习，如果用一个简单的标准来衡量一个孩子基本的语文素养如何，那就无法用一张试卷来测定了。说话是否大方，朗读课文是否清晰流畅，书写是否工整。这是三项最基本的目标。你当然不忽视测试，但是，你更强调朗读与背诵的语感训练，以后还会加强演讲与辩论能力的训练。

体，野蛮其体魄，这是最响亮的口号。

之前你们尝试过每天下午用半个小时完成作业，家长义工参与执勤，作业过程中表现好的可以去操场锻炼。每周日下午是小精灵剧团时间，其他社团可以进行集训。后来操作上困难很大，加上学校的时间安排发生变化，你们下午阳光体育的时间用来跳绳——短绳、长绳、花样跳绳……没想到会成为全校最亮丽的风景线。

美，书法课要组成书法社团，邀请能干的家长或者书法老师时不时来指导。

劳，每一个人都是清洁工，每一天的劳动分为"擦""扫"

"拖""摆""倒""护"，都有专人负责，每天值日组长检查，养成的不仅是卫生习惯，还有责任感以及自我认同的意识。

……

教育就是由一些细枝末节组成的，完善每一处，需要又宽容又严厉，心要软，口要硬，就像《正面管教》一书里强调的那样——和善而坚定。如此，才能培养出优秀的孩子来吧。

❈ ❈ ❈ ❈ ❈

即便你如此坚定地去推行你的教育创新，也总会有力不从心的时候，生活里会有各种负面的因素试图阻挠你，班上也会有各种声音干扰你，这样的经历曾经困扰过你很久，你之所以在乎，是因为你用了心力。你不懂得隐藏自己，难免会通过情绪显露出来，就像你在家长会上偶尔流露的伤感。

大家晚上好！感谢在座的各位准时来到家长会现场。

站在你们面前发言，我想到一个问题：正在发言的他是不是有些分裂？

不然，为何此时，面对此地的你们，脑子却不由分说地想起从前，想起一年级、二年级的时光？

我们一起走过了三年，不出意外的话，还想跟大家多相处一些时光，少则三年吧。也就是说，从相遇相识相知到分离，此时正好过完小学一半的时光。毫无疑问，与过去相比，我们走得逐渐沉重，有些东西，正在远离。

或许，这就是为什么站在现在的你们面前，却无比想念过去的你们的原因吧。

他的人生也刚过半，加上或许是身体或许是学校环境或许两者都有的原因，你能感觉到，他的勇气和热情正在消退，他在拒绝很多东西——外地几所学校的诱人邀约，本地两所名校的热情延请，某家教育机构伸来的橄榄枝。可是他舍不得，舍不得离开这帮孩子，还有面前这些家长，你们正在构成他的生活本身，是他呼吸的空气，行走的骨肉。也常有人请他出去讲课讲座，他也多次拒绝，他只想守住这一亩三分地，只想安静地读点书，写点东西，他有太多话想说，他想用文字对过去的三年做个表述。就在此刻，一位喜欢他文字的出版社编辑正在来深圳的路上。

不知道大家有没有怀疑自己的信念，他虽然没有怀疑，但很显然，他可能在向某种生活屈服，向某种顽固的力量妥协。所以你可能会看到四年级以后会发生如下变化：

第一，绘本剧可能不再排练了；第二，班级活动急剧减少；第三，他与大家一起高谈阔论信马由缰不分你我甚至抱头痛哭的景象已成追忆……

这就是我们即将迎来的变化吗？

这就是我们当初祈愿的结果吗？

因为最近在整理一些文稿，让他得以一遍遍重温过去的时光，在他几十万字的记录里，他一次次被感动，他真想一直停留在那个时候。可是还得往前走啊，走到了今天，还要继续前行。

他很想请教大家的是，在你的想象里：前方到底是什么模样？我们要怎样做才是走在正确的路上？

这条路注定充满崎岖，幸好总有正能量的人出现，总有你的拥趸挺身而出，给你及时的鼓励，给你坚定的支持。你自己也想明白了，一切苦厄都是你的信仰，不动摇、不懈怠、不放弃。围绕阅读，你们矢志不移地做了很多尝试。

3　播下一颗阅读的种子

彩色的教室里，阅读是一朵最美的花，一段最动人的旋律。
带给孩子高品质的阅读，让他们成为一名真正的阅读者。

为了阅读，我们在用心用力

一年级，天天都能听故事。

我们每天都能听到一个两个三个甚或更多的故事，教室的后方被六个结实的彩色书柜围成了一个独立的空间，里面垫上了毯子，只要一下课，我们就脱了鞋子爬进这个小小的故事王国，四周都是各种精装绘本，周围都是坐着靠着趴着挤着看书的孩子，当然还有一排臭脚丫。

我们要读书，书从哪里来？开始的时候，是他自己贡献出来的。他是大书虫，我们就是一个个小书虫。在这之前，他就买了很多很多绘本和各种童书，现在终于找到机会全都搬到了班上，够大家看好一阵子了。但是我们不知足，好书更新太快了，随着他和他的伙伴们不断推广儿童阅读，越来越多的出版社大量引进各种绘本，欧美日韩大量优秀的绘本不断涌入，他列了一个长长的书单，是他自己来不及买的，更是我们没有看过的。他把书单交给了家长，大家就根据书单自己认领其中的一些书，然后到当当网上下单，直接寄到班上来。

我们班永远有看不完的书。

听门卫说，他的包裹是全校最多的，一袋袋、一箱箱，全是书。网购时代，别人从网上买的多是衣服和零食，他总是买书；别人热衷于团购优惠的餐饮，他总是团书。

回忆我的小学时光，经常会有这样一个镜头——几个小男孩屁颠屁颠地跑到门卫室，嘻嘻哈哈地或抱或抬着一捆又一捆的书。

我们从来不缺书看，也从来不担心没书看，教室里排列着六个小书柜，一个大书柜，里面全是一排排的书。书就这样自然地融入我们的生活，阅读渐渐成为我们的一日三餐。每天来到学校，放下书包就去拿书。每个人的抽屉里、书包里，总会放着几本挺像样的书。

这样的景象，在我后来的读书时代里，再也没有发生过。那些同学告诉我，在他们以前的教室里，几乎没什么书，即便有，也只是大家你一本我一本从家里带来的一些自己不需要、不怎么看的莫名其妙的书。

很庆幸自己遇上这样一位阅读教师，带给我们一间彩色的阅读教室，让我们每日和一本本书相遇，从此，开始了我海量阅读的人生。小说家纳博科夫在回忆自己的读书时代时曾经说，10岁到15岁是他读得最多最疯狂的时候，而我们呢，很多人已经从6岁就开始了大量阅读，当然，这样的阅读是从绘本开始的。

"绘本是要别人读给你听的"，这是他经常告诉我们、也经常告诉我们爸爸妈妈的一句话。他说这句话是一位日本的老先生松居直说的。

松居直被称作日本的"绘本之父"。有一次，他问一位大学生读过哪些绘本，大学生如数家珍地告诉老先生看了哪些，松居直再问是谁给他读的，大学生说当然是自己看的。松居直说这不叫"读过"，绘本是要有人读给你听，那才叫真正读过。

这个故事他讲给我们听过，也经常讲给别人听。或许，这就是他在课堂上给我们读绘本的"理由"，也是他一直"鼓吹"家长给孩子读绘本的原因。他花了很多的时间，兴致勃勃地给我们读一本又一本的绘本，带着我们在一个个明亮而温暖的故事里穿行，这样的语文课我们哪能不喜欢？

记得刚从幼儿园来到小学时，我们竟然没有一丝不适，因为每天都有故事听，我们就特别喜欢学校，特别期待语文课。

后来听爸爸妈妈说，我以前的幼儿园园长请他们回访幼儿园，给大班的家长聊聊我们进入小学后的情况，从这样的回访里，不同的教育观在孩子身上留下深浅不一的印痕。孩子在其他学校读书的家长都说不适应，功课压力很大，我的那些同学都有过哭哭啼啼不肯上学的艰难开始，只有我们学校的家长说，一年级和幼儿园没什么太大变化，压力很小，没什么作业，上学天天有故事听，回家天天听故事，孩子们都开开心心去上学，开开心心回家来。

那时，我们仅仅在课堂上就听过多少故事啊？每天一个，一年粗略地算下来，差不多有将近两百个故事呢，两百个故事就是两百本绘本，这还不包括我们回家接着听的故事，每个晚上睡觉之前，总要磨着妈妈讲故事，一讲就是三本书五本书……

❀ ❀ ❀ ❀ ❀

二年级，我们开始做阅读小报

起先，我们八个人组成一个共读小组，我还是组长呢。每个小组人手一本同样的书，记得那是他专门在暑假期间就提前准备好了的一套书，至今还记得这套书是国际安徒生奖获奖作家书系，封面都是一种风格，每次阅读时，他要求我们都要将护封轻轻地取下来，轻轻地放在一边，读完以后，再把护封套回去，就像给小baby穿衣戴帽那样尽心。

毕竟才二年级，读起书来有人快、有人慢，快的读过两三遍，慢的只读完一遍，但是我们要用一个星期的时间读完这本书。组长会每天安排一次小小的组内聚会，我们要聊聊书里的一些内容，尤其是那些不懂的地方和好玩儿的情节，也会讨论书里有哪些人物，都有什么样的特点等。我们读得比较浅显，书里隐含的很多信息一时还读不出来，有些书甚至读不懂，现在回想起来，那真是一个囫囵吞枣的阅读过程，可见好书应该在合适的时候出现，不然难免有暴殄天物之憾。

读过聊过之后，我们会进行分工，有人负责文字，有人负责图画，有人负责设计，有人负责抄写，我们涂涂抹抹，做出了很漂亮的手抄报，这就是他鼓励我们做的阅读小报。

这段时光并没有坚持太久，很快，他就发现了其中的缺陷。每次他都要参与到我们每个小组的讨论中来，要了解我们读得怎么样，到底读到了多少东西，会遇见什么障碍。之后不久，他就调整了策略，我们回到了全班共读同一本书的轨道上来。

记得我们全班共读的第一本书，叫《柳林风声》，是他大声读给我们听的。

还记得他当时读的是新蕾出版社出的那个版本，有时可以读完一个章节，有时读不了那么多就只读一半，陆陆续续读完差不多用了一个月时间。

那时我们中有很多同学刚刚接触文字书，平时都是读图画书，现在要读完一整本的文字书，压力确实不小。所以，他要求我们在家里和家长共读，有的用长春出版社杨静远先生的译本，有的用郭恩惠的译本。

现在想来，他是想借用这种方式，让我们在大人的帮扶下，逐渐过渡到文字书整本书的阅读里来吧？在那段时间里，很多孩子的家庭生活中，总会时不时掠过一阵阵柳林间的风吧？和家长交流的语言，也免不了要说说那爱出风头爱冒险的癞蛤蟆，说说那老成持重的獾、热情的水鼠和鼹鼠吧……

当生活因此被点染了一丝丝童话的色彩，一点点自然的气息，共读一本书，其实就是营造了一种共同的生活，我和我的伙伴之间，因此有了共同的精神密码。

既然是共读，相对于平时的泛泛而读来说，自然要更深入、更细致、更体贴。在我们的精读历程里，有讨论、有质疑、有斟酌、有回味……

我们继续做阅读小报，还是按小组合作的方式来完成，这样就可以对整个共读过程进行梳理和回顾。

其实，制作阅读小报很简单，他告诉我们，在明确小报的形式之后，我们可以随性发挥。一般来说，小报可以分成五个部分：

身份证——对这本书的来龙去脉也就是作者、译者、出版社、出版日期等信息的介绍；

人物点评——对书中主要人物进行简单评价，可以配上人物形象的绘画；

精彩摘抄——抄录书中你觉得很精彩很有意味的语句；

我的话——记录你对这本书的整体评价或者阅读感受；

家长的话——家长记下自己和孩子共读这本书的感受。

一本书读完以后，我们要花一周的时间来完成阅读小报，大家小组分工协作，各显其能，所以并不觉得有太大压力。相反，完工之后，各小组将阅读小报汇集起来，张贴在教室的某一边墙上进行展览。你看那一张张小报上稍显笨拙的笔迹，弯曲的线条，简陋的布局，都是我们握着笔认真而执着地在A3白纸上书写涂画的结晶。

一本曾被我们共读过的好书，被三三两两的文字填在这张小报上；你还能看到家长殷切的话语，知道他们为孩子付出的心力，他们共读时的快乐，甚至有对这种活动的赞扬……

你是否会心存疑问：为什么要这么折腾，看完一本书还要做这做那，或者说，你想知道，我们为什么要在共读一本书后做一张阅读小报？

我会告诉你，这样可以帮助我们思考，可以让我们再翻一遍书，让阅读更深入一些，将一本厚书读薄。

为什么要做阅读小报？

如果你想知道大人的声音，或许你会听到家长说——这是孩子合作完成的一项创意作业，家长没有参与设计、制作，虽然每次总要作废几张草稿，但是过程弥足珍贵。

你会听到家长回忆起和孩子共读这本书的时光，说每晚临睡前，和孩子共同阅读《柳林风声》，穿越一个个妙趣横生的故事，仿佛又回到了丰富多彩的童年，和孩子一起去感受那份童真的快乐。

你还听到有人说，制作这样一份小海报，对提高孩子的阅读能力、理解能力、动手能力都有很大帮助……

我们的才华在这里得到展现，每个人都有自己的才干，每一张小报都设计得那样精心，完成之后，每个人都签上自己的名字，然后配上一些小装饰，看起来挺美。他曾经将这些拍成照片放在博客上，引来外地很多家长的效仿，他们也让自己的孩子跟着我们一起读书做阅读小报，乐在其中。

原来受惠的不只是我们啊！

❋ ❋ ❋ ❋ ❋

三年级，我们海量阅读

你或许会同意，只用一种方式读书多没意思，老是做阅读小报，时间长了也会厌烦的。

从三年级开始，我们就改变了八个人一个小组共读一本书的方式了。因为他发现那样做给他的压力还是很大，他很难深入到我们每个小组每个人的读书里面去，他发现我们的读书效果不是很明显，一本书读完了，虽然有讨论、有交流、有小报展示，但是毕竟那时我们才二年级，阅读能力还没达到高度熟练化阶段，小组成员之间阅读习惯与能力也参差不齐。他再次改变策略，先独立阅读同一本书，再全班交流和分享讨论。所以，我们一起读《窗边的小豆豆》《亲爱的汉修先生》《我是乔布斯》《一百条裙子》《晶晶的桃花源记》《爱的教育》《想念梅姨》《马提与祖父》《不老泉》……每一次共读都是精读，每次共读都要花一个月的时间围绕一本书去读去思考去讨论，每一个孩子和家长都要卷入其中，因为他每次都能为我们挖好"陷阱"，让我们自觉地跳进去。

说到陷阱，我还记得两件很有趣的事。

第一件事是在读《窗边的小豆豆》的时候发生的。读完之后，我们给书中的某个人物写一封信，信里一定要向他提出几个问题。开始我们有些不情愿，看完书还要写信多麻烦啊。他似乎知道我们的想法，很诡异地笑着，说这是我们一起挖的一个陷阱，一定会有人掉下来的。我们立即好奇起来，问为什么。他说既然有人写信，肯定有人回信啊，你们每个人都写信，靠老师一封封地回复肯定忙不过来，只好请你们的爸爸妈妈出马了，就让他们扮演书中的角色写封回信吧，这样，他们就必须看完整本书了。我们都很高兴地说好，似乎这就是我们一起密谋挖的一个大陷阱，殊不知我们都掉进了他挖的更大的陷阱中——从不愿写信到兴致勃勃地答应去写，他挖的这个陷阱太隐蔽了。他还故意说，信里面问的问题可千万不要太多哦，这样爸爸妈妈回复起来好辛苦的。我们嘴里说好，心里却得意地想，一定要多问几个问题，让爸爸妈妈别想轻轻松松地回复。就这样，我们都落入了他的"圈套"。

值得一提的是，我们的爸爸妈妈真是了不起，都很认真地看了《窗边的小豆豆》，还要变身成小林校长、小豆豆、小豆豆的妈妈甚至大狗，用他们的口吻来回复，很耐心地回答我们提的每一个问题，都写得很不错呢。或许这也跟一二年级时他鼓励他们看书有关。那时我们在读书，我们的家长也在读书，他给家长们开了书单，每个月读一本书，从《学飞的盟盟》开始，他们一起读了《朗读手册》《认得几个字》《幸福的种子》《会阅读的孩子更成功》《小王子》《打造儿童阅读环境》《第56号教室的奇迹》……他特意买了一个很好看的彩色本子在全班家长间流动，传到谁手上，谁就要在本子上写下自己最近读了什么书，有什么感悟，然后再传给下一个家庭。正是因为有了这样的基础，我们的爸爸妈妈才能更好地理解我们的做法，紧紧跟上我们的步伐，我们推进的每一项读书活动也因此格外顺利。

记得四年级时读《我是乔布斯》。他选择这本书是想让我们读点名人传记，在我们还小的时候通过阅读这样的作品可以满足自己的英雄情结。喜欢电子产品尤其是ipad、iphone的我们当然崇拜乔布斯，对他的传奇人生自然充满好奇，阅读的过程因而充满发现的欣喜。他让我们向乔布斯提出五个问题，最好是五个有难度的问题，还是由爸爸妈妈回答，我们再一次掉进了他的陷阱。不过，我们的父母看到这些问题以后似乎都很开心，不知是开心我们把书读得深入了、问题提得更好了呢，还是开心于他设计这样的陷阱让他们也乐意跳进去。

❧ ❧ ❧ ❧ ❧

每个学期我们都必须读完一定数量的书，这是他有意要求的，每次他总是郑重其事地宣布说，本学期我们要读完多少多少页书，好像要把我们全都为难住似的。可惜，他一次都没有成功过。

从三年级开始，他对我们的文字阅读提出了这样具体的页数要求。在这以前，他是从字数上提要求，后来在操作中发现不同的书，字数往往都难以统计；也想到以书的本数来定，但是书的厚薄不一，这样统计也不恰当。最后，他听朋友说，在美国，很多地方是统计所读书的页数作为衡量一个学生阅读的数量标准，他觉得这个方式不错，就在班上采用了。三年级时，他要求每个学期至少读完一千页，结果发现很多人都超过了两千页，阅读能力强阅读习惯好的孩子都达到了六千多页。到四年级以后，他将页数提高到了一千五百页，结果很多人一个月就超过了这个数量。从这以后，这个数字一直在逐年提升，我们丝毫不怯。进入四年级之后，我们身边陡然出现了很多"阅读狂人"，一个学期的阅读量竟然能达到一万页以上！这是一个多么惊人的数字！我们记录了这些数字，但是并不一味去追求数字的攀升。有些书，我们读了又读，几乎读了四五遍了，放在阅读记录卡里，依然只是一本书的数量，这时，我们决不会为了追求数字的上涨去做简单的相乘。当然，他不会忘记给读得多的孩子一些小的奖励，但这也只是一种鼓励和肯定而已，在他看来，达到期初布置的数量就足够了。自由自主的阅读，正是所期望我们能养成的。

成百上千万字的海量阅读，让我们变成了一个个阅读小达人，读书、思考，成为陪伴终身的好习惯。

在五年级之后，我们的阅读方向又在发生变化，既然阅读速度和数量已经不成问题了，阅读的广度和挑战性开始成为他的全新关注。每天阅读一份报纸，每周阅读一份刊物成为这间彩色阅读教室的新时尚，《南方都市报》《南方周末》《南方人物周刊》等报刊开始进入我们的视野，成为手头翻阅的新宠，报刊上的社会议题也开始成为我们日常讨论的兴趣点，而报纸上的新闻写作方式甚至报纸上的广告用语也成为我们评头论足的对象。他说，作为一个现代人，只拥有文学的阅读是不够的，在海量信息里如何达成自己的信息收集与独立判断非常重要，成为一个文明的有节制、有能力的现代人，这是他希望在自己的阅读教室里生长出来的果实吧。

为了在自由自主的阅读之外，更好地引领我们读书，用一个月的时间去精读一本书，提高我们的阅读鉴赏力，他曾经罗列了这样一份书单：

一年级上学期，精读李欧·李奥尼的17本书：

1.《一寸虫》

2.《小黑鱼》

3.《田鼠阿佛》

4.《亚历山大和发条老鼠》

5.《鳄鱼哥尼流》

6.《蒂科与金翅膀》

7.《玛修的梦》

8.《这是我的！》

9.《一只奇特的蛋》

10.《鱼就是鱼》

11.《自己的颜色》

12.《字母树》

13.《世界上最大的房子》

14.《蒂莉和高墙》

15.《佩泽提诺》

16.《西奥多和会说话的蘑菇》

17.《小蓝和小黄》

一年级下学期，精读安东尼·布朗的24本书：

1.《我爸爸》

2.《我妈妈》

3.《我喜欢书》

4.《大猩猩》

5.《隧道》

6.《朱家故事》

7.《看看我有什么》

8.《小凯的家不一样了》

9.《威利和朋友》

10.《我和你》

11.《穿越魔镜》

12.《魔术师威利》

13.《公园里的声音》

14.《胆小鬼威利》

15.《谁来我家》

16.《威利的画》

17.《你觉得怎么样》

18.《大手握小手》

19.《我喜欢的事》

20.《笨比利》

21.《小美猫》

22.《森林深处》

23.《冠军威利》

24.《梦想家威利》

二年级班级读书会书目：

1.《爱丽丝漫游奇境记》

2.《笨狼的故事》

3.《晴天有时下猪》

4.《小狐狸买手套》

5.《青蛙和蟾蜍》

6.《我和小姐姐克拉拉》

7.《姆米谷的冬天》

8.《亲爱的汉修先生》

9.《柳林风声》

10.《了不起的狐狸爸爸》

11.《木偶奇遇记》

12.《在那遥远的森林里》

三年级班级读书会书目：

1.《蓝鲸的眼睛》

2.《长袜子皮皮》

3.《西顿动物故事》

4.《夏洛的网》

5.《窗边的小豆豆》

6.《雷梦拉八岁》

7.《查理和巧克力工厂》

8.《一百条裙子》

9.《木偶的森林》

10.《吹小号的天鹅》

11.《晶晶的桃花源记》

12.《无字书图书馆》

四年级班级读书会书目：

1.《乌丢丢的奇遇》

2.《我的妈妈是精灵》

3.《魔法师的帽子》

4.《女巫》

5.《仙境之桥》

6.《阁楼上的光》

7.《永远讲不完的童话》

8.《魔石心》

9.《彼得·潘》

10.《时代广场的蟋蟀》

11.《安德的游戏》

12.《狗来了》

五年级班级读书会书目：

1.《不老泉》

2.《女儿的故事》

3.《念楼学短》

4.《银顶针的夏天》

5.《鸟雀街上的孤岛》

6.《爱德华的奇妙之旅》

7.《光草》

8.《特别的女生萨哈拉》

9.《秘密花园》

10.《佐贺的超级阿嬷》

11.《马提与祖父》

12.《蓝色的海豚岛》

六年级班级读书会书目：

1.《草房子》

2.《城南旧事》

3.《山居岁月》

4.《白色的塔》

5.《永远讲不完的故事》

6.《少年小树之歌》

7.《小王子》

8.《战马》

9.《绿山墙的安妮》

10.《银河铁道之夜》

11.《安房直子幻想小说》

12.《苏菲的世界》

很显然，这是一份用心设计的书单，固然带着鲜明的个人印记，但是这些书单会定期调整。我们就这样跟着他一路读来，一本接一本，一次又一次进入到故事的深处，穿行在语言的密林里。除了这些他列给我们的精读书单，在我们的彩色书柜里，还分类摆放着很多有关数学、科幻、历史、哲学类的图书，那都是我们自由自主阅读的对象。陶石梁说："世间极闲适事，如临泛游览，饮酒弈棋。皆须觅伴寻对。唯读书一事，止须一人；可以尽日，可以穷年；环堵之中而观览四海，千载之下而觌面古人。天下之乐，无过于此。"跟随他，我们深知读书之乐。你要问我，他陪伴我们这么多年，究竟在我们身上留下了什么印记，我想，阅读应该算那道最深的印痕吧。

✿ ✿ ✿ ✿ ✿

围绕阅读，你一直在努力

你如此看重阅读，因为你就是一个儿童阅读推广人，你深信，借由阅读，可以带给孩子无比丰饶的人生。

你知道，有些家长一直在带着孩子读书，在还没有进入小学之前，就因为对书本的热爱，坚持给孩子讲故事，让孩子欲罢不能。还有一些家庭，是在进入一年级之后开始更好的阅读的，你能欣悦地看到这些孩子的神奇进展。你也不能不担心，总会有更多家庭更多孩子，在这方面缺乏持续的热情，或者没有形成良好的习惯，做起来难免有一搭无一搭，一直处于悬浮状态。这种家庭出来的孩子在学校的表现就是注意力分散、很难专注地倾听，参与课堂的效度很低。

不是孩子没做好，其实还是成人本身出了问题。

你不仅劝勉家长，更是践行垂范。

每天早晨到校，你没有直接奔向食堂去吃热乎乎的早点，而是坐在教室里，陪孩子一起看书，让孩子看到老师也被一本书吸引，看到书籍的力量，看到专注的神情，然后自己走向书籍，让教室里拥有一段较长时间的安静阅读时光。持续而专注的阅读，正是《阅读的力量》里所着力强调的，而你喜欢的作家钱伯斯也在《打造儿童阅读环境》里提到了这一点。

可是，在开始的时候，你依旧看得到，总会有一些孩子，不能让自己坐下来，将一本书细细地、享受地看完，一直在书柜那里转来转去，身边稍有动静就被吸引，频繁地还书，安静阅读的时间极短。

你最担忧的就是他们。你曾经发信息告诉家长，提醒大家，如果一本书、一个故事不能让孩子安静下来，那么我们都要反思！如果回家没有一段亲子阅读时光，如果孩子对没听完的故事没看完的书从不惦记，那孩子的阅读品质还不高，更需要我们加大力度，想尽办法。

国际安徒生奖获得者、苏联著名儿童文学作家和教育家谢尔盖·米哈尔科夫在《一切从童年开始》里说道："书是孩子们生活中最好的伴侣。无论孩子们的家庭生活学校生活多么有趣，可是如果不去阅读一些美好的、有趣的、珍贵的书，也就像被夺去了童年最可贵的财富一样，其损失将是不可弥补的。"很难设想，一个没有阅读没有好书的记忆的童年是什么样子。就像《阅读的力量》所提及的那样，每个人都应该有自己的"全垒打书"，有快乐阅读的巅峰体验。

你想起你自己。你的儿时固然物质贫乏，却因为有小人书相伴，并未荒凉，所以才会有今天值得欣慰的回忆。米哈尔科夫说："一本适时的好书能够决定一个人的命运，或者成为他的指路明星，确定他终生的理想。"这样的告诫，需要每一个家长、老师和为孩子工作的人牢记。

你同意他的观点，有些书，一个人如果不在童年时读到它们，不曾在童年时代为它们动过真情，流过眼泪，那么这个人的本性和他整个的精神成长，就可能有所欠缺，甚至"将是愚昧和不文明的"。

生命的长度是有限的，你注定只能走在你的林中路上，不能去经历另一条路上的风景，可是每读完一本书，你就在别人的故事里经历一次人生，你的生命因此而丰富。就像在拼贴地图，每一次阅读都能为这张地图拼上一个小块，读得越多，这张地图越宏大，你的精神因此波澜壮阔。"没有一艘船能像一本书，载着我们远航；没有任何骏马，能像一页奔腾的诗行，把我们带向远方。"狄金森的诗句，道出了所有爱书人的心声。

你热衷于鼓励孩子读书，你也和孩子一起读，其实这对自己也是一种修复，因为你以前根本接触不到这样多、这么好的童书。在成人的世界里挣扎太久，身上难免伤痕累累，当你捧起一本书来读给孩子听，何尝不也是在读给自己听？这样的过程，更是对自己的一次修炼。随着阅读，呼吸会变得轻松起来，目光变得清澈起来，心灵变得柔和起来。阅读可以激活你沉闷的灵魂，文字可以规整你繁杂的人生。

即便生活琐碎得有些残忍，你要忍受着它一天天消解你的生命，模糊很多细节。过去的日子，就像指缝间的细沙，遗漏在你握紧或张开的拳掌间，可是有些日子就像阳光下的柏油路，笔直地延伸在你的前方。顺着回忆径直走去，你还能来到那间阅读教室，那些开着花的课堂。

☘ ☘ ☘ ☘ ☘

照例是每周那节阅读课，孩子们问你，这节阅读课，阿姨会送书来看吗？

惦记着书的孩子，也惦记着上次阅读课的美妙。还没上课，男孩子们早就跑到外面撒欢去了，你带上 W 和 Y 同学，一起去了阅读城。因为流感，阅读城这些天来一直不开放，班上要看书，只能自己去借回教室里看。你们一共挑了四十本图画书，两个小家伙吭哧吭哧地当起搬书的小蚂蚁来。

回到教室，看着这么多书突然出现在眼前，孩子们哇哇直叫。待他们坐定，你开始一本本地介绍着这些美丽的书：

《永远永远爱你》是宫西达也的另外一本关于恐龙的书，

一点儿都不可怕，相反很温馨；

《小黑鱼》如何带着伙伴们变得更强大赶走凶猛的大鱼呢?

《黑兔和白兔》是你最喜欢的一本非常美的书；

《是谁嗯嗯在我头上》是一本很好玩的书……

因为你全都看过，很了解，也很喜欢，你才能如此从容、自信地把好书告诉孩子。然后让他们排着队来借书。看完一本换一本，看完一本换一本。看完，再换。换了，再看。半节课过去，很多孩子已经换了五六次。

很显然，书不能这样看，这分明只是翻书嘛。有了好书还得会看，还得有人指导才行。有人痴迷于自由论，对孩子的教育一味强调自由发展，可是你深知这个观念背后的片面性，不受控制失去监督缺乏引导的自由，表面上看多么天真和快乐，但实际上只会让他被自己的冲动所囚禁，他甚至会受到为所欲为的伤害，无规则的自由只能让一个人成为自己的奴隶，只会让孩子在成长过程中频频遭遇挫折，最后认为自己很糟糕。

你当然不信奉那一套，上周阅读课，你就开始着手教他们怎么从书柜里借书：从排队开始，要在最快的时间里，找到自己要看的书，回去认真看完，再回来，排队，将书端端正正地还回它原来的位置。这次，你专门教他们怎么看书。你找了一个例子，选的是《黑兔与白兔》，这是你最喜欢的一本书。

你向孩子们介绍，你怎么知道有这么一本书，你多么喜欢这个故事，你又是怎样托别人帮忙从台湾带回这本书，刚看到时又是怎样的欣喜。然后，你开始讲述，从封面开始，大家的目光就再也不能离开那只美丽的白色的兔子，那只俊朗的黑色的兔子。他们一起快乐地嬉戏，白兔子的眼神如此明亮，黑兔子的眼神却如此忧伤。

为什么如此忧伤？你几乎是自言自语。有孩子回应说，是因为他想永远和白兔子在一起。这个故事美好得像黄菊花一样闪亮。

这样的图画书，不需要多看文字，只要安安静静地看着图画，看着白兔子的眼神，黑兔子的眼神，绿色的山坡，黄色的菊花，白色的蒲公英……

你告诉孩子们，你是如何不忍心三下两下就把它看完，就像好不容易吃到一颗棒棒糖，不会一口把它嚼碎吞掉一样。这是一本怎么读都不厌越读越感动的书。一节课的时间，是快快地翻完十几本书好呢还是认认真真地读完两三本书好？孩子们都选择了后者。

你再让他们好好看手中的书，就像刚才你示范的那样。接下来的阅读，孩子们的神态果然不一样，教室里少了随意走动，因而格外安静。那些在书上流连的目光，自然格外专注。你要带着孩子完整地经历一本书的阅读，又让他们自己完整地去完成一次阅读。都说阅读引领成长，殊不知，引领成长的阅读也需要引领和指导。你一直在寻求和探索更多更好玩的阅读指导，只是期望孩子们会善待每一本好书。

❀ ❀ ❀ ❀ ❀

就是这样，故事课构成了你最初的文学课堂。虽然只是分享一个故事，但是每堂课你都有预设，都需要提前做好准备，这样你才有能力和信心讲好这个故事。

总会有些惊喜出现在你的生活中，足以让每一天都过得回味无穷。那天，你收到H的妈妈的信息，说H带来了一本书，他特别喜欢。你赶紧去教室找到H，原来是《子儿，吐吐》，一本很有趣的绘本，怪不得他喜欢。

于是你临时决定，将起初准备讲的故事《我家是动物园》改为《子儿，吐吐》。

这个好玩的故事是这样的："小猪胖脸特别爱吃也能吃东西，一次吃完木瓜以后，别的小猪桌子上留下了很多木瓜子，只有他的面前干干净净的，原来，胖脸将木瓜连皮带子都吃进肚子里了。大家都说，吃了木瓜子儿以后就会从肚子里长出木瓜树来的。胖脸吓坏了，边哭边想长出树来是什么样子的。后来越想越觉得好玩，胖脸想，长出树来其实也是挺不错的事，他甚至还想到将来伙伴们每个人吃下不一样的瓜子儿长出不一样的树结出不一样的果实来那该多好玩。"

故事讲到这里，孩子们乐坏了，H更是呵呵地笑。

交流阶段，不少孩子都争着说自己想吃什么种子长出什么大树，你鼓励他们拿出自己的彩色笔和图画本，画下自己头上长树的样子来。下课前，你让孩子们自己上台来一一展示一一诉说，课后你鼓励他们自己珍藏起来。

这是你在文学课堂的"读写绘"，准确地说，是"读与绘"。孩子们的画作水平层次不一，所耗的时间有点久。但是，故事之后，交给孩子一个话题，一副纸笔，可以让阅读得以延伸，让表达变得更自然。

🍀🍀🍀🍀🍀

带领着孩子一起面对一本书

你非常认同当时你们校长的观点，读、写、绘不是唯一的阅读文学作品的方式，或许，还有更好的方式。

这就是表演。

在你的教室里，表演无时不在。

你的童谣课堂上，总会有很多表演性因素加入其中，读童谣成了一种快乐的游戏，你们都很享受这样的过程。在你讲故事的时段里，表演是你一直努力使用的手段。你尽可能模拟故事中人物的不同声音，捏着喉咙或者粗着嗓子发出不同的声响，扮演不同角色的不同动作，用尽夸张的口吻突出故事语言本身的幽默特质，尽可能将孩子带入故事情景之中。所以，《青蛙和蟾蜍》的故事让孩子们念念不忘，《晴天下猪》笑得让孩子在地上打滚。

也有例外。你印象深刻的是《玛德琳卡的狗》。

这是一本很好玩的图画书，之前，你曾经跟Y和D同学讲过，然后你们三个人都有了一只别人看不见的狗。你们给它们取自己喜欢的名字，用最好的语言描述自己小狗的体形、皮毛的色彩。甚至，你们会让小狗牵着你们走出歪歪斜斜的样子。你们就像玛德琳卡一样，伸出手牵着它，呼唤着它的名字，随着它四处奔跑。玩累了，就将它牵到身边来，抱起来、折叠好，藏在自己的口袋里……

可是，在你的故事课堂之后，好几个家长反映说这个故事孩子回家没有复述，肯定是他们印象不深刻。根本的原因就在于那天你们没有像之前那样玩过。

现在回忆起来，是因为那天上的课太多，两节代课加上课程表上原本安排的四节，快冒烟的嗓子已经不允许你有夸张的表演；讲故事时开始用实物投影效果不好后来干脆直接用手拿着书讲，书上设置的一些小小的机关虽然很有趣，可是在一个大的场合里无法让每个孩子看清楚，这样也大大影响了故事的效果。

精力缺乏，激情消遁，准备仓促，都可以让一个原本很优秀很有趣的故事变得逊色很多。照本宣科同样也无法发挥故事本身的魅力而去感染孩子。你相信，表演是一种很好的策略。

如果家长在家里再讲一次《玛德琳卡的狗》，用上你们玩过的方法，听过的每个孩子都会有一只自己最喜欢的小狗了。这个时候，可以让爱画画的孩子画出来，就很有意思了。

不会画画呢？也无妨。谁说一定要画出来呢？就将小狗小心翼翼地装在口袋里，还有哪种方式比这更生动更贴心呢？

孩子平素使用的是"叙事性思维"，这种思维模式可以让孩子纵横想象，他们能够看到成人看不到的东西，听到成人听不到的声音，就像打开了另一个电视频道，孩子们可以游离在成人世界之外。正是这种"雨人"模式，他们可以沉醉在自己想象的世界里。

✿✿✿✿✿

你经常家访，因为你想看到一个孩子是在怎样的环境里长成的。家访时，你一定会参观孩子的卧室和书房，看看书架上陈放的书。

有时你会惊喜，有时你也很遗憾。你发现，虽然你极力强调阅读，可是还有很多家庭藏书不丰，适合孩子读的童书并不多。

还有让你担心的事，你看到孩子的书，大都规规矩矩地排在书架上，或者床底下，有时甚至放在很高的地方。如果孩子要读一本书，还得费点周折才行。这完全是一个误区！

你一直强调，书要放在孩子伸手可及的地方，沙发上、床头边、洗手间里……随意放上几本好看好玩的书，让阅读变得不用那么郑重其事，不用那么一本正经，随时随性就可以打开一本书，好的阅读习惯就是这么养成的。

你强调亲子阅读的重要性，很多人以为孩子渐渐长大，能识字了，就不用亲子阅读，甚至有妈妈说，孩子都二年级了，还要给她读书讲故事，问你怎么办？

你无奈地笑，你告诉她——

龙应台先生有句话说得好："蒲公英年年都有，孩子那么小却只有一次。"她还说，"父母是有有效期的。"在我们养育孩子的黄金时期，如果不用心陪伴，错过这个敏感期，再想去教育他引导他，已经没用了。孩子现在还爱听你讲故事，说明你讲故事的声音好听，也说明他有多爱你多信赖你，为什么不好好珍惜呢？等他大了，某天你心血来潮说，孩子，我来给你讲个故事吧，人家都懒得理你，那时，你才知道曾经拥有的故事时光是多么可贵。

关于亲子阅读的意义，你跟很多家长做过讲座，明确地阐述自己的观点。

亲子阅读，顾名思义，就是父母和孩子一起读书——在孩子年幼时，还不识字的他们，需要一个成熟的阅读者引领着，读书给他听。孩子就应该在妈妈讲故事的声音中逐渐长大，度过一个温暖快乐的童年。

随着国内一大批儿童阅读推广人的倡议，越来越多亲子阅读推广组织的兴起，亲子阅读俨然已成为一股风潮，为许多家长所了解和熟悉。在这样的氛围里，亲子共读这一理念，逐渐为更多人所体认，很多优质绘本也在丰富着家庭的书架。

"亲子阅读给你带来了什么？"

这个话题我曾经问过一些家长。

得到的回答颇具代表性：

"促进亲子关系。"

"和孩子搭建沟通的平台。"

"给孩子一个有故事的童年，还自己一个久违的童年。"

……

　　而对此，在你参与发起创立的亲子阅读公益组织里有一个相对系统的阐述：

　　"早期的亲子阅读是一种高质量的亲子陪伴。在孩子成长的过程中，看一本好书，就像站在巨人的肩膀上一样，使他能看到一个更为广阔、更为深邃的世界。而这个带领并引导孩子进行阅读的人，无疑将成为孩子生命中重要的引领者，带他去发现世界，发现自我，体会生命的神奇。这是一种很奇妙的感受，很多爸爸妈妈在跟孩子进行亲子阅读之后，往往自己也爱上了绘本，爱上了童书，因为这些最接近生命本源的书籍蕴含着非常原初而强大的生命力量，有些甚至也能够为成人带来成长。"

　　亲子阅读，已经成了很多家庭的生活常态，所以，才会有妈妈这样深情的表白："你是小天使，我读书给你听；你是小精灵，我读书给你听；你是小魔怪，我依然读书给你听……"

　　如果仔细梳理一下，亲子阅读的意义，大概可以归结为以下几点。

　　首先，亲子阅读可以提供高质量的陪伴。推进亲子阅读，是我们成人顺利介入孩子当下生活的最佳路径。

　　以优秀童书为媒介，让亲子之间关系更融洽，尤其是通过观察孩子对于一本书一个故事与人物的反应，了解他的喜怒哀乐，丰富情感，柔软心灵，健全人格。

　　这样的陪伴，以故事为经，以时间为纬，从亲子的身体接触到内心共鸣，守护孩子的成长。

　　我们毕竟已经长大，始终游离在孩子的世界之外，唯有通过故事的讲述，或者以故事为媒介进行表演，才能真正实现对儿童的呵护和关爱。也唯有通过阅读，才更容易介入孩子当下的生活，让我们得以在监护人的角色之外，努力做一位儿童的守护者。

有位妈妈这样描述自己的愿望："在我们的童年深处，住着一位爆米花爷爷，炒出喷喷香的爆米花，让我们从小馋到大。我希望我们这一代的孩子将来长大以后，回忆起童年往事，他们会骄傲地说，在他们的童年深处，住着一位故事妈妈，妈妈讲述的故事陪伴他长大……"

正是这样朴素的信念，感召着更多的故事妈妈走进孩子的生活，到他们学习的班级、他们玩耍的社区讲故事。而童年的陪伴因为故事，可以直达孩子的心灵深处。

其次，对于家长来说，可以放下我执，重新做回孩子。

《唯识述记》云："烦恼障品类众多，我执为根，生诸烦恼，若不执我，无烦恼故。"

我执，小乘佛法认为这是痛苦的根源，是轮回的原因。

佛教中指对一切有形和无形事物的执着，指人类执着于自我的缺点。包括自大，自满，自卑，贪……放不下自己，心中梗着非常大、非常粗、非常重的"我"，执着自己的想法、做法、人格等，提不起自己和他人的义务与责任，自我意识太强而缺乏集体意识和奉献精神，或太关注自己而忽略别人等。

在故事里重新经历童年，优秀的童话温暖着孩子，也在融化成人多年的积冰，柔软粗粝的内心，让目光变得柔和温情起来，甚至连说话的腔调、面上的笑容以及神情动作都和孩子一样，做成人太久太累，孩子的单纯天真是化解成人之毒的最好良药。

表面上看，亲子活动中，是我们在陪伴孩子，其实是孩子在陪伴我们。我们因之做了一回小孩，享受一段纯净无邪的时光。

推进亲子阅读，可以让我们重新做回孩子。

朋友告诉你，多年来组织社区故事会，让她觉得"通过童书走进孩子的内心，走进自己的内心，可以找回自己逝去已久的童年"。

在故事面前，每一个讲者或听者，都可以重新变回孩子，一起快乐，一起感动，一起伤悲。与其说是我们把故事带给孩子，不如说是孩子让我们与故事重逢，与童年相遇。我们唯有做回孩子，才能理解孩子。

再次，可以了解童年的秘密，从童书读懂孩子。

孩子是一个神奇的存在，童年有太多的秘密，虽然我们曾经也是孩子，但是童年于我们来说就是一个梦境，长大了的我们显然忘记了梦里的神秘。

何以解密，唯有童书。

童书是走进儿童心灵世界的秘密通道，如果说，每个孩子是一把锁，作为成人需要找到打开这把锁的钥匙，这就是童书。

童话世界里有很多的密码，亲子共读可以拥有共同的密码。拥有共同的密码，才会在同一世界。

孩子各种稀奇古怪的念头，各种古怪精灵的想法，各类匪夷所思的举止，都能在童书里见到，然后，看过这些书，你才可以去理解他，读懂他，和他同在一个频道上，知道如何去和他相处。

另外，作为家长，可以从故事里去学点为人父母的智慧。

没有哪一所学校教我们如何做父母。

没有哪对父母需要通过考试才能上岗。

事实上，做父母是一门最难的学问，因为我们需要做一辈子。

每个孩子都是独特的存在，别人的成功经验只能提供参考，却没有在自家孩子身上复制使用的必要。方法都是指向某一个个体的，我们不必对别人家的孩子流口水。

你始终认为，父母与孩子结识一场，真是一场旷世奇缘。合缘则顺，不合就是无尽无休的折磨和战争。

孩子的奇特之处，就在于有时是天使，有时是魔鬼。对于后者，往往会令人手足无措，甚至为之抓狂。

如何找到和孩子舒服的相处之道？需要家长不断去学习。

童书里，尤其是各种绘本中，往往不乏儿童心理学、教育学和儿童行为学的东西，能从很多书里找到典型案例，其中很多生动的行为描述和破解之道，让人颇有启发。

如《生气汤》《敌人派》《怕浪费的婆婆》《妈妈心、妈妈树》《魔法亲亲》等。

最后，亲子阅读强调的不是阅读，而是一种生活样式，强调要过一种文学的生活，许给孩子一段美好时光。

我们以及我们的孩子长期生活在一个频道里，很难转换到文学的频道里来。

进行文学的阅读，文学的对话和讨论，过一种纯净的文学生活，对丰富孩子心灵，提升孩子语感，增强语言表达力，会大有裨益。

如果老师没有给孩子一个文学的课堂，家长所能做的是教育自救。推进亲子阅读，是众多家长实现教育自救的必由之径。

现今的生存环境与教育环境不断恶化，越来越多的家长开始认识到，只有让自己和孩子强大起来，才有足够的底气和毅力去触碰坚硬的现实。

绘本进入中国不过十几年时间，而且是在近几年才大行其道，我们儿时错过了这样美好的书籍，我们的孩子不应再错过。孩子在学校课堂上接触不到这样美好的故事，就应该让他在家里读到。

"你有一箱箱的珠宝，一柜柜的黄金，可是你永远不会比我富有，因为，我有一位读书给我听的妈妈。"这段从《朗读手册——大声为孩子读书吧》一书中摘录的话，已经成为每一位故事妈妈的行动宣言。

具体可以从这几个方面尝试努力。

首先，平时坚持亲子共读，围绕书中的人物、情节和特色语言聊天，丰富亲子之间的语言，不再是围绕成绩学习兴趣班打转，这样亲子之间的语言不再苍白无趣。

想想我们和孩子之间的交流，我们日常使用最频繁的话语，除了吃喝玩和学习，还能有些什么。

这样下去，迟早有一天，我们和孩子之间的话语会越来越贫乏、无趣以致产生隔阂，我们的孩子将不再是我们的孩子，你听不懂他的语言、读不懂他的行为。

但是如果坚持和孩子一起读书，我们的语言就会丰富得多，我们可以围绕一本又一本的书，聊书里的人物，聊书里的情节，很多有趣的词语也会源源不断地从孩子的嘴里冒出来，这不正是我们期待的吗？

其实，和孩子一起读书就是过一种共同的生活，以故事为媒介，亲子之间更容易建立共同的精神联系，拥有共同的语言密码。

你曾经问过一位学生家长："为什么要读儿子的书，甚至和儿子抢书读？"她说，她怕和孩子之间有代沟。

有了共同的阅读，才能有共同的语言。

新教育的发起人朱永新老师在一次接受采访时这么说："很多教师和学生在一起，是生活在同一个屋檐下的陌生人，他们没有共同的语言、没有共同的思想和价值，只是一盘散沙，为什么呢？因为没有共同的语言、没有共同的密码、没有共同的阅读。阅读恰恰是能够形成我们这个民族共同语言和共同密码的关键。"

教师和孩子如此，家长和孩子何尝不是这样？

刚刚过去不久的母亲节，朋友收到女儿送给她的一张贺卡，上面写着："妈妈，我爱你，有从这里到月球再回来那么远！"当朋友感动地在微博上晒幸福时，有人留言问："爱得那么远？"朋友不客气地回复了一句："可见你没读过那本书！"如果没有读过《猜猜我有多爱你》，哪里会懂其中的密码？

亲子同读一本书，沟通无障碍。

其次，联合志趣相投的伙伴召开大孩子读书会，共读一本书，共聊一本书。

因为有了伙伴的参与，孩子的聊书热情也会提高，可以设计一些有弹性的话题展开探讨，也可以设计一些有意思的拓展延伸活动，让孩子将一本书读厚。

例如，可以围绕"战争"这个主题，组织班上或者社区里年龄相仿志趣相投的孩子一起读一系列的书，绘本有《铁丝网上的小花》《敌人》《世界上最美丽的村庄》《安娜的新大衣》《爷爷的墙》《大卫之星》；文字书有《弹子袋》《数星星》《鸟雀街上的孤岛》《两个伊达》《影之翼》《战马》《第94只风筝》《安妮日记》《汉娜的手提箱》《克拉克的战争》……

围绕一个主题读一系列的书，你把这称之为"群书阅读"，这样的阅读显然是高品质的阅读，是能够切实提高孩子的阅读能力的。

再次，过一种书式生活，让每一天都充满情趣，充满诗意，充满喜悦。

读书是最好的驻颜术，如果家长有心，带着孩子营造一段阅读的时光，过一种书式生活，其中的怡然自得，只有自己才能体会到，旁人安可得知。

杰出的儿童文学作家罗尔德·达尔提醒我们："当你们长大成人，有了自己的孩子的时候，请务必记住——缺乏生气的父母是枯燥无味的。一个孩子所需要的，所值得要的，是才智焕发的父母。"

亲子阅读，可以让我们成为这样才智焕发的父母。

当然，亲子阅读，只要你愿意，随时可以开始，一个故事、一本书就可以带着你出发，你会与一群可爱的人相遇，你会学会很多方法和诀窍。例如，如何去判断一本好书，如何讲好一个故事，如何组织一场故事会，如何演好一个绘本剧……你甚至能够知道，不同年龄段的孩子适合读些什么书；某个作家还有哪些作品……

要相信阅读的力量，你要知道，借由亲子阅读，可以和孩子共度一段最美好的时光，那也是人生中最温馨的岁月。

你深知一个全新观念的生成多么不易，这么多年，围绕阅读，你一直在努力，你一直播撒阅读的种子，你要让你的教室里溢满书香。小小的野心，可以让你走得更远，不会迷失在现实的泥沼里。

❀ ❀ ❀ ❀ ❀

那天，你和女儿一起找了一家安静的咖啡店用餐，照例带着一堆书。

点餐过后，你一本我一本地看起来。

这时，旁边来了一位小女孩，大约是读一二年级的模样，再看那校服，应该是在附近一所学校读书，大概是没来得及回家换衣服，放学后就直接跟着妈妈来这里陪朋友聚餐了。

女孩儿胆子不小，就在你们身边转来转去，后来伸手去桌面那一堆书里直接拿了一本看起来，她妈妈几次提醒她"快过来，不要乱跑"，都不能迫使她离开。

直到最后，妈妈直接拉她走，念叨着快考试了，要回去做一堆作业，女孩儿也拿着书不肯放下，似乎还要贪婪地把最后几页看完才罢休。妈妈只好拿出手机拍了几张封面，安慰女儿说周末会把这套书买回去给她看，女孩儿这才不情不愿嘟着嘴离开。

你能理解妈妈面对应试教育学校压力的诸多无奈，可你更疼惜这么小的孩子，正要迈入阅读快车道的孩子，她离好书的距离那么近，却又那么远。

作为一个成年人，对好书要有足够的敏感，不能"书在对面却不识"。如果一套书能够让一个大人两个孩子爱不释手，那么这套书一定有它吸引人的地方和阅读的价值，假如这位妈妈足够敏感的话，一定会顺着女儿的指引拿起其中一本好好阅读，看看其中究竟奥妙何在。同时，成年人还要有足够的耐心，能陪着孩子看完一本书，这样才不会错过一本好书，也不会伤害一颗爱读书的小心灵。

你多次专门撰文谈过阅读这个经久不衰的话题，为了帮助初入门的家长顺利地找到高品质的书，你特意罗列了一个"关于好书的参考坐标"。

第一，可以寻找几个值得信赖的童书奖项。例如，国外的有：凯迪克奖、国际安徒生奖、纽伯瑞奖、林格伦奖；国内的有：丰子恺原创图画书奖、信谊图画书奖等。

第二，要重点关注家长们普遍推崇的书。例如，这几个绘本作家的书很得孩子们喜欢：宫西达也、安东尼·布朗、李欧·李奥尼、五味太郎、大卫·香农、长新太……桥梁书有《青蛙和蟾蜍》、"贝贝熊"系列、"我爱阅读"系列、"超级冒险王"系列……这些文字书作者很靠谱：林格伦、米切尔·恩德、罗尔德·达尔、迪卡米洛、贾尼·罗大里、托芙·杨松、安房直子、凯斯特纳……

第三，适合自己孩子当下需求的书才是真正的好书。

可以按主题分类找到好书，例如节日主题、男孩女孩主题、爸爸妈妈主题、我爱阅读主题、隔代教育主题、生命主题、哲学启蒙主题、战争主题等。

可以根据年龄分层寻找合适的书：例如0~3岁看游戏书、3~6岁看图画书、6~9岁看桥梁书、9~12岁读文字书……

还可以找些情绪安抚类的书来读，可以帮助孩子观察情绪平复情绪，例如这样的书有：《我讨厌妈妈》《苏菲生气了》《生气汤》《敌人派》《我是喷火龙》等。

第四，现在的信息如此发达，作为一名有心的家长，完全可以去寻找信得过的童书榜单作为参考。其中，你发起的亲子阅读公益组织每年11月读书月之际，都要发布一个很草根也值得信赖的榜单，你们从当年出版的几千册童书里遴选一百本好书出来，然后再通过线上线下多渠道进行投票，最后票选出大人眼中的十本好书（妈妈榜）和孩子眼中的十本好书（宝宝榜）。

这些书目都只是参考，只有充分了解孩子，了解书，才能将两者顺利地对接起来，而最好的诀窍就是：拿起书来，读它！

❀❀❀❀❀

虽然人们都在大谈重视读书的好处，也在四处推广着阅读，可是，什么是真正的阅读，很多人会在理解上陷入误区。曾经，你也认同一个观点，那就是"不读坏书如何知道什么是好书"，甚至也援引"读书的十大权利首先是不读书的权利"来佐证。可是，当你年过三十六岁以后，你开始有了时间不够用的恐慌，要读的书那么多，如何读得完？你每每看着家里一架架的书就陡生压迫感，后来你看到对陈丹青的采访，他说这些年新出的书他都不看，只看经典，因为剩下的时间不多了。再后来，你看到他的老师木心的两句话，突然就击中了你的心——

"有些书，读了便成文盲。"

"凡倡言雅俗共赏者，必定落得俗不可耐。"

你终于明白以前李校长坚决不看国产电影的苦衷。

我们哪有那么多的时间消耗在低品质的书上！

看破这些，你似乎顿悟了：对于很多人和事，你不会去纠结，你觉得那些没有必要存在于你的生命当中，所以不值得让你去费思量。你相信美好，亲近美好，珍惜美好，远离一切低级、无聊、肮脏与卑劣。

❧ ❧ ❧ ❧ ❧

坚信书本可以带你去往远方

你只是一名普通的小学语文老师，自从2005年暑期接触了图画书之后，从此不可救药地迷上了儿童阅读，并最终走上了儿童阅读推广之路。后来，不仅仅在班级、在学校致力于文学阅读的推广与研究，还发起了民间亲子阅读公益推广，带动了全国数万个家庭进行亲子共读，悄悄改变着民间阅读生态。

当儿童阅读逐渐为众多有识之士所认同，更多教师、家长乃至机构投入到浩浩荡荡的阅读推广运动里来，当大家都信誓旦旦地告诉孩子告诉彼此"无限相信阅读的力量"，因为美国诗人狄金森说"没有一艘船能像一本书，也没有一匹骏马能像——一页跳动的诗行那样，把人带往远方"。你们都沉醉于这样的诗意浪漫与美好，你们欣然望见，更多的国外经典童书纷纷被译介到国内，更多的原创作品出现在孩子面前，童年的阅读因为有了更多选择显得更加从容。

可是，乱花迷人眼，众声喧哗中，我们往往会迷失自己。当泥沙俱下，我们只能萃取精华。

你想提醒大家，提醒大家静下心来想一想：究竟什么才是真正的阅读？

你曾经看到过一则消息，有国外学者说："在中国旅行时发现，城市遍街都是理发店，而书店却寥寥无几，中国人均每天读书不足15分钟。"

全日本家庭教育研究会前总裁外山滋比古在其著作《阅读整理学》[1]中毫不留情地指出：第二次世界大战之后不久，文章突然变得容易读了，由美国传进日本、强调容易理解才是好的"简明主义"，重重打击了日本传统的"困难至上主义"，"低门槛的作品不一定俗气"成了新鲜的观点，在这样的创作思想主导下，读者自然就变成了"吃粥的读者"——几乎不用任何咀嚼就可以吃到饱，读者的牙齿变衰弱了，肠胃也不够健壮。阅读能力下降，小时候还喜欢阅读，长大后讨厌阅读的现象增多。他还注意到一个很值得玩味的现象，对于大多数报纸阅读者来说，几乎从来不读社论，阅读率最高大家最常看的就是介

---

[1] [日]外山滋比古：《阅读整理学》，天下杂志，2012年第4期

绍广播与电视节目的版面，因为这个版面排在最后一页，所以他称之为"后门读者"。对于杂志读者来说，"后门读者"就是喜欢轻松、软性文章的读者。如果让后门读者走到大门去读报纸的社论，去读需要靠想象力来弥补的文章就会显得毫无耐心。他指出，忙碌的日本人，已经很难拿出毅力去阅读需要努力才能读懂的文章了。

在网络化时代，我们几乎都自动演变成了"快餐读者"，很显然，这样的阅读是轻松的，也是碎片的。阅读需要耐心，也需要毅力，需要挑战未知，需要运用想象力。很遗憾，人们在鼓吹阅读的诸般好处时，往往忽略了这些。

大家总是在宣扬阅读带来的快乐，好像那是一趟很近又很美的路程。甚至还发明了"悦读"这样一个看起来很美好的词。这样做，是希望孩子亲近书本爱上阅读，可是，在快乐的浅阅读中长大的孩子，阅读力能提升多少？一味追求量的阅读，忽视质的阅读，对孩子的帮助有多大？

是故，我们需要去寻求真正的阅读。

何谓真正的阅读？

外山滋比古提出：阅读分为两种，一种是阅读既知的 α 型阅读；另一种是阅读未知的 β 型阅读。阅读既知的事物，通常只要认识文字就可以理解内容，有时虽然不能确定文字的意思，但还是可以通过联系上下文了解文章大意，对阅读理解不会造成太大障碍。而阅读未知时，有时即便认识文字、了解词语的意思，但是读完文章以后，还是在云里雾里，不知所云。所以，当有人标榜某种识字教育，说可以帮助孩子大量识字提前进入阅读，其实他所说的阅读是这里的 α 型阅读，这样的阅读量再多，对提高孩子的阅读力没有太大帮助。

阅读未知的 β 型阅读最具挑战性，就像登山，那未知的事物就像山峰，只有坚持不懈，经历一番痛苦的磨炼之后，才会有登顶之快乐，而登山过程中的种种艰难，却可以让你时常停住脚步盘桓，就在这盘桓中，得以欣赏到沿途的风景无数，最后直达顶峰，世界为之一亮。这登山沿途的停驻，就是阅读未知路上的思考，一边思考，一边阅读，一边圈点批注，随着思考的深入，阅读的功力也渐长，一个成熟的阅读者也慢慢修成。不费多少心思的浅阅读，虽一路畅通无碍，哪里会有沉甸甸的收获？

　　一般来说，教材的阅读是未知的阅读，说明文、法律条文、影评、剧评、乐评、书评，还有一些翻译过来不合乎我们表达习惯的文字，都是未知的阅读。它们都在挑战着每一个阅读者，如果你觉得这些读起来很有趣，那说明你已经拥有了成熟的阅读力。

　　弄清楚这些之后，再来看这句话——相信书本可以带你去远方。很显然，这里就有两重含义，一是我们相信书本里有一个离我们现实生活很远的神奇世界，打开这些书，我们就能在那遥远的地方尽情游历。另外，这句话应该还有一种解释：书本里的未知事物可以让我们新鲜的阅读者增进阅读力，这种阅读力可以带着我们在阅读的世界里走得更远。

　　爱阅读的朋友，你会选择哪一种理解呢？

❋ ❋ ❋ ❋ ❋

阅读中的性别特色

阅读还有性别之分吗？

　　当你这么说的时候，你身边的很多故事妈妈表示反对，她们都不主张书分男女。你观察到，她们骨子里都有些女权主义倾向。可是男女本来就是有区别的，这是从进化之初就决定了的，所以《裸猿三部曲》的作者还专门写了《裸男》和《裸女》。回到阅读这件事，一般来说，作为一个童书写作者，在写作时鲜见要把自己的作品预设成只给男孩子看或者女孩子读的，也就是说，在其源头其实并不具备性别之分，处于下游的阅读行为本身自然也不会存在男女读物之说，没人会限定某本书只给男孩子看，谢绝女孩子读的，反之亦然。虽然民间有"少不读西游，老不读三国，男不读水浒，女不读红楼"之说，但这显然只是一种强硬的主观训导，对性别阅读并没有正向的引导意义。

既然一本书在诞生之初，并没有假定男女之分，为什么现在还要提出性别阅读的概念呢？

有一首英文儿歌这么唱道："小男孩是什么做的？青蛙和蜗牛，还有狗尾巴草，小男孩儿就是用这些做的。小女孩是什么做的？砂糖和香料，还有一切美好的东西。小女孩儿就是用这些做的。"这些都很生动贴切地展现了男孩与女孩的不同，诗意而童真地体现了人的自然属性。现代社会，随着中性人的说法开始兴起，性别的区分确实出现了一些错位，尤其是一个孩子在他的成长历程中，与女性相伴的时间和概率远远超过男性，在家是由母亲抚养，在校从幼儿园到小学乃至初中，几乎都是女老师，成长过程中男性的缺席对于一个男孩来说，会带来很多问题。所以，很多人都惊呼现在的男孩子缺乏阳刚之气偏多阴柔之美，发起了诸如"拯救男孩""父亲参与力"等活动，这样的努力极具现实意义。

与此同时，伴随着阴盛阳衰，女孩子往往成为一个班级的强势群体，追逐打闹的伙伴游戏里，总是男孩子在前面跑女孩子在后面追。因为女孩发育早于男孩，从学习成绩来说，普遍优于男孩，班级的话语权也因此往往集中在女孩子身上，以至于"暴力女""男人婆"等称谓不断成为现代女孩子的标签。

"淑女"不再，"绅士"难存，这就是我们养育的目标吗？让男孩子成为男孩子，女孩子成为女孩子，这本是一种常识，我们的教育理所当然要尊重并顺应这样的基本事实。

某年圣诞节前夕，你的同事向你咨询给她17岁的儿子送什么圣诞礼物，你毫不犹豫地推荐她去买一款剃须刀，原因在于要让正处于青春期的男孩子知道，他的母亲尊重他，把他当作一个男人来看待。这个礼物最终得到了17岁小伙子的诧异和接纳。说来也巧，还是这个圣诞节前夕，你询问一个幼儿园大班的小女生想要什么样的圣诞礼物时，得到的回答是想要妈妈平时化妆用的那些化妆品。剃须刀和化妆品，具有鲜明的性别区分度，让男孩子成长为男人，让女孩子渴望成为女人，这是历经千万年遗传下来的生物属性，虽然文明的迅速推进导致现代社会已然异化，男耕女织的生活面貌不会再现，但是恪守这一基本属性也毫不为过。

你平时与一些出版社编辑交流发现，已经有出版社开始有意识地专门为男孩子和女孩子引进一些适合他们这个群体看的书，甚至还有编辑突发奇想，准备将作家的作品设计成男版和女版等不同的样式，方便男孩和女孩去购买阅读。而根据你多年阅读所见，在浩如烟海的童书中，虽然书的作者在创作时并没有一个明确的写作对象，但鉴于作者的性别、作品中人物的性别以及作品内容主题等因素，确实可以罗列出一些相对适合男孩阅读和女孩阅读的书来。

在一次亲子大讲堂"开卷有益"节目里，你很用心地介绍了自己推崇的几本书给全国的家长朋友，每一本书都指向一个特定的目标群体，分别关照男孩、女孩、大人和男女老少几个层面。给男孩推荐的绘本是《我是霸王龙》，意在希望男孩子读完之后，知道既要有外在的强悍也要有温柔善良的内心；给女孩推荐的绘本是《我的名字叫克里桑丝美美菊花》，希望女孩在看过之后，知道如何去应对小小女孩群体里的各种矛盾各种纠结，学会找到自我。

一般来说，男孩偏好冒险、侦探、恐龙、军事、汽车类童书，心中总会弥漫着英雄情结，不妨阅读《我是乔布斯》《金银岛》《手斧男孩》《超级冒险王》《奇哥蹦蹦》《魔奇魔奇树》等图书。这些作品的主人公都是男性，都拥有着坚强不屈、勇于进取、敢于担当的勇毅形象，更容易得到男孩的青睐，可以划为男孩书这一类。

适合女孩子阅读的大概有各类公主系列、人物形象甜美迷人、画面美轮美奂的童书，例如女孩子们熟悉的芭比系列、优雅甜美的玛蒂娜系列，文字书中有调皮的《双把铁锅卡其娅》系列、文字细腻的《草莓山》《绿山墙的安妮》《长腿叔叔》《新月的艾米莉》系列等，更容易唤起女孩子的共鸣。

从性启蒙教育来看，男孩可以看《萨琪有没有小鸡鸡》这样的故事，女孩可以看看关于乳房的故事，从而了解身体，认识自我；从社会分工来看，男孩可以看《我爸爸》，女孩看《我妈妈》；还有一些另类的女孩书，适合给那些过于内秀的女孩读，让她们看到女孩还可以有另一种生命状态，这就是《纸袋公主》《顽皮公主万万岁》《顽皮公主不出嫁》等，这些故事往往解构了传统的对男孩女孩的认知，可以打破刻板的性别印象。

当然，如果大家以为女性作者创作的书笔触更细腻，情感更饱满，更容易为女孩子喜欢，这会是一个误区。例如安房直子的奇幻童话，国内如殷健灵的《纸人》，程玮的《少女的红发卡》

《少女的红围巾》《少女的红衬衫》系列，彭学军的《奔跑的女孩》《你是我的妹》，以及汤汤的《到你心里来躲一躲》等作品，粗一看很女性化，但实际上这些作品也容易得到男孩子的喜欢。

实际上，无需刻意去为一本书确定固定的阅读对象，但是在日常的阅读推广活动中，总会有家长问及诸如"我的女儿五岁了，该读些什么书""我的儿子三年级，有没有合适的书推荐"之类的问题，不同年龄、不同性别、不同特质和不同需求的孩子，可以为他们寻找到适合当下阅读的书籍，只要推荐者对孩子有充分的了解，对童书有足够开阔的视野。

作为有心的家长、经验丰富的阅读引领教师，在指导孩子阅读时，完全可以有意识地做一些主题划分，让孩子在畅享精神大餐时，更好地吸收童书中的"维生素"。

我们应该相信故事对于孩子的精神滋养，以及天然具备的问题治疗作用和情绪安抚功能，正如凯许登教授在《巫婆一定得死》①一书中所说的这样："虚荣、贪吃、嫉妒、色欲、欺骗、贪婪与懒惰，统称为'童年的七大罪'。这些在童话故事情节中由主角或恶角所引发的童年大罪看在儿童眼中，正代表孩子内心邪恶的自我，它们同另一半好的自我对抗。故事终了，邪不胜正，罪行获制裁，孩子心理冲突也得到抒发，并获得心灵与道德上的成长。"如果男孩在日常生活里显得过于拘谨，缺乏勇气，不妨循着这种思路为孩子提供阳光坚强一些的故事，强健其精神；有家长觉得自己女儿太过内秀放不开，只喜欢甜腻的童话，格局不大，视野狭窄，见解单一，可以选择类似于《纸袋公主》《我妈妈》这样的故事，让她在阅读中将自己代替到故事中去，在故事里经历成长。

---

① [美]雪登·凯许登：《巫婆一定得死》，李淑珺译，台湾张老师文化 2001年版

你曾经亲历过一节性别启蒙教育的课堂，一位女教师带着一班一年级的孩子通过阅读《可爱的鼠小弟》系列故事，开展一场有趣的游戏活动，为鼠小弟鼠小妹选择玩具、衣服等，通过对日常细节的再现，让孩子学会区别男生女生，进行最简单的性别启蒙教育。你认为，我们的教育需要这样的尝试，我们也完全可以通过性别主题阅读，让男孩子女孩子都能找到更适合自己阅读的书籍，从而获得自我的健康成长。

诚如你在接受一次采访时所说："一般来说，男孩偏爱科普、冒险动作类童书，女孩更爱优美、细腻的公主类故事，如果我们没有留意到这样的差别，随手拿起一本书来讲或者随意扔一本书给孩子自主阅读，结果难免会差强人意，但是，不要指望哪一本书一定能改变你的孩子，让他长成你需要的那样。阅读，重在享受过程，重在孩子能和你完整地共享一个故事本身，这是根本，不能动摇。"

因此，作为一名称职的家长，对自己的孩子要了解清楚，对孩子所读的书也要清晰把握，这样才能得心应手地将最合适的书带到他的面前，从而在共读中感受读书之乐、亲子互动之趣及最终达到孩子自我认知的教育目的。而你在班级管理中曾经推出的每周一次"帅气男生"和"美丽女生"的评选，也是想带给孩子一个良好的引导。而很多家长更愿意把孩子放在你班上，这也是你作为一名男教师的优势所在。

❀ ❀ ❀ ❀ ❀

有一天，你收到了一封来信，是你以前的学生K写来的，你一点儿都不觉得意外。你没有刻意等待，你知道必定发生。

你曾经教过一年八年级，和他们分享过一些故事。不敢说唤醒了他们读书的热情，至少，有好多孩子变得更爱读书。K

读书很多，文字清新，成绩也好。后来各自忙碌，节日总有联系。

　　收到信，当然有些小感动。当你的学生开始转身去推广阅读，一定是她从你这里获得了对生活的确信，对人世间善行的恭从与赞美。当年的种子终于破土而出，那时的光照亮了脚下的路。你期待和大家一起分享这封信，希望让更多人看得到光亮。

亲爱的老师：

　　冒出这个写信给你的念头，是从最近参与的一个"悦读会"开始的。开学伊始，我加入了一个叫作"华硕硕市生"的团队，在这里，学到了许多团队协作的素养。悦读会是这个团队的活动之一，我们把它的主题唤作"喜阅涤荡"。于是，四月份的某个周末，20个团队成员带着自己想要分享的珍贵，聚在一起，缓缓打开内心深处的门。有人介绍一部精彩的电影，有人分享一本好书，也有人讲述自己加入团队后的心路历程……

　　我的门里住着的，却是初二的那个午后，从眼前滚过的圆：他缺了一角，他很不快乐……那时候，我的眼里除了黑白线条，已容纳不下更多的颜色。我做了最最简单的PPT，却得到了最最认真的眼神。这些眼神的主人，已是大一、大二的成年人，可那样专注的神情，像是出自一群不谙世事的孩子。那神情里，有专注、有新奇，还有恍悟和思索。没错，他们的神情令我惊讶。

　　记得悦读会开始前，几乎所有人皱着眉头问我："你要分享的《失落的一角》到底是什么东西啊？"大学生和小孩子的不同在于，他们会不自觉地排斥一切不在自己掌控范围内的东西。如果是一个孩子，他会很渴望听这个故事，也许在听之前，他脑海里已然闪过了无数个版本，他们用想象力填充大脑的空白。而大学生，他们的第一反应是"下定义"，第一时间抓住关键词"失落"，然后在脑海里搜索有关"失落"的所有记忆（无疑都是不美好的），于是自认为这是个消极的话题。然而他们不知道是否真是这样，这让他们不安，于是言语间包裹着防范。他们潜意识里用自认为丰富的阅历填充大脑的空白（事实上他们并不承认这是一种空白）。所以，当我分享那绘本时，他们显得惊奇，变得柔软；当他们的思绪开始跟着小圆寻找失落的一角时，他们都变成了孩子。

我记得，当时我讲了很多。绘本就是这样神奇又无私的东西，它不会占用你太多的时间，却给予你无限深度思考的空间，任你挖掘。如今再读《失落的一角》，我想到了更多不同的东西。开学时，我与团队中其余9人组成一个负责小组，举办为期一个月的大型校园电脑营销大赛。最困难的不是工作的完成，而是十个人的沟通。一个月下来，活动算是圆满结束，收获了很多，但也有缺憾，比如十个人并不像我当初幻想的那样凝聚。然而，重拾失落的一角，我忽然想通了。其实，缺憾也是一种收获。我们的确需要理想，它是拉力，给我们前进的希望；同时，我们也需要缺憾的存在，它是推力，推动我们不断追求。如果一步就能完美，世界上就不再需要生命了，生命的降临，不正是为了品尝酸甜苦辣，望遍五颜六色吗？我就这样讲给大家听，我讲得用心，他们听得专心。

我一直想要把绘本，把我曾经得到的珍贵，分享给更多人。虽然这次只有一小部分人，可我特别特别开心，当他们专注倾听、认真思索的时候。然后，我就想到了一直坚持推广儿童阅读的老师，他让我认识了绘本，爱上了小王子，让每一颗星星都对我有了特殊的意义。我又想到了他从前挺喜欢的一个学生，由于高中三年被教科书压得变了形，读的书本越来越少，可读书已是习惯，否则她会不安，于是她现在常光顾图书馆，寻找好书。而且，她从未忘记绘本，逢人便陶醉地讲述她与绘本、与童话的故事。这一路上，她只想且歌且行，且行且珍惜。

　　我知道老师创办的公益组织。我想说，老师，你一定要坚持走下去。点灯人的路，前方虽然昏暗未知，但身后一直有一群已被点亮的灯在默默支持你，像我，像X（她每次聚会都会和我聊聊最近的书，聊聊你），还有许多许多人。感谢你，亲爱的老师，感恩节、教师节的短信都太不够字数给我抒情了……感恩若常在，何必非得等到节日发去那寥寥数字呢？还是这样比较给力，是不是？

　　"点灯人的路，前方虽然昏暗未知，但身后一直有一群已被点亮的灯在默默支持你"。每念至此，勇气倍增，信念倍长。

4 闪烁生命光泽的
彩色课堂

　　课堂应该有生命的光泽。唯此，方能对得住一屋子里
活泼泼的人。

求学路漫漫，从小学一年级开始，12年的光阴，绝大多数是在课堂上度过的。

可是，有谁在课堂上真正感动过？流泪过？痛苦过？大笑过？争辩过？沉思过？

我们在课堂上不是一个水瓶一堆容器，而是几十个火热的生命。

我们的课堂不是知识与头脑的对接，而是情感与情感的交互。

可是，有多少人在课堂上昏昏欲睡，有多少生命在课堂上消耗热情？

这是一个不争的现实，最残酷之处却是让你麻木到忘了它的残酷。

有人说，中国教育是推倒重来的教育，小学里学到的那一点东西初中老师全部推翻，初中辛苦学到的被高中推翻，高中学的东西到大学被推翻，大学学的东西到社会上一点都用不上。我们六岁开始走进校园，直到长大成人，生命中最宝贵的时光，竟全都浪费在无情无趣又无味的课堂上，真是匪夷所思。

不过，他的课堂却全然不是这番景象。

那是一节文化阅读课，这是学校每周专门开设的课程，是希望我们在语文学习之外，尽可能多接触一些文学作品。

他照例给我们大声朗读。那次，他给我们读的是儿童文学作家冰波老师的《秋千，秋千》。或许是读的时间太长了的缘故吧，他边读边歇，边歇边读，就在这停停读读之中，很多孩子的眼睛红红的，包括平时上课最调皮的S。课堂一直沉浸在淡淡的忧郁中。

自由交流时间，L站了起来说："老师，这个故事太感人了，我都要流泪了。"

"是的，孩子，你在用心听读。在课堂上，如果能让你流一次泪，那是一件幸福的事。要流泪的话，就让它流下来吧！"他能理解我们的感受。

S终于说话了："我想对那些刚才没有认真听的孩子说，你们知道吗，你们已经错过了人生中一段最美好的时光！"

他是站起来说的，显得很激动。你要知道，能让班上最调皮的S听得这么专注，这么投入，那是多么不容易的事。

"说得多好啊！孩子，你的这句话是这么多日子来我听到的最真诚、最感动的话，我会永远记住的！"

接下来，他给我们讲述他昨晚的震撼，他说读着冰波的童话，他已经被深深地打动了。他给我们描述《蓝鲸的眼睛》《窗下的树皮小屋》《红纱巾》《神秘的眼睛》《狮子和苹果树》《永远的萨克斯》对他的吸引，讲述国内某知名"80后"作家因为念念不忘儿时读过的《毒蜘蛛之死》，前不久特意再版了三款不同风格封面的版本……他告诉我们，一个个静止的方块字后面，是一句句轻声的叮咛，一声声亲切的絮语，它们无声无息地映入我们的眼睛，揉搓着、撞击着、荡涤着我们的心！

这种感觉好奇妙，他会为它开怀大笑，也会为它泪流满面，还会为它一言不出，沉思良久……

他越说越激动，不断地问我们：你们理解这种感受吗？你们有过这种感受吗？这才是真正的读书啊！这才是享受读书啊！

我们被他这疯了一般的言说震住了。

"好好去读书吧，到那里去寻找真正的你、完整的你！"

下课前，他送给我们这样一句诗意的赠言。只有书痴般的老师才会这样叮咛复叮咛吧。

我在他门下读书五年，这样的情景时时发生，丝毫不觉意外，一个真性情的人，自然会教出一批真性情或者懂得真性情的孩子来吧。

✦ ✦ ✦ ✦ ✦

其实，他曾经把这样的精彩播撒到了初中的语文课堂上。

初中的孩子，更需要思考和感动，但是他们似乎远离这些已经很久了。

我曾经听他说起过在八年级上的一节课，那时他兼任五年级和八年级的语文老师。除了给他们讲课文以外，他还可以做很多私活。比如说，应那些初中生的要求，他给他们讲古汉语的"死"字，从甲骨文讲到金文、小篆、秦隶、汉隶，知晓"死"字是怎么变迁的，了解"死"字的前生今世，告诉他们，古时候，不同身份的人的死有不同的称谓，里面都有学问在。他们听得格外专注，可以想见，他们会多么喜欢。在这之前，他曾经讲过"行"和"生"字，那时就已经感受到了他们对此抱有浓厚的兴趣。从那以后，每天一字，几乎成为惯例。这个癖好一直延续到了我们这届学生身上，自从我们识字开始，他就不厌其烦地给我们写出某一个汉字的演变历程，让我们大开眼界，对认识汉字兴致勃勃，由此开始了一段我们称之为"超级变变变"的美好时光。

其后他又给他们读了一本图画书《第五个》。这是一本看起来极其简单的书，画面丰富，但是文字极少，平时都是给幼儿园的孩子读的，没想到，他会讲给一群初中生听，更没想到，这群初中生竟然会如此喜欢。在他读的过程中，他们很容易就参与进来了，因为情节和文字的简单与重复，他们很开心地笑着读下一页的文字，他和他们开始有了共振的感觉。读完以后，他开始追问：

"为什么后来要用'独自进去'不像前面的那样说'一个进去'？"

"当剩下小木人一个人的时候他为什么会流泪？他害怕什么？担心什么？"

"门里与门外其实是两个世界，一门之隔，那么近，又那么远。"

"门内，到底是一个什么样的世界呢？"

"当未来世界的大门就要向你打开的时候，一个人站在门外的你会怎么样？"

一连串的追问让这群大孩子陷入沉思。没想到一本小小的图画书里，竟然可以生出这么多具有哲学意味的问题来，一本不需五分钟就能翻完的书，却可以带给大家五十分钟乃至更长久的回味与思考。下课之后，开始有人要借过去看，一手传一手，这本书就在班上流传开了。这种现象，在他来之前，是没有的，估计随着他离开，也不会再出现吧。没有孩子不爱听故事，哪怕他已经长得够大了，或者他感觉自己已经够大了，其实他还会保有一颗好奇的童心。对于正处于青春期叛逆期的孩子来说，他们躁动的心更需要安抚，不是吗？

他说，他曾经让这帮初中生说说自己对童话的看法，顺便检测一下自己任教初中语文以来致力于儿童阅读推广的成效，他特意在班上组织了一次讨论——初中的孩子该不该阅读童话。

一共收到了33个回应，反对阅读童话的只有三个人，是三个学习习惯很不好的男生。其他三十个孩子都赞成阅读童话，并很高兴地指出自己从他在班上讲述故事以来得以重拾童年柔软内心。

他们说：

　　"你可曾记得小时候，痴痴地望着天空，等待着天国的仙女下凡，带你去欣赏美丽的花园？你可曾记得小的时候，期待一位资深的巫师，送给你法力无边的魔法棒，让自己变得神通广大？你可曾记得幻想自己，是落难公主，到平凡的家庭中来？……童话是永远住在心中的希望……因为人类永远期待美好，善良满溢的世界才有童话，童话是我们心底最真诚的呼唤，永远的陪伴。"——《童话，最简单的真理》

　　"也许我们能在童话里找到一点单纯的感觉，那在都市中漠然的神经，需要一点来自心灵深处梦幻岛上的安逸。"——《让心灵安逸片刻的方向》

　　"只有你读了童话，你才会有那童话般的遐想：王子和公主经过无数的困难，最后终于幸福地走在一起。这时你会露出一种纯真的微笑，就像一朵沐浴着阳光的正在绽开的花。"——《期待一份未被遗忘的纯真》

　　"在我沮丧的时候，一个我曾经以为失去了的东西，重新回到我身边那一刻，就如童话般的美好。"——《黑暗远方的光明》

　　"谁说童话是小孩读的，谁说童话是幼稚的，如果说是的那些人是教师，就不配站在讲台上，因为你还需修炼……"——《坐看童话》

　　"拥有童心的人永远活在童话中。因为在拥有童心的人眼中，一切事物都是美好的，所以他们更容易得到幸福，更容易微笑。"——《童心读童话》

　　"新生儿刚从神界来，所以用超然的眼光看世界，待到渐渐长大，淡忘神界，亲近人间，超然的眼光就换成好奇的眼光了……童话是儿童的教父……阅读童话，喜欢童话的人，会在内心世界构建一个梦幻岛，在现实中的不满、憎恨、诅咒，在这里通通化为乌有，留下的只有纯真、善良、幸福……"——

《儿童与童话》

"世界是彩色的，我承认。不过，少了童话，世界就少了一种色彩，就像吃薯条时少了番茄酱一样索然无味……"——《中学生应该读童话吗？》

"相信吧，童话可以带你去任何你想去的地方，童话可以让你在天空中自由地翱翔……""童话的世界并不是虚幻的，它真实地存在于我们心中，就像一阵风吹过我们的脸庞……没有童话的心是孤独的，没有童心的人是冰冷的，就像是从没得到过爱与温暖的孩子，在寂静的黑夜，找不到回家的路……没有童话的生命，像是没有鱼儿的水，空白一片……永远活在现实中，是孤独而疲惫的，往往我们需要的是一个安慰，一股温暖，一个有着童话的家。童话，用最简单的情节，覆盖了最深长的哲理，当揭开那层纱，你就会发现，现实就是童话，童话也是现实。"——《童话，一个真实的梦》

"不管是什么年岁的人，都应去寻找一本合适自己看的童话……"——《心理上的童话故事》

"如果童话是梦，那么读它的人便是托住梦的那双手；如果说童话是雨，那么看它的人便是在雨中起舞的碧叶；如果说童话便是天堂，那么爱它的人便是在天堂中嬉戏的天使……童话是一块不规则的黑宝石，能从多个角度来观赏它，了解它，感受它……"——《与童话同行》

"孩子们眼中的世界和成人心中的世界是完全不一样的，有时甚至他们提出的问题我们都哑口无言，无法回答，这就是因为我们失去了童真，而童话却能使我们换一种眼光来看世界。所以当你闯进了童话，你就会发现另一个全新的世界。"——《我看童话》

……

✿✿✿✿✿

看着这些精妙的言论，你一定会讶异，对于童话如此诗意的描述，真的是出自一帮初中生之口吗？如果你看到他把手机里朋友发来的新曲《童话》放给大家听时全班专注的神情，如果你看到每次他讲故事时课堂上寂然无声的纯净，如果你看到每周到儿童阅读城时一个个都变得循规蹈矩的那些原本调皮的孩子，你就知道他们已经尝到了童话的滋味和阅读的甜头，他们注定会成为不一样的孩子——别致而灵动。也只有他们，才能在课堂上和他一起读图画书《月亮，生日快乐》，然后化身为故事里的月亮跟小熊打招呼吧。

我们都要经历这个时期，让家长们望而生畏的青春叛逆期，大家都会成长为自以为已经很成熟了的小大人，我们固然需要多阅读些成人文学的东西，可是由于我们阅世不深，还没有强大到可以承受太多的挫折。所以，更需要一些温暖的阅读来陪伴、抚慰，这样更有力量去面对成人世界的更多不平和挫折。童话足以让我们在心中建立起一个柔软祥和的精神家园，其柔韧的力量足以抵挡现实中的每一次冲击，而不致轻易垮下。

可见，不是我们不喜欢童话，哪怕你是初中的孩子，你也会愿意继续栖居在这个神奇的国度。而我们长时间栖身的教室，应该如彩虹般绚丽如童话般美好。

✿✿✿✿✿

说他爱折腾毫不为过。除了给初中的学生讲故事，他更多的是为小学的班级讲故事。给一年级孩子讲《爱心树》时，因为扮演故事中的一棵树而被孩子们叫作"大树老师"；曾经在学校的报告厅里给整个五年级的孩子讲述《父与女》的感人故事，打动了很多人的心……

他是一个讲故事的人，他自己也有很多故事。

每次外校有客人来参观，他总要被安排上一节公开课，给外地的客人公开他的文学课堂。

这是例行的规矩，也是固定的风景。

在一次公开课之后，他在教学日记里这样写着：

又是一次对外示范课，这次是带着二年级的孩子走进图画书《三只小猪的真实故事》。

孩子来了，坐下后，听着音乐，然后简单轻松地聊着，谈这支音乐的感受，有的说很温柔，有的说很温馨，有的说很平静……孩子们的状态慢慢上来了，也就可以开始了。

谈话从传统版本的《三只小猪》开始，他们很随意地聊着，喜欢这样的感觉，聊着故事的感觉，一种很放松很舒展的姿态：我的神情，孩子的神情；我的声音，孩子的声音；我的笑容，孩子的笑容。

这个经典的童话故事是以接龙的方式完成的，一个小小的故事，十多个孩子一个接一个地讲下去，很自然地流淌着，情绪就这样慢慢点燃了，心收束在一起，神聚拢在一起，感觉越来越好，就要这样。

故事讲完，我把话题一转，神秘兮兮地告诉孩子，他们听来的这个故事其实都是从一张报纸开始的，那就是《小猪日报》。说完，还把这张报纸展示给他们看，同时带着他们一起去察看狼的作案现场。孩子们不知不觉地就进入我创设的故事情境里。

接着我又把《大野狼日报》给他们看，告诉他们，故事还有另一种说法，怎么办？于是冲突激荡着，矛盾开始了，我们，无论是孩子，还是成人，都进入了狼编织的故事中。

接着，我模拟大野狼的口气，讲着这个所谓的真实故事。随着讲述，随着翻页，还会让孩子们看着画面说说自己看到的东西，在分析画面的细节中，发现一些隐藏其中的秘密，例如高高垒起的汉堡里的兔子耳朵、老鼠的尾巴；例如蛋糕里的兔子耳朵；例如墙壁上狼奶奶的照片，有孩子说让她想起了《小红帽》里的那个狼外婆，我笑着应道"说不定小红帽就在她肚子里呢"；还有第二只小猪的窗户外那条高高翘起的狼尾巴……

故事说完，我们围绕"狼是不是被冤枉了"展开讨论，去寻求事情的"真相"。不同的声音此起彼伏，没有出现鲜明的一边倒的迹象。这是一件好事，我们可以围绕这个话题作深入的讨论，确保不同的观点、不同的理解能够得到充分的释放。自然，这也给我的引导带来了极大的困难。最突出的是，孩子们在左摇右摆，一会儿说狼是被冤枉的，他不是故意吃小猪的；一会儿说狼不该为了一杯糖吃掉三只小猪；一会儿说狼不吃素，他应该吃小猪的，一会儿说他该把小猪送到医院去，不该吃掉他；一会儿说小猪已经死了，不吃白不吃，一会儿说不该把喷嚏朝着房子打，害死了小猪应该抓起来……

"案情"也跟着陷入复杂的胶着状态。为了帮助大家识别狼的真面目，不至于被它误导，我接着抛出一个问题：到底是谁在说谎？孩子们的第一反应就是狼在说谎，因为他吃了小猪就不应该，就要坐牢。还有他的汉堡里、蛋糕里有很多的小动物，他平时肯定吃了很多的小兔小羊小猪，他肯定是在撒谎。我引导孩子一起来关注狼的外貌穿着，继续追问：

"狼怎么会很坏呢，你看他穿着西装，打着领结，看起来很绅士啊?"

孩子们说:"他是伪装的吧,就是用来骗那些小动物的。"

"你看他戴着眼镜,显得有学问哪。"

"不是的,这也可能是装的,好欺骗别人的。"

"你看他的牙齿好细好小噢,一点都不凶。"

"那是他吃多了肉和骨头给磨细的。"

孩子的思考令我吃惊,我紧接着跟进一个问题:

"这是一只什么样的狼?"

孩子们纷纷回答——

"这是一只凶恶的狼。"

"一只狡猾的狼。"

"一只伪装的狼"。

"一只残忍的狼。"

"一只坏蛋大野狼。"

……

"假如说小猪一开始就把糖借给狼会怎么样?"我仍然在追问。

有孩子说,会跟小猪说再见,还要说谢谢。也有孩子说,狼不应该自己把小猪吃了,应该留给奶奶吃。(真是很天真很善良的孩子。)

"会进去把小猪吃了。"

"会把他做成生日蛋糕。"

很多孩子这样说的。他们还是保持了必要的警惕。

在故事里纠缠了这么久,绕来绕去,其中的是是非非、真真假假、虚虚实实,孩子们究竟明辨了多少?我设计了一个小小的环节,那就是"上完这节读书会,回去后你会把这个故事讲给妈妈听吗?你会怎么跟她说呢?"

于是，我和一个小女孩展开了对话，孩子不仅把故事简要地讲述了一遍，还告诉妈妈，这是一只很狡猾的狼，不要被它骗了，它没有被冤枉，它应该永远关在猪的监狱里，这是对它吃掉两只可怜的小猪的惩罚。

简单的对话，把所有人都领出了迷雾的丛林，假如说还有人陷在狼的谎言里的话。于是，我们又回到了一个清清朗朗的世界。

最好玩的在最后。下课了，我和孩子相互说着再见，我借机说道"我要到你家去借糖"，他们笑呵呵地说"不借"。到这里为止，他们应该全都洞察到狼的狡猾与伪装了，我也可以安心了，至少，事先的预设还是达成了。

课后评价，客人们都说很好，校长不是很满意，他觉得有些遗憾，他觉得狼很可怜，还说我应该说一句"不是所有的报纸说的都是真话"。我接着他的话补充了一句"我们更应该相信弱者的声音"。我知道他的意思。校长的要求是很高的，他说这样的故事很适合做媒体教学，也就是让孩子明白，我们生活在一个谎言的世界里，我们要学会去鉴别。由于我考虑到这是低年级的孩子，就没有往这个方向延伸，毕竟，他们还小、还很单纯，对于生活中的种种虚伪知之甚少，实在不好强行让他们去认识生活的真实。况且，一本好书是经得住多次翻阅的，今天的阅读就是给下次的阅读留下了空间。假如换作是在高年级的话，设计自然要做很多的调整。其实，这个故事是开放的，还有很多值得挖掘的地方：例如可以跟《猪头三兄弟》一起，做写作教学的极好素材；可以作绘画的欣赏，了解文字外图画内的奥妙；可以跟其他写狼的作品一起（如《狼狼》）比较阅读，彻底颠覆传统童话里狼的坏形象，为狼翻案；也可以如校长所期望的，做媒体教育，让孩子们知道，生活在一个谎言世界里，怎样擦亮自己的眼睛……

丰富的延伸活动，广阔的拓展空间，无限的创造可能。

回过头来再看这堂课，居然已经化为一片模糊的记忆，唯有在课堂上和孩子一起享受这个有趣的耐人思考的故事的快乐感觉，还温暖在心里。这种幸福的皈依感，跟上次给孩子讲死亡教育一样，都让我迷醉。尽管一个轻快幽默，一个沉重睿智。

假如说还有什么遗憾的话，那么这些方面倒是可以引起注意的：

讲述时狼的色彩不要太浓，为追求故事的效果而渲染过度，使得大家以为是在为狼申冤，这样处理是否合适。

立场要明确，是站在小猪角度，狼的角度，还是旁观者的角度？

在故事里不要纠缠太久。

过于放任孩子的思维任其自由滑行，没有提炼和引领孩子的思考和发言，会使整个讨论显得芜杂，甚至让一些孩子摇摆不定。

没有将"这是一只什么样的狼"这一训练做足，其实围绕这个话题来做的话，整个讨论更有主心骨。

记得王林博士在听过以后，褒奖之余，告诉我说，这次读书会放得比较开，比他上次听《走在路上》有更深的印象。我知道，短短的一年时间，我的变化很明显，而且，我依旧在前行。想到这里，曾经付出和以后仍将付出的更多艰辛和无奈都不值一提。

字里行间，看得出他对自己文学课堂的喜爱，他要把好的童书带到教室里，带到课堂上，带到孩子们面前去，开辟一片新的天地。

他一直认为，课堂总是要有趣才好，老是板着一副李莫愁式的面孔，总归不讨喜，不时来点周伯通般的顽童风格，课堂上才有生气。

✤ ✤ ✤ ✤ ✤

记得进入二年级时，大家觉得识字量明显增加了，每节课的识字量都有十个以上，书写也都是八个十个的，要是一个个去拼啊读啊抄写啊听写啊不过关再抄再听写，这么一番"苦寒来"，那就不是"梅花扑鼻香"，而是"识字兴趣很受伤"了。

没办法，只好再想招。不知何时起，他在他的朋友们心目中有个印象，说得好听点，就是有创意；说得不好听，就是鬼点子多。

有次见到英语老师带着我们识记单词，她采取的是闪卡识词法，将单词卡片放在大家看不见的地方，快速闪出，我们会集中注意力大声读出来，然后再闪，再读。

他仿效过几次，可能感觉太单调了，游戏色彩不够浓。

后来的语文课堂上，他依旧准备好生字卡片，第一次，一张张闪现，我们能顺利去读。他没有停止。第二次，他开始将卡片任意摆放，向左横，向右摆，有时干脆是倒着出现，以增加我们识字的难度。此举让我们兴趣大增，一个个读得兴致勃勃。

其实这样做，给识认生字增加了不小的难度，不熟悉的话，一时还真的无法将一个倒着的词很快地读出来，可是，我们分明不畏这样的挑战，相反，很乐于接受这样的挑战，端正着认不出，就歪着脖子调整角度去看。

就这样，他倒着出示卡片，我们扭着头去认读，无意中还活动了脖颈，修炼了一番欧阳锋的旷世绝技——蛤蟆功。

这就是我们屡见不鲜、津津有味的活力课堂，你说有趣不有趣。

❧ ❧ ❧ ❧ ❧

课堂固然要有趣有味有动人之处，还要有朗朗书声。

记得一次诵读课，我们读《新月集》，读的是《孩童之道》：

只要孩子愿意，他此刻便可飞上天去。

他所以不离开我们，并不是没有缘故。

他爱把他的头倚在妈妈的胸间，他即使是一刻不见她，也是不行的。

孩子知道各式各样的聪明话，虽然世间的人很少懂得这些话的意义。

他所以不想说，并不是没有缘故。

……

在我们的提议下，他将每句话读两遍，先慢慢地读一遍，再重复一遍。还是在我们的要求下，他将一些听得不太明白的词语一一板书在黑板上，例如"无助"，例如"纤小"，例如"新月"，例如"一隅"，例如"乐土"，例如"细故"，例如"怜与爱"……我们看得真切了，只需轻轻一点头，就表示明白了。不用解释，任何试着去解释的努力都是有局限的，远没有心领神会那样令人欣喜，那样动人，那样妙不可言。尤其是读第二遍的时候，很多词语，很多句子，我们还可以看着他的口形念出来，于是，大家相视一笑，默会的快意尽在不言中。读过几节之后，我们开始找到一些感觉了，能够触摸到一点诗人的胡须了。还是在读第一遍时，他就有意让我们猜测，试着去捕捉那个词，就像捉迷藏一样，也像在捕猎，作者的词语就是我们看不见的猎物。他会让我们猜测"其甜美远胜过—— ？"我们为自己想到"自由"而兴奋；他会让我们接出"孩子永不知道如何哭泣。他所住的是完全的乐土。他所以要—— ？"我们会答出"哭泣""流泪"……这小小的语言游戏，将我们完全融于诗中。

这甜美的滋味真是让我们痴迷。

读完全诗以后，他高声朗诵，这一回就变得连贯起来，情感也充沛起来，他用声音吟唱，用手势颂赞，将每一个词的节拍随手划出，恰好到了那些板书在黑板上的词时，他就虚空一指，我们目光轻移，口诵而心惟。

他不苛求我们立即把诗背下来，也不奢望我们已经领会了诗中的旨趣，甚至也没有把全诗显示在我们面前，让我们看着高声朗读，他根本就不要求所有的孩子都要读都要看。他觉得不要那么急，只要吸引，只要尝到了滋味，我们会喜欢上，会去找来读找来背，那弯新月就挂在我们的眼里，那种甜美的滋味已经润到我们的心里。他只是零散而随机地一读，就引来这样神妙的经历和体验，可见美丽自有美丽的力量。

我总在想，或许他只是挖开了一道口子，水是自然流出来的。

❉ ❉ ❉ ❉ ❉

课堂是故步自封的。你始终怀疑，始终否定，却始终不会放弃努力。你要打破这样的顽固，你要挖开一道口子，让水流进去，让水流出来。

课堂需要活水，教学需要活力。

你想起了一些课堂，就像偶尔经过的那些风景，定格在岁月的深处，如尘封的琴，吹去灰尘，轻轻拨弄，铮铮有声。

那次，你畅快淋漓上完两首古诗——《夜书所见》《九月九日忆山东兄弟》。孩子们读诗、解诗，大致知道了诗中浓浓的思乡之情。你们从"动客情"出发，先聊"客"是什么意思，诗中的客指的又是谁。七嘴八舌中，孩子知道客是诗人叶绍翁的自称，自动链接第二首古诗中的"独在异乡为异客"的"客"，都是远离家乡的游子。然后是"动"，知道是牵动的意思，"情"呢，就是思乡之情。由这三个字串起这首诗乃至引申到这一类诗，一道口子就撕开了。

继续紧扣诗的题目，你询问他们，这首诗里哪些是所见的，哪些是所感所念所想的？"知是儿童挑促织"里的一个"知"字道破了天机，孩子中居然有人就能据此推出后面才是想的画面而非看的情景，不然就不是"知"而是"见"了。第二首里的"遥知"的"知"也呼应了这一点。"客"都想到了啥？挑促织的孩子，一灯明的房子……你追问不舍："为什么夜深了灯还不熄？守着这盏不熄的灯的又会是谁？"

于是你讲到了"可怜无定河边骨，犹是春闺梦里人"……引起唏嘘一片。

口子越撕越大，水流湍急。接下来，孩子的感悟和发言一个比一个精彩。课结束，你发觉自己大汗淋漓，湿了整件衣衫，而这整节课却真是让你大呼痛快！

下课前总结，谈到这样的思乡诗，你说，读着读着，你能看到诗人满脸的泪水，眼中盈盈的泪光。所以，古人的诗很多都是湿的，都是咸的。

你看到孩子们频频点头。于是，你带着他们一起吟诵——平长仄短，依字行腔，摇头晃脑，韵味无穷。

✿✿✿✿✿

你读让·焦诺的《种树的男人》

孩子们很好奇，因为他们知道你的QQ签名就是"做种树的男人"，他们还不太懂得你的意思，不过没关系，听完这个故事，你相信他们有人会懂的。

故事很长，嗓子很疼，但是看到他们很专注地听，你还是很开心。尤其是几个女孩子，从自己的座位上跑过来，就坐在讲台旁边，那么渴望接近你，接近这个新鲜的故事，让你很感动。

这次读此书，你显得有些功利，不再像以往那样随意而朴素。你读得很慢，在读的同时将故事里提到的一些生僻的词一一板书出来，你是想，囫囵读过去，孩子也就一知半解似懂非懂地忽略过去了，这些语词就不能在他的记忆里留下任何的痕迹，这些语词所依附的思想和情感也就轻易地抹过，孩子最后记得的只剩下一个瘦骨嶙峋的架子，很多的血肉，很多的汁液也就不知不觉地淡化了，烟消云散了，多可惜哦。为什么很多孩子在大量阅读后还不会运用不善于理解？这是因为他们的阅读兴趣点都是在追逐故事情节，而忽略了语词本身了。

为了帮助他们积累一些词语，也为了帮助他们留下更深刻的痕迹，你这样慢慢地读，适当地板书一些语词，应该是一个饶有意味的尝试吧。

孩子们没有你想象中的不耐烦，他们没有计较你读得那么慢，事实上，这个故事你读了整整一节课，三十五分钟！对于一个故事来说，这样读确实够慢的了。可是，只要孩子们能接受，又有什么关系呢？

你注意到，每当板书一个词时，都会有孩子紧紧地盯着，似乎要从里面揣测出什么来，又像是要从里面挖掘出一些含义来，故事在向前讲述，孩子们比以往更容易读懂故事的内涵，而你也因这样缓慢而坚实的阅读咀嚼出更多的滋味来，那是你先前的阅读所无暇顾及也根本没有深思过的东西——阅读的胜景总是盛开在重读的路上。例如，烧炭工人在故事里的意味，这片荒原上曾有的大树莫非都是他们烧掉的？又如，这片高地的荒凉，不仅仅是环境的荒芜，更有那里的人们自杀已成传染，精神失常屡见不鲜，死亡的气息随时笼罩着这片曾经生机勃勃的高地，这才是真正的荒原啊！在这样的背景下，布菲耶的工作意义多么深远，他所创造的奇迹多么伟大。发自内心的折服从你们心底升起——这才是真正的品行出众！

讲述结束以后，孩子们想到了那只快乐鸟（《快乐鸟的许诺》），是她把荒凉的大山变得一片葱茏，你告诉他们那是爱与坚持的力量；布菲耶把荒原变成鸟语花香的森林，这是心无旁骛的无私奉献；你为他们推荐并购买一本本童书，就是想让你们这里的阅读高原蔚然成林。当你问他们哪些孩子喜欢读书时，班上站起来很多的"小树"，他们伸展着自己的胳膊，好像已经成长为一株枝叶繁茂的大树呢。你骄傲地宣布了很多孩子的名字，你说"这就是我种下的桦树、橡树、山毛榉树"！

想当初，校长希望你来了以后能想办法提高孩子的阅读兴趣，让他们喜欢读书，这个目标早已达到，孩子们由以前沉迷于游戏留恋于卡通漫画到现在能看完一本又一本你精心挑选的童书，你是欣慰的。在他们的生命中，有这样一程，是这样一位老师陪他们一起走过，已经足够难忘的了。

每念至此，你真的为自己感到骄傲，你不会刻意给自己添加多少负担，就这样轻松上路，充满信心，一路欢笑，多好。

✤✤✤✤✤

你喜欢有情感温度的课堂，你追求有思想深度的课堂，哪怕一节小小的图画书阅读课，你也要上出它应有的深刻的道道来。

《黑色的国王》，这是一本图画书的名字，接力出版社"怪味豆"系列里的一本。作者法国的杰侯姆·胡里埃。听说过吗？《有色人种》听说过没？这个故事里，一个黑人小孩对一个白人小孩说，我是一个黑人，我出生的时候就是黑黑的；你是一个白人，你出生的时候，却是粉粉的；我长大以后还是黑黑的，你长大以后变成白白的；在太阳底下，不管怎么晒，我都是黑黑的；在太阳底下，不一会儿，你就晒成红红的……最后一句令人震撼：我们都是有颜色的，可是，你却叫我有色人种！多精彩的小故事，对于种族歧视的人来说，无异于当头棒喝。

《黑色的国王》带给你的将会是另一种精彩。话说有一天，黑色的于布（不是Y理解的"一块布"，也不是W笑谈的"多余的布"）吃掉了国王（黄色），自封为王，然后又吃掉了红色家族、蓝色家族、绿色家族，就在灰色庆幸自己不是被吃掉的红色、蓝色和绿色时，最后也被吃掉了。变得最强大的于布最后因为吃得太多摔了一跤爆炸了，大家都逃了出来，重新回到原来的样子，但是大家都忘了黑色的国王于布，只有灰色心存余悸，为了不让别人忘记那段历史，它成了一个讲故事的人……

看完这本书，你心里一直打鼓，二年级的小豆丁啊，能把这本书读成啥样子呢？

左思右想，最后你决定，还是上成一节说话课比较合适。

你们先从国王聊起。童话故事中，王子公主的故事不少，国王的有哪些呢?

孩子们反应快,调动积累也迅速,你之前读过讲过的故事他们都能及时想起,有人说到《喜欢大的国王》,有人说到《夜莺》,有人说到《打呼噜的国王》,有人提到《害怕真龙的国王》,还有《皇帝的新装》里的那个国王……

回到故事的名字——黑色的国王,又会让这些爱幻想的孩子们产生怎样漫无边际的联想呢?

有人说,这个国王不喜欢其他的颜色,要把所有的颜色全部涂黑;有人说这个国王的世界一直是黑暗的……

接下来,你们顺着无字的图画,进行故事接龙,每个孩子都将自己看到的内容顺着前面同学的思路,共同编织了一个奇妙的故事……

从前有个黑色的国王,吃掉了黄色,吃掉了红色,吃掉了蓝色和绿色,最后把灰色也吃掉了。黑色越来越强大,最后吃得太多,撑爆了。从前被吃掉的黄色、红色、蓝色、绿色、灰色都趁机逃了出来。生活回到了原来的样子。只是黑色不再存在了。只有那个灰色,不愿意再回到过去的样子,他开始向小朋友们讲起了黑色国王的故事,希望大家不要忘记那段历史……

单纯看着画面,孩子们能你一言我一语,将这个故事表述出来,而且竟然跟原来的故事极其接近,令你惊叹。

但是这终究是零碎的讲述,你们需要统整,需要一个孩子将这个故事完整讲述一次,还需要听到原来的故事,看到它本来的样子。这是对一个故事的重新经历,对一本书的重新出发。再次经历时,有人恍然大悟,有人会心一笑,有人若有所思。

等大家完整地讲完这个故事以后,你们开始了文学的讨论：

听完这个故事，你没有想到的地方是什么？

一句话激起一层浪，大家纷纷说：没有想到黄色的是国王；没有想到黑色原来不是国王，是吃掉黄色才做了国王；原来黑色是有名字的叫于布；没想到别人都忘记了历史，只有灰色记得那段历史；没想到灰色会变成讲故事的人，没想到于布会爆炸……

为什么呢？为什么别人会忘记那段历史？

你们开始分析原因：因为太恐怖了，所以不愿记得宁愿忘记；因为灰色是最后被吃掉的，看到整个历史，所以它全部记得；因为那段历史太长了所以记不住；因为其他颜色是最早被吃掉所以不知道后面的内容……有人用一个成语来总结，那就是"饱不忘饥"。

越说越深奥，就有孩子反对了，说自己听不懂。

于是，你们开始提问题。

"为什么黑色要吃掉国王？"

是因为它只想自己活在世界上？是因为它饿了？是因为它本身就包含了所有的颜色？

当大家相互残杀，"吃"来"吃"去，那多可怕。

结局呢？因为灰色的讲述，人们记得这段历史了，历史就不会重演吗？

可是，最后分明还有一页，灰色向其他颜色张开了大口！

这，这，这究竟是怎么回事？

孩子们的回答，竟是五彩缤纷：

有人说它是想用吃掉别人的方法来唤醒记忆；有人说是吓唬别人用假装吃来唤醒人们；有人说这是表演给别人看；有人说是受到了于布的感染也变坏了；有人说是用这样的方式重温

历史……

你没想到这个故事有这样的结尾，更没想到孩子们会有恰如其分的理解。

一本小小的书，负载了大大的思想，小小的孩子，竟然能承担起来，拥有自己的阅读、自己的见解，真好。

❧ ❧ ❧ ❧ ❧

你上过很多很多课，不可能每次都会很精彩，总会有失败的时候，那时，你就不断地反思。

有一次接到一个对外公开课的任务，应诺之后，就在想上什么。

语文课？大不了是凸显你们的语言训练功能。文学课？那就要继续讲述故事了。

本想讲《安东尼的平底锅》，或者《神奇变身水》的。都是很好玩的图画书故事，也可以拿来作说话的素材，只是事到临头，居然电脑罢工，让你无计可施，只好拿起比尔·皮特的作品里其中一本来讲，选的是《别了，梧桐树》。

故事之前，是一段朗诵，读的是《全世界都对我微笑》，题目很好，不过，也就这一句精彩。

然后是读故事，问题冒出来了。

孩子们显然不在状态，专注力不够，怎么暗示，怎么提醒，甚至使出小惩罚，都无济于事。直到你把某君请出来，他就站在那里作昏睡状，逗得孩子们哈哈笑。

抑制住内心的焦躁与怒火，你问他是不是不喜欢这个故事，他点头说是，你请他到后面的书架旁自己看书。

安顿好他，继续往下讲，心里已经失去了平静。

果然，没讲多久，就下课了。

然后，是愤愤不平的你，和一群顽劣的孩子，长达两节课的谈话，分析，商讨，认错……

在那段时间里，你们重点讨论，什么是"尊重"，什么是"自律"，什么叫"珍惜"。

讨论离不开一个个故事，一点点的细节。

语重心长，你坚持不生气。

事后想了想，还是套用几米的那本书名最好——孩子的错都是大人的错。

从你的教学行为可以看出教育机智还是不够，所谓儿童的课堂儿童本位，你仍然没做到。

首先，所选的故事，虽然很多孩子会喜欢，但是毕竟文学性强了点，要他们全部进入，很难，而且，这样的作品，未必适合讲述。

其次，当孩子出现游离时，你拿出《大卫上学去》翻到其中一页，效果没有之前明显，因为这只是一个手段，所以总会受到局限。为什么不跳出来，从那个故事跳到这个故事来，其实就是用这本书做一个常规教育的引导，讨论一个又一个"不可以"背后的意义。孩子就会知道自己的言行出了什么问题，需要怎么调整。

办法总比问题多，只是，你有没有好好去想，去变通，而不是对孩子一味地责怪，一味埋怨，甚至委屈、伤心、失望……

一堂不成功的课，总会教会你很多，你就这样和你的孩子们在这间彩色的阅读教室里且行且珍惜，且行且成长。

❧ ❧ ❧ ❧ ❧

"很久以前……"教室里的文化阅读课总是在这个声音里

开始。

这次，你为孩子们准备的图画书是《我是霸王龙》。

恐龙的故事总是特别吸引孩子，以前读冰波的《狼蝙蝠》，那是一部长篇，他们可以一口气读完，合上书时，不少孩子已是泪流满面。你给他们读《你真好》《你看起来好像很好吃》，孩子们一下子就喜欢上了宫西达也的这套恐龙系列的温馨故事。对于第三本《我是霸王龙》，已经期盼好久了，这种期待，让他们在课堂上显得格外兴奋，小家伙们纷纷围着你坐在一起。这就是图画书的魅力。

故事讲的是很久以前在一个悬崖顶上住着翼龙爸爸妈妈，有一天，小翼龙出生了，爸爸妈妈很高兴，开始用心地抚养着宝宝。爸爸希望他成为一只强壮的恐龙，妈妈希望成为一只善良的恐龙；爸爸教他怎么飞行，妈妈教育他要帮助别人。翼龙终于长大了，尽管妈妈很舍不得，但是，他毕竟要学会独立，于是，就把他一个人留在了悬崖顶上。早晨，小翼龙醒来，发现爸爸妈妈不见了，等呀等呀，哭呀哭呀，最后睡着了。这时，一头霸王龙爬了上来，眼看就要抓住毫无防备的小翼龙……火山喷火了，大地摇晃起来，霸王龙从悬崖顶上骨碌骨碌地滚了下来摔倒在地上。小翼龙记住妈妈的话决心帮助他，虽然爸爸说过霸王龙是个粗暴可怕的家伙。小翼龙把压在他身上的岩石一块块搬开，下雨天还用叶子盖住他，尽心地喂他红果子吃。有一天，霸王龙终于好了，可以站起来了，眼睛也看得见了，小翼龙生怕他会伤害自己，张开翅膀拼命飞走了，他想，假如我真的是头霸王龙的话，也可能和他成为朋友吧。

霸王龙看追不上小翼龙了，他朝着星空小声地说："我早就知道你是翼龙……我特地捉来了你最喜欢吃的鱼，想和你一起吃……然后，看着你的脸说声'谢谢'。真的，谢谢你啊！"

说着，一直一直望着小翼龙消失的地方，眼睛里居然流下了一滴晶莹的泪……

读到这里，你的眼睛湿润了，好几个女孩都哭了。你停了下来，班上安安静静，你几乎能听到每个孩子纤细的呼吸。你轻轻地翻开最后一页。没有文字。在一片星空下，霸王龙正安静地坐在悬崖顶上拿着小翼龙最喜欢吃的鱼，天空划过一颗流星，或许他正在默默地许愿……

居然是这样的情景！

居然是这样的画面！

最强大的与最温柔的竟然可以如此和谐地交织在一起，外表强悍凶猛的霸王龙内心居然是这样的细腻与柔软！

于是，你们终于明白了，霸王龙为什么在知道小翼龙的真实身份后并不说出来，原来他是害怕失去小翼龙，他想跟小翼龙交朋友啊。最难忘的是在小翼龙飞走之后，眼看追不上了，他还是表白了自己的心声："我特地捉来了你最喜欢吃的鱼，想和你一起吃，想看着你的脸说声谢谢，真的谢谢你啊！"

就在这刹那间，你们的心被轻轻击中，莫名的感动袭击了你们，是这样的猝不及防，又是这样的不期而遇。

那片璀璨的夜空，那颗滑落的流星，那滴晶莹的泪珠，那个坐在崖顶上一直守候着的霸王龙，永远定格在你的课堂上，也感动在你们的生命里……

✿ ✿ ✿ ✿ ✿

回想短暂的初中语文教学经历，你很无奈地发现，初中的这些大孩子们对语文的学习仅限于抓知识点进行基础知识与基本技能的学习，老师在课堂上兢兢业业应付考试，确保班级的学生能考出理想的成绩来，可是，当你尝试着把优秀的图画书带进课堂的时候，当你在教授语文教材之余给孩子们读点经典的童书片段、诵读颇富韵味的经典诗文的时候，孩子们开始活跃起来，原本沉闷的课堂开始涌动着生机……

不是不能，而是不为。

每一间教室，都应该是一片沃土，每一节课堂，都应该被文学润泽。

你曾经去桂林做阅读公益活动，应邀在一所名校给孩子们讲述《爱心树》，你发现一起听故事的2~5年级的孩子中，在对于故事的亲近、把握、体验、感悟上，大孩子反而不如小孩子，二年级的小朋友更爱参与到故事里来，他们很踊跃地诉说自己的发现与感动，而大孩子只会用搞笑的神情来阅读这个故事，早熟让他们过早地远离了本属于他们的纯真，他们无法从故事里体尝到感动。

是谁把小小的孩童过早地拉离了童年，引向了青涩世界？教师和成人在孩子的童年学习中扮演着怎样的角色？我们所操持的教育教学、所信奉的话语方式是顺应还是扭曲了孩子的发展？这些问题引起了你更深切的思考。看当下的语文教学，它所呈现的文字材料都是经过编辑整合的"教材体"，在引进的过程中丢失了原生态的滋味，缺乏亲切感，见文字难见文学；大家所推崇的教法倡导合作探究，过多言语词义的解析与抄练，太少原始的肉声的讲述与诵读，缺少对母语的直接亲近，孩子们从课堂上得到的只是语言的碎片，远远缺少对高贵的语言必要的敬重；儿童文学严重缺席，一册书中很难找到几篇像样的儿童文学佳作，本该属于孩子阅读的优秀儿童文学作品都在大家的视野之外，家长、教师以及语文教学专家对儿童文学的轻视乃至漠视让孩子过早逃逸童年的纯真，让当下的语文学习走上了一条歧途，以致在日渐繁重的学习与日渐高涨的应试压力下，孩子的消遣与排压方式变成了片面追求热闹和刺激的快餐阅读、网络游戏。可以想见，这样的童年注定是虚无的浮躁的，离圣洁的精神家园渐行渐远。

毋庸置疑，一位语文教师仅有儿童文学素养是不够的，他还必须拥有更为广博的文史哲、教育学、心理学等方面的功底，但是，对于小学语文老师来说，儿童文学素养的提升已提到了一个新的高度，儿童文学是"儿童、成人、文学"相乘的文学样式，是轻巧的沉重，是清浅的深刻，是以少少许胜多多许，它与孩童有着天然的亲近感。在现今语文教材儿童文学作品严重缺失的情况下，才出现了把语文教死，把学生教呆的必然结果，教师应该具备较高的儿童文学素养，才能更好地走近儿童、认识儿童、理解儿童、欣赏儿童、赞美儿童，为儿童的阅读成长打下精神的底子。

阅读儿童文学是走向童年打开童心的密钥，那些充满童心的儿童文学作家，为我们编织了一个个奇妙的世界，我们可以借由文字安静地进入儿童世界。在儿童阅读推广风生水起的今天，我们正向儿童文学走去，儿童文学也正向我们走来，它唤起我们太多美好的童年记忆，并融入这个记忆，去寻找某种难以言说的启迪。从这个意义上来说，阅读可以拯救未来，唤回童年，可以让长大了的成人得以栖居在一个诗意的国度。

根据平时的阅读推进实践，你总结了几种范式，可以提供给众多像你一样的一线老师，让他们根据自己所处的不同环境，在儿童文学走进课堂上有着自己的实施模式。

• 移花接木

推广伊始，在教学中做些改良的尝试，课堂上偶尔穿插一些图画书的阅读以及其他经典童书的诵读，孩子往往喜不自胜，对语文学习的兴趣对语文课堂的期待与日俱增。这样有意识地把优秀童书带到孩子面前，让他们在语文之外在练习之外在教辅之外还能拥有亲近经典的机会，这是每一位童年阅读推广人的自觉使命，孩子的手就是需要我们这样轻轻地牵起来走向明亮的远方的。

• 顺手牵羊

在日常的语文教学中，根据选文情况、时令特点适时地引进一些儿童文学著作的阅读，遇到节选的就直接读原著，遇到某个节日可趁机读些相关的作品，例如中秋节就可以"月亮"为主题开展主题诵读和图画书欣赏。

• 暗度陈仓

推广一段时间以后，浅尝辄止不能满足孩子阅读的渴求，教师需要在语文教学的同时，大量引进经典的童书，确保孩子在爱上阅读之后有书可读，有时间可读。语文教材可以从轻发落，每周留出一两节或者每节课空出5~10分钟时间用作读书交流、好书推荐、经典赏析。海量阅读大量诵读的孩子更有底气更有灵气，他们的气质他们的眼神他们的谈吐都会跟没有阅读的孩子不一样。

• 分而教之

有胆识有想法有魄力的学校，可以实行"语言"与"文学"分而教之的策略，组织教师编写用来进行语言训练的材料，再选编优秀的儿童文学及其他经典文学作品作为文学赏析教材，在夯实语言能力的同时扩大孩子的阅读视界、提高文学素养，让高雅高贵的阅读伴随孩子一生。

❧❧❧❧❧

推广阅读已多年，你的注意力开始转向一个主题，那就是生命教育中的死亡教育。这一点，根据你的了解，国内还鲜有人来触碰。

关注死亡，这是生命教育中无法绕过的一环，同时，也是开启智慧与哲思的一个最重要的途径。

智在哪里?

生死本是一个永恒的大命题，洞晓生死玄机，也就是了悟生命的意义，豁达通脱地面对乃是人生的一种大智慧。

人们更多地视死为生命的终结，是神秘的未知，是黑暗的深渊，是万劫不复的虚无，是阴森可怖的地狱，是魂灵出没的场所，就连三岁左右的小孩都知道，死是一个不好的字眼，死了就再也见不到那个人了，于是会说出"我不想他死"这样的话来。

正因为未知，我们的想象力才会无限制无穷尽地渲染着死亡的恐怖，人为地增添太多的伤情，所以直到有一天，生命真的从我们身边消失的时候，我们只能手足无措地被巨大的哀伤所淹没。

这固属人之常情，就像我们小时候最爱听也是最怕听的鬼故事一样，也像我们小时候一看见就害怕的黑棺材一样，我们关于死亡的认知没有一丝童话色彩，因此，我们即便看到摆放在灵堂的遗体，心中只会本能地感到害怕甚至觉得晦气，死在此时已与邪恶连为一体。当我们把目光稍稍移向身外，看看浩渺的大自然，我们不难发现，那里每时每刻都为我们演奏着一曲曲生死轮回的赞歌。

是的，生命本是一种轮回，是生生不息的循环往复。

何谓生?

甲骨文中的"生"字，像是一棵小树苗破土而出；金文里的"生"字比甲骨文中多了一对枝条；到了篆书里，下面像土，上面像出，意即林木生出于土上。这是一个多么富有智慧的字！它展现给我们的是一片生机，生命也正是从大地获得绽放，可见阳光，可沐雨露，可听鸟啼虫鸣，可享清风阵阵。生命盛开于春，繁茂于夏，灿烂于秋，静寂于冬。零落成泥，归于自然，在下一个春日，又以养料的方式进入另一个生命体的循环中。生命的历程就是这样：炫美的轮回，伟大的循环。

大自然中这些关于生死的告示，我们平时居然视而不见，可见，智慧其实离我们很近，又距我们很远。

幸好，这样的文学作品颇为丰富，尤为难得的是，在儿童文学领域，当国内作家视之为禁区不敢越雷池一步的时候，我们从国外引进了大量的关于直面死亡的经典。接触了这些优美的作品之后，你不能不深受震动，在别的教育者不敢轻易涉足的时候，你勇敢地迎了上去，因为你深深知道，不敢触碰死亡的教育不是真正的生命教育。

当你逐渐被这个主题所吸引，决心和孩子一起走进生命的智慧的时候，你已渐行渐远。原来，生命的果实竟是如此芬芳馥郁。

第一次尝试，你用的是《獾的礼物》，采用的是故事导入的方式，用良太的故事引入图画书的阅读，记得当时没有配乐，没有幻灯，孩子们就在你对画面的翻动中对故事的讲述中纷纷感伤流泪，初步知晓了生命的意义，獾让你们知道，死并不可怕，朋友是生命中最恒久最珍贵的东西。从此，你们记住了那个年老却极富智慧的獾，记住了那条通往另一个世界的长隧道，记住了悲伤过后更该微笑着面对生活。

接下来，你和孩子们一起阅读了《风到哪里去了》《一片叶子落下来》《爷爷有没有穿西装》《妈妈走了》《天蓝色的彼岸》《再见了，艾玛奶奶》《一粒橡子的奇遇》《祝你生日快乐》

等跟死亡有关的童书，这都是些文字优美故事感人意境幽深的书，你们从不同的侧面进入，触发了对死亡不同的思考，整合起来，获得的就是对生命圆融而完整的感知。

当你对生命教育开始形成自觉的追求以后，你的生命教育也逐步形成了一个体系。

于是，在亲近母语种子教师研习营上，你想到应该怎样把这些思考带给大家，无论是否接受，是否认可，但还是希望能一起思索。

图画书如何走进课堂？每个人都有自己的理解，不同的图画书走进不同的年级，进入的方式理应不同。这些问题应该引起大家的共同关注，如果每个人都来做，献出自己的执行思路实施策略，在交流与反思中，问题会得到比较圆满的解决。

你很乐意把自己的想法交流出来，也希望能听到更多的声音。

你当然知道图画书阅读中的快乐效应，但是，我们也不能仅仅满足于课堂上一片欢声笑语，以为那才是真正的快乐，其实，很多时候，那样只会让浮躁更浮躁，让肤浅更肤浅。我们应该尝试着带领孩子开始一些智慧的思考，这样的课堂虽然是沉静的，却充满着哲思的快乐，这是更深领域的情感体验，是更高层次的快乐感觉，是更有意味的情趣阅读。于是，你选择经典的图画书进行死亡主题的生命教育，也就不难理解。

在扬州执教《獾的礼物》这堂课后，有网友跟你交流说，故事很感人，可是觉得过于沉重，是否适合给这么小的孩子讲？当然，也有朋友说，这并非沉重，而是深刻，是一种思想的深度。

朋友们的观点带给你更为深入的思考。在这里，有两个问题必须面对：一是该不该把这些话题带给三年级这样小的孩子？二是作为三年级乃至小学高段的孩子，能否接受这样的深刻？

先来思考第一个问题。

不错的，孩子的天空应该是明朗的，孩子的笑容应该是烂漫的，这是他们生活的主旋律。如果他们开始知晓了一些生命的意义，即便有片刻的沉重，也不会永远压抑，走出课堂，一见阳光，即可烟消云散。此时的淡忘并非意味着归之于无形，在将来的某个时候，在一个合适的时机，它还会再次出现，不过，这时，它会让你压抑的心得到缓解，终于释然。读过《獾的礼物》的孩子，若干年后，当他终要面对自己饲养的宠物或者自己挚爱的亲朋离去时，他依然会悲伤，但是，他会想到这个故事，这样，他就不会只顾着沉浸于自己的悲伤，而是去回忆逝者留给他哪些离别的礼物，心中自然会感到无限温暖。也就是说，快乐不单是现时的脸部表情和心理状态，它还会充盈于遥远的且必将抵达的那个将来。

再来看第二个问题。

像这样深刻的大命题宜否让这些三年级的孩子来承受？说实话，起初你是有不少的顾虑的。设计之初，你是采取另一种更具哲思性的方式来进入，后来发觉明显超出了孩子的理解能力，于是改用从"生"的古汉字形式入手，让孩子走进一个神奇的生命世界。这样做是为了降低坡度，让孩子更容易进入。在课堂上，虽然不是所有的孩子都能顺利抵达，但至少开启了相当一部分孩子的懵懂无知。他们说环衬是"生命的颜色"；他们说"长隧道可以通往另一个世界"；他们说"獾会在天上默默地微笑着看我们"；他们说"獾留下的礼物是友情与爱"……对于三年级的孩子来说，这样浩大的命题确乎为难他们了，但是能有孩子能说出这些深邃的话语，每一句都闪烁着智慧的光泽，真是难得。

不可小觑孩子！

华兹华斯说"儿童是成人之父"，也有人说过"儿童是天国在人间的使者"，孩子的智慧是会让人惊讶的。作为教师，是引燃还是浇灭？不难作出判断，却很少有人去用心执行。你愿意这样做。

课早已结束，思考还在继续。你又会想，假如是更大一些的孩子，他们会在课上有怎样的表现？最后完成的太极图形板书有没有让他们眼前一亮，幡然顿悟？你挑战学生，也挑战了自己，所有的努力只是为了告诉自己告诉大家，我们不仅需要知识的教育技能的训练情感的熏陶志气的培养，我们的课堂也应该闪烁着智慧的光泽。有光有明亮就有温暖和希望。就像我们都去教堂，牧师的布道专注而虔诚，前去的人未必都能领悟，或若有所悟，或若有所思，或根本就什么也没想，只是进入了这样一个特别的场，这样的经历构成了生命的厚重与轻灵，经过与没有经过全然不同。你愿意，在适当的时候，时不时为孩子生命的天空引来一束智慧的光。

❀ ❀ ❀ ❀ ❀

你的教室永远是开放着的，对一切有意义的内容，和一切有意义的人。

绘本《花婆婆》里说过："一个人一生中需要做这样三件事：

到世界各地去旅行；到海边定居；做一件让世界变得美丽的事。"

这是很浪漫的念想，也相当的善良。

我们在为自己忙活的时候，在忧己之忧，乐己之乐的时候，有没有想过要为身边的这个世界、为自己走过的人间留下一点或浓或淡的色彩？

我们不会去伤害别人，不会把垃圾放到不该放的地方，不去惊扰别人的生活，不损伤周围的环境，有敬畏，无伤害。但是，仅仅是"有所不为"还不够，我们当想着如何"有所为"。

"为"什么呢？

为世界做一件让它变得更美丽的事。让人们会有那么一天那么一次因此而感动，而记得这世上还存有美好，还留有怀念。

所以，你特意请来Z的妈妈，让她给孩子们讲《花婆婆》的故事，这应该也是一件很美很美的事。事实上，你的这一举动，开学校故事妈妈进课堂之先河，更为后来你建立亲子阅读的公益组织埋下了伏笔。当然，这是后话，当时你是没有想到的。你只是单纯地想着，要让教室多一些色彩，多一些美丽。

那天很闷热，阳光热烈地炙烤让你们感到有些沉闷。

Z妈妈早早地就来了，带来了一阵清新的风。

她很热心，准确地说她很善良，且极富爱心。

她热爱读书，不仅从你这里经常借书回去读，还委托你帮她和儿子买了一千多元的书；她不仅自己读书，还跟孩子一起读书，一起写阅读日志。

好一位优秀的童话妈妈。

那天，她从家里走出来，由给自己的孩子讲故事变为给全班的孩子们讲故事，对平素深居简出、腼腆含蓄的她来说，这是个不小的挑战。迈出这一步，不容易。为此，你们等了很长时间。

但是，你知道她是乐于做这样一件事的，许是爱读书的缘故，或是善良的天性使然。也只有一心向善的人，才有这样的举动吧。

起初，Z妈妈还是有些拘谨的，不擅于在大庭广众之下说话的她担心自己讲不好，顾虑重重。你不断地给她打气，这才好了些。

当她最终下定决心鼓起勇气走上讲台，为孩子们打开这本美丽的图画书，开始娓娓讲来的时候，孩子们欢悦地拥来，她看到的是专著的神情，热情的面容，于是，她那轻柔的声音里溢满了母性的温柔。不难猜测，平时，她就是这么讲给Z听的，轻轻地读着，不时将书中的图画展示给孩子们看看，还和孩子们快乐地交流着……任你怎么看，也不像是第一次做童话妈妈，看起来很镇定、很娴熟，轻松自如。孩子们呢，非常合作。听着你沙哑的男中音讲故事已经很久了，突然来了一位年轻美丽的童话妈妈给他们讲故事，感觉肯定不一样。妈妈的声音跟老师的声音还是有不同。所以，他们格外的认真，格外的专注。

从此，你们的耳朵有福了。

✿✿✿✿✿

童话妈妈又来了，她总是早到

刚走进教室，就响起了一片掌声。

孩子们用这样的方式来欢迎童话妈妈。他们一直在盼着呢。

那天的故事是《彩色的乌鸦》，很早就想讲给孩子们听的故事。

"看到这个名字，你肯定很奇怪是不是？很久很久以前，乌鸦都是彩色的，就像彩虹一般的美丽。"

由于不是第一次，童话妈妈有办法。

一边读，一边猜，一边看图。声音依旧轻柔，姿态依旧温婉。

原本美丽和平充满快乐的彩乌鸦世界，仅仅因为雪人的一句话"真正的乌鸦是什么颜色的？"于是挑起了纷争，天下并不太平。肇事者已经化为了雪水，可是乌鸦们还在争论不休，每只乌鸦都不承认别人的颜色，眼里始终只有自己，本来多姿多彩的世界成为他们纷争的原因。于是，只好等待一场黑雨降下来，大家都变成了黑色，没有了区别的世界才可以安享太平。

童话妈妈设计了一些问题和孩子们一起讨论，最为有趣的是，这些孩子，发言的时候，张口闭口都称她为"老师"，惯性使然吧。转换得如此自然，没有半点的别扭，真是有味。

你方唱罢我登场，童话妈妈刚结束，你也按捺不住兴冲冲地上台来，手持《彩色的乌鸦》，讲述自己的理解。之所以这样，是因为刚才问及喜欢彩色的乌鸦还是黑色的乌鸦时，居然有很多孩子说喜欢黑色的乌鸦，因为黑色的世界里没有争斗。

故事过后的教室里一片安静，你开始说话。

首先，你在黑板上板书"倾听也是一种姿态"，告诉孩子们，他们刚才听故事的时候，那专注的神情令人感动令人难忘。

你吟诵着顾城的"黑夜给了我黑色的眼睛，我却用它来寻找光明"，追问他们"黑色的世界就真的这么好吗？千人一面就真的太平了吗？"

然后，你又板书一个词语"闹剧"。

你把图画书翻到最后一页，将那只小老鼠指给孩子们看，小老鼠背着行囊，拽着绳索，顺着电线杆往上攀，那边乌鸦的世界已经天翻地覆，但是其他小动物的生活没有丝毫的变化，在他们眼中，这只不过是一场闹剧而已。

每个人都有自己的世界，我们的存在是如此的渺小，当我们斤斤计较于自己眼前的得失的时候，殊不知，总会有人把它当笑话看待，我们上演的往往只不过是一场闹剧，丑剧。

何必跟自己过不去呢？

话音毕，教室里噼里啪啦地响起了掌声，他们又在用左手拍右手，右手拍左手呢。看来，他们都懂了。

如果说，童话妈妈带给孩子们的是一个耐人寻味的故事，那么你带给孩子们的是对这个故事的深入的理解。

不一样的讲述，一样的用心：享受这个多彩的世界吧，永远不要想着跟别人一样。做好你自己，这才是最重要的。

你就这样深一脚浅一脚地前进，你想用故事润泽课堂，用文学装点教室，用梦想点亮童年。

你更像一位诗人，一位歌手，一位童年的行吟者。

正所谓："大道不孤，德必有邻"，只要你是真心为了孩子，只要你真的心存梦想，你就不会一个人在战斗。而后来，和你一起构建阅读课程的故事妈妈团队，就是你最亲密的伙伴；受你影响打造阅读教室的阅读教师，是你最友好的同路人。

你们一起发力，从彩色的阅读教室出发，开始了一场"静悄悄的革命。"

5　教材需要重建

否定和批判很容易，重建更需要勇气和智慧。

教材只是一个工具，在你的王国里，天空任你自由翱翔。

教材的问题

教材能有什么问题？

按日常思维，学校发什么就用什么；老师教什么就学什么，这是天经地义的事情，不要多问为什么，也不会想到去怀疑，只要跟着好好学就是了。

所以，我们从来都是在培养乖乖仔，培养出来的都是听话的人。

莫非我们的教科书都是金科玉律不容置疑？

家长是无暇去翻看我们的书包的，他们不知道我们每一天在课堂上会学些什么，老师会讲什么，我们抄什么背什么，这些家长都不会去关心，他们只关心我们的作业完成没有，试卷上得了多少分，错了几道题，全班最高分是谁……

我们不要虚伪的教育，也不需要虚伪的教材。

教材应该是什么样子的？在我们的心目中，它应该是亲切的，好玩的，和我们是平等的。它不是用来让我们顶礼膜拜的，我们读它，是因为可以学一点语文知识提高一点遣词造句的能力应付一些必需的考试。但是，没必要将其中的内容置于高处，让大家瞻仰。

这一点，他似乎看得很真切。所以，他的课堂上，总是让我们去发现寻常里的不平常，去思考合理之中的不合理。

就拿二年级上册的一篇课文《玩具柜台前的孩子》来说吧。

他让我们练习朗读，去认识课文里的生字和书写课后的生字，然后再转入对课文内容的讨论。

课文中写到小男孩非常喜欢玩具小汽车，以致他一直站在玩具柜台前舍不得离开。可是当售货员阿姨要送给他车时，却被他断然拒绝，并拉着妈妈的手走了，此后再也没有出现。

读着这篇课文，我不免小心翼翼地想：编书的人到底想要借这篇文章告诉我们什么呢？

像小男孩那样懂得体贴家人？

像售货员那样热情友爱？

像售货员的女儿那样乐于助人，懂得与人分享？

课堂上，我们围绕这个话题讨论了一番，通过对小男孩前后表现的对比，很难理解小男孩为什么选择拒绝别人的友善和自己的喜好，难道这样才"高、大、全"？

这样的疑问，一开始我们都还没有意识到，没有发现，也就谈不上思考。正是在他的启发下，我们才明白，我们苦苦学习的东西有时也是一种无意的圈套，没有清醒的提醒，我们都会陷在课文里，想方设法为男孩的拒绝找理由，可是无论怎么说，都难以服人。

学完课文，他布置家长和我们一起讨论这个问题，得到一些家长的回应，结果发现，大家只是在绞尽脑汁地揣测，甚至在努力寻找一种标准答案，却没有一个敢于对课文发问质疑：这个故事是不是假的？有没有合理性？

这样的生活故事，在真实生活里会发生吗？

面对别人友善的赠予，我们如何应对？

面对自己的喜好，我们如何抉择？

故事里的孩子，真的是有血有肉的男孩吗？或者只是一个概念或者符号？

这是不是只是为了传达某种意图而努力捏造的一个故事？

当他鼓励我们和家长都开始这样的思考，学会对课文发问生疑时，哪怕没有一个明确的答案也无妨，因为这正是培养独立人格的开始。

这样的课堂，何止我们受益啊。

✿✿✿✿✿

教材里也有优秀作品

例如，林清玄老师的散文。小学课本里选了两篇，一篇是三年级要学的《和时间赛跑》，还有一篇是六年级要学的《桃花心木》。说实话，为什么前者放在三年级学，后者放在六年级学？至今我都搞不清楚理由在哪里，就像我搞不清楚为什么一到六年级的课本里，到处都是散文，而且改编的居多，看不到几篇有血有肉有骨头的佳作。

但是这篇《和时间赛跑》，我们倒是很喜欢。记得在课堂上，他和我们PK朗读，我们都能读得有声有色，颇有投入的感觉。

当然也不是全都喜欢，还是有一个孩子说不喜欢，理由是他读了之后，觉得有些难过。

难过也可以是不喜欢的理由。这并不好笑，说难过是对的，时光无情，就像胡德夫在《匆匆》里唱的那样："初看春花红，转眼已成冬，匆匆，匆匆，一年容易又到头，韶光逝去无影踪。人生本有尽，宇宙永无穷……人生啊，就像一条路，一会儿西，一会儿东，匆匆，匆匆……"

我们总是在时间里挣扎，又总是迷失在时间里。

我清楚地记得，自从三年级上学期开始，我们好像一下子就长大了。大家普遍都有了时间的紧迫感，很多人都能争分夺秒去完成作业。不管是谁，只要有空就去做作业，嘴里还念叨着："跟时间赛跑，我要跑在时间的前面……"

课堂上，他和我们聊起曾经和林清玄老师的一次交往，他说那是在深圳图书馆听林老师的讲座《从人生的底层出发》，然后和他一起共进午餐，其间听了他很多故事，印象最深的是他童年的饥寒，还有成名后在人生巅峰处突然隐退，入佛寺读经千卷，三年后再度出山……种种经历，可谓曲折多端。问及他当时的想法，林老师告诉他说，他的每个决定都是顺从自己内心的呼唤。

这样活得很真，很自在，他说。后来读林老师的作品，印象深的是林老师如此解读新美南吉的《去年的树》，他告诉自己的孩子："这个世界虽然总在变动，一棵大树可能马上变成火柴，但是有许多东西却不会因为形体的变化而改变，因为形体的失去而消失。"

要知道，很多人把这篇童话理解成对友情的歌颂对诚信的呼吁，更有甚者，把这个故事读成了环保主题。林老师的解读，显然更深一层，可见他佛学的功力。后来，他在做死亡文学叙事研究的时候，特意列出了这个故事，引导我们从故事里读出不朽，读出"无形胜有形"，这应该是受到林老师的启发吧。

那次学《和时间赛跑》，我们开始有了小小的忧伤感，小小的的紧迫感，同样浪漫感性的他，就和我们一起听、一起哼唱胡德夫的《匆匆》：

"我们都是赶路人，珍惜光阴莫放松，匆匆，匆匆，莫等到了尽头，枉叹此行已成空……"

如诗的课堂，如歌的吟者，其乐融融焉。

❀❀❀❀❀

他一直认同叶圣陶先生的观点，教材就是个例子，所以他从不被教材制约住，相反，他自觉地将教材当作训练的工具，一节课上，主要是让我们读通课文，强调朗读对我们语感的形成，然后就是识字写字解词积累。

那次我们学了一篇老课文，他说是他小时候就学过的——《翠鸟》。课文后面有道思考题："从哪里看出作者爱翠鸟？"

这个问题引发了我们短暂的讨论。

有几个人认为从想抓一只回去饲养可以看出很喜欢翠鸟。

有人坚决反对，觉得翠鸟不该被抓回去，就像《灰雀》里的小男孩一样，不该将灰雀捉回家。

话题迅即转移到爱是占有还是给予自由上来。

说着说着我们就跳出了教材，从书柜里找出了图画书《亲爱的小鱼》。这本书讲的是一只猫爱上了一条鱼，它天天喂面包给小鱼吃，还不忘每天都亲亲它，可是小鱼总是要长大，猫只好将长大的小鱼放回了大海。

他当堂给我们讲起了这个故事，带着我们踏上故事之旅，去看那只深爱着鱼却最终将鱼放回大海的猫。

鱼的自由天地在大海，猫不能以爱为理由，将它局限在自己的玻璃缸里。

鸟的自由天地在天空，我们不能以喜欢为借口，将它囚禁在笼子里。

一次讨论一个故事，带给我们的不仅有生态意识，还有关于爱的思考。

故事听完之后，他趁机给我们推荐了西顿、比安基、椋鸠什的动物小说，那是一连串的很丰富的阅读，其中不乏极精彩的鸟的故事，比这篇《翠鸟》惊心动魄得多。

想要进入一个充满爱恨情仇的鸟类世界，绝不是一篇单薄的课文承担得起的。所幸，他知道这些。他喜欢带着私货走进教室，兴许是他读的书真不少，每次学到一篇课文，他总能找到相关的故事和童书来延伸我们的目光，我们的课堂因而变得无限宽广。

还记得那次，我们读到了《卡罗尔和她的小猫》。

请允许我啰唆几句，介绍下这篇课文的内容。

小女孩卡罗尔一直想要一只小猫（心里嘀咕：咦，好像哪个故事也是这么开头来着），爸爸让她在报纸上登个广告，后来很多人看到广告后都把猫送来了，家里一下子热闹起来。爸爸嫌猫太多了，又在报纸上登了个免费赠猫的广告，等卡罗尔回家后，发现猫都送出去了，这时，她发现有只叫伯洛的黑白相间的猫还藏在家里，卡罗尔终于有了一只她自己的小猫（再次嘀咕：这个结尾也很像那个故事）。

读完课文，我心里一直嘀咕着的那个故事终于冒出来了：这，这多像那本有着美国史上第一本"真正的图画书"之称的《一百万只猫》啊。

那个故事是这么讲的：

老奶奶想养一只猫，老爷爷就出门去找猫。……于是，有几百只猫、几千只猫、几百万只猫、几千万只猫、几亿万只猫，都跟着老爷爷回家了。为了要留下一只猫，所有的猫开始争论谁最漂亮……老爷爷和老奶奶终于发现，这只猫是世界上最漂亮的猫……

你看，这两个故事多么多么地相像。

既然这么巧，那我们就可以进行比较阅读了。

课文不短，我们用接力的方式读完，然后由一个同学把《一百万只猫》的故事完整地讲了一遍。

接下来，我们比较异同：

前后两个故事，相同的地方是哪里？

我们需要也喜欢这样的上课方式，不用鼓励，大家就七嘴八舌地说开了。

开头相同，都是想要一只猫；结尾相同，都只剩下一只猫；中间经过也有相同的，因为一只猫来了一群猫；最后那只猫都是躲起来的……

哪不同呢？

课文里的人物更丰富；得到猫的方式不一样，课文里是登广告人们送来的，图画书上是老爷爷自己去找的；结尾猫的消失不一样，课文是送走的，图画书里是猫吃猫自相残杀而消失的……

我们还是很细心。你一言我一语，说得也全面。

大家到底喜欢哪个故事呢？

举手示意，发现喜欢课文的就五个人，喜欢图画书的有三十二个人。

理由呢？

Z同学说她喜欢的是课文里的那句话："我会像你妈妈一样照顾你的"，这是卡罗尔对伯洛说的，后来伯洛就留下来了。

H同学说他喜欢课文里的情节丰富，因为人物多，丰富的内容对他更有吸引力。

X同学说图画书最后的情节太残忍了，猫吃猫，太可怕了。

反对派呢？听听他们怎么说。

Y同学保持着他一贯的慢条斯理有条不紊，他说，第一，课文的图画没有图画书里好，（看了那么多年的图画书，审美能力就是不一样）；第二，他不喜欢课文里那个小女孩的流泪（你以为这就是男子气概啊。真要流泪，也不是坏事嘛）。

N同学说，她喜欢图画书故事里的神奇，比如说猫不吃草，但是故事里猫却吃了一山坡的草，又比如说猫也不吃猫，但是故事里却说猫吃猫最后猫都消失了。

这样的讨论很有趣，双方都想参与辩论，可惜做操的铃声响了，不然，我们还要继续争论下去。

最后他再调查我们的喜好，发现喜欢课文的还是那五个人。

在他的课堂上，我们都想伶牙俐齿畅快地激辩。

❀ ❀ ❀ ❀ ❀

他鼓励我们去怀疑，但不是否定一切，而是带着怀疑的目光，去打量这个世界，只有经过自己验证的，或者经过自己仔细思考过的结论，才能化为自己的观点。我们的大脑不是让别人去跑马的。

二年级上册语文教材上的有一篇讲回声的科学小童话。

学完课文，按青蛙妈妈的说法，大家冲着黑板扯着嗓子喊，没有回声，怎么喊都没有回声。

怎么回事呢？

不是说，声音就像水中的波纹撞到河岸就会撞回来一样，形成回声吗？

这么近地对着黑板喊，声音回荡到哪里去了？我们怎么听不到呢？

有人说，要是在空旷的地方就会听得到。

空旷的地方？那声音要撞到什么再反弹回来呢？

一节课学完，我们并不是变成了句号，相反却变成了问号。

带着问题离开他的课堂，这节课才会生根发芽吧？

课文读完了，我们总会习惯性地想想——还有没有类似的故事呢？

有！记得《月亮，生日快乐》这本图画书吗？

小熊喜欢月亮，他想送给月亮一份生日礼物。但是，小熊不知道月亮生日是哪一天，也不知道该送什么才好？于是他来到山顶和月亮交谈，决定送月亮一顶帽子……

当小熊站在山顶和月亮相互问好，一问一答的时候，我们在教室里也是相互问好，他问我们答。

不知不觉地，我们就从科学的回声里跳了出来，走进了生活中的情感呼应。

人与人是需要呼应的，不然总会空落落的吧。

他推崇科学，但是不会让我们无谓地去热爱科学，他似乎更强调人文关怀。他总有本事让一节语文课增容，让更多的信息涌进教室。

毕竟，这是一个信息泛滥的时代，我们要有梳理和甄别各种信息的能力，然后才能找到自己需要的那一些。

提到回声，他会跟我们讲起希腊神话里《水仙花的传说》：

有个叫厄科的最美的仙女爱上了最俊美的那喀索斯，可是那喀索斯却不爱她，竟然爱上了自己。厄科因为触犯了爱嫉妒的赫拉，被"限制舌头的作用"，不能第一个讲话，当别人讲话时她也无法保持沉默，只能鹦鹉学舌似地重复她听到的最后几个音节。因为深受对那喀索斯的爱的折磨，身体逐渐消瘦，血液慢慢蒸发，最后只剩下几根骨头和声音。后来，她的尸骨变成了岩块，而她的声音则到处回荡，回答那些呼喊她的人们……

听过这么多故事，哦，除了课文里那个青蛙的故事，还有小熊和月亮的呼应，还有美丽而可怜的厄科的传说……在我们眼中，回声已不单是回声了。

当别人在责怪课文差对教科书横挑鼻子竖挑眼批判教材有毒的时候，他总会用别的办法来帮助我们：擦亮眼睛，化弊为利，拓展视野，重建教材。

✿✿✿✿✿

学到《识字八》，八个词语两排列。左边是：后羿射日，精卫填海，嫦娥奔月，女娲补天；右边是：人造卫星，航空母舰，宇宙飞船，运载火箭。

读学这些词语，目的何在。稍作留心，就会发现，书中有导语："要爱科学，学科学"。

知道他会怎么做吗？

我们识读完生字，将这几个词语在嘴里过几遍，然后略作比较——右边的词语里没什么故事可说，左边的可都是神话来着，他顺势给我们介绍了《山海经》。

接下来，他又在试探我们的喜好：

"左边是神话传说，右边是科学，请告诉老师，你更喜欢哪个？"

哗啦啦，数一数，喜欢科学的只有四个男孩，其他的，全部爱上神话。

再试一次，还是如此。

他表现得似乎很诧异，连珠炮似的追问我们：

"你离得开电视吗？你去问问你们的爸爸妈妈，他们离得开电脑手机汽车吗？他们出门离得开地铁火车飞机吗？老师我就离不了，怎么你们就不选择科学呢？"

Z同学忍不住了，反对说以前的那些人没有这些电子的东西怎么就活得好好的呢？

Y同学也接茬，说是啊是啊我就离得开我就不要这些电子产品我们排的《多多老板和森林婆婆》就是因为砍掉了森林才引发洪水淹没了村庄的。

R同学说神话故事很温暖很安全，航空母舰只会引来战争会让很多无辜的人失去生命。

C同学说科学只会让人去用这些手段害别人让人变得不善良。

X同学说科学是呆板的冷冰冰的很不好。

K同学说老师你不是说了吗就是因为有了嫦娥奔月人们才知道去月亮上看看。

……

你一言我一语，大家对科学数落了一番，听得他热血沸腾，索性和我们讨论"明年春暖花开时我骑着毛驴来找你"跟"某天下午三点半的航班我们机场见"的区别，又讲起那个有名的"菊花之约"。

很久以前有一个书生叫范聚亲，上京赶考不想忽染重病，躺在客栈里动弹不得，店中主人怕他瘟疫过人，对他不闻不问，幸好客店里住了另一个赶考的书生，名叫张元伯，说："生死有命，安有病能过人之理。"他亲自为他精心调理医治，不久范生痊愈了，却耽误了二人的考期，范生对此甚表内疚，二人就此结为兄弟。后来范聚亲辞别张元伯返回故里，当时黄花红叶装点秋光，正是重阳佳节，便定下菊花之约，约定来年今日再相聚，把酒赏菊。转眼一年过去了，又到九月九，一大早起来，张元伯便打扫草堂、遍插菊花、宰鸡备酒，家人说不必着急，路途遥遥必不定期而至，来了再杀鸡也不迟。张元伯不听，从早上等到中午，从中午等到下午，太阳落山了还不见范聚亲的影子。家里人都以为范聚亲不会来了，劝他吃了早点歇息。张元伯仍是不信，独自等到半夜。

不久范生真的来了，二人相聚甚是欢悦，只是面对酒菜范生不食不语。张元伯问其缘由，范聚亲说，兄弟我其实是鬼。去年回到故乡，考试未成便做起生意，日日繁忙竟忘了约会之事，到了九月九想起菊花之约，已经迟了，听古人说，人不能日行千里而鬼可以，便拔剑抹了脖子，乘阴风前来赴约。

这个故事听得我们毛骨悚然。当然，这些肯定跟科学无关。

可是你要说他排斥科学，也未必如此。

他让我们一边享受文学的浸润，一边也会挑一些科学的经典让我们欣赏。

他会让我们在学过《自然之道》后看戈尔的演讲《不可掩藏的真相》；他会在我们学过杏林子的散文《生命　生命》之后看霍金的演讲《生命的意义》；他会让我们看《微观世界》，看《鸟与梦一起飞翔》，看纪录片《海洋》《海豚湾》……

有时，还真搞不懂他。

❋❋❋❋❋

你一直在关注和研究着阅读

这个阅读，自然不只是教材的阅读教学，更多的是教材之外的儿童文学乃至成人文学的阅读。

如果教师没有海量的阅读，自然不会拿教材与同题材作品比较。

如果教师缺乏独立思考能力与批判精神，自然不会去质疑教材。

如果教师没有广博的阅读作为基础，自然不能在解构教材之外重建你的语文课堂。

这些都是息息相关的，一切的出发点都是基于教师自身要有良好的阅读习惯和大量的阅读实践。

你总是说，作为一位语文老师，应该有着阅读教师的身份自觉。

语文老师既是语言知识与语文能力的传授者、训练者，也是孩子的文学启蒙者。

有老师反映，孩子们爱上了课外阅读之后，不再爱教材了。这个现象背后有很多耐人寻味的话题可以讨论。

比如说，老师的课上得有趣吗？

有一次，你去广州一家绘本馆讲座，会后有个妈妈拉着你聊孩子的学习。她的意思是她儿子上课老是读课外书怎么都不好好听课，老师很恼火，每次都是没收孩子的书，还告诉这个孩子，永远也不会还给他。可是如此无情的惩罚措施并没有消除孩子上课看课外书的现象。孩子妈妈心里嘀咕的是，老师你也要想想，为什么孩子这么爱看课外书，会不会是你上课的内容没有课外书那么吸引人啊。

这位妈妈的怀疑是有道理的，教材上的内容本来就没有课外书有趣，加上老师不厌其烦苦口婆心的分析分析讲解讲解练习练习，要想不犯困就只好看课外书了。

所以，拿着无趣的教材要让老师上得有趣，这是极大的挑战。对你来说，也是如此。

回想你自己的课堂，真能上得很有趣的，并不是特别多，有几节课倒是让你念念不忘，但是上完之后，总是大汗淋漓全身虚脱，挥洒激情太耗精气神了。

有人说，教材病了；有人说，教材有毒。既然教材并不吸引人，那么，该如何处理它？

你觉得有几个方式可以参考下。

第一，把教材当作识字学词朗读的工具，不要指望能从中得到多少营养，尤其是精神上的滋养，这个要从课外去找。明确了思路，手段自然也简单起来，朗读主要是训练语感，并为熟悉内容服务，有些书后注有"要求背诵"的，肯定是要考试的，那就老老实实应付考试吧。字词的学习，可以活泼一点。你在一年级时推行的"超级变变变"（认识一个字的前生今世，了解它从甲骨文到金文、小篆、楷书的演变历程），二年级以后推行的"生字故事""词语故事"都是很有意义的尝试。

第二，要把教材当作训练独立思考和批判精神质疑能力的摔跤场。拿那篇"神奇的科幻文"（豆瓣网评价）《一面五星红旗》为例，在认识记忆字词朗读疏通课文之后，可以设立一个对话情景，让孩子选择"面包店老板""爱国青年""记者"三个不同角色进行对话，鼓励"记者"打破砂锅问到底，大胆提问，勇敢质疑，然后还可以写出一篇有意思的小报道来。

记得在你的课堂上，"记者"问得"爱国青年"哑口无言，甚至有孩子开始质疑起作者来，问他写的这篇文章是不是自己编的。

可见，只要你给孩子一个合适的出口，他们的思维一定会打开。孩子可以不爱教材，这很正常，但是他可以从教材出发，生成语文能力，在与教材摔跤中建立文学自信。

当然，就不要像电影《死亡诗社》里的雷丁老师那样鼓励孩子撕书，这是不对的，爱书之心，还是要有的。更何况，生活在这块土壤上，可不能像雷丁那样悲剧地离开。养家糊口的活儿，还是要妥善对待。

第三，如果你的语文课只是讲教材，你肯定"Out"了。现在市面上那么多优秀的儿童文学作品，那么多吸引人的故事，你都傻得不知道拿到课堂上来讲，不去和孩子们一起欣赏、讨论，然后像你带着孩子们读《窗边的小豆豆》那样趁机挖几个陷阱，把孩子家长们都陷进去，那就太狭窄太局限了。因此，一周的语文课，你大可以拿出两到三节来带着孩子读书讲故事，等于是一边"吸毒"，一边"排毒"，给孩子一个健康成长的空间，这是一位语文老师必然的担当。

不要抱怨说你会遇到这样那样的限制或要求，要知道，你的语文课堂是你做主，没人天天节节课都坐在教室后面盯着你。在自家园子里都不种点自己喜欢的花花草草，真不知道你每周辛苦忙碌值不值。

第四，作业要尽量让孩子在课堂和学校完成。设计点好玩的比赛，比如查字典比赛、听写比赛、现场作文比赛、朗读挑战赛等，有比赛有激励就有劲头嘛。回家的时间呢，让孩子多看看书也是好的。你要求你的孩子们一个学期至少要看完一千页文字书，根据最后的统计，大家都超过了这个数字，一般都是在两千多页左右，多者甚至有七八千页！假如你只让他们做作业，他们哪有时间看书，这样下去，终究会因为耐力不够、底蕴太少，导致在长跑一样的学习征途中落伍。

❀ ❀ ❀ ❀ ❀

从一年级到现在，你们在课堂上玩过不少的游戏，超级变变变啊，开火车啊，故事接龙啊……

一点灵感，都会催发一个游戏，课堂上因此多了不少欢笑。

为了刺激孩子们对生字的敏感度，你们曾经玩过"缺胳膊断腿"的游戏。

具体来说，就是在生字学习结束后，听写之前，你会在黑板上将上一课的生字一一板书出来，不过，每一个字都不会完整地出现，不是这里丢了一点，就是那里少了一横；不是这里没有连上，就是那里没有封口……尤其是一些容易忽略的地方，你就故意"忽略"。对于黑板上的这一景观，你戏称是"缺胳膊断腿"。孩子们要做的是将这些残缺的生字补充完整，要求每一笔画要根据板书的字的规格补充好，不能太大，或者太小。

即便要求有些苛刻，孩子们还是愿意上台来帮助你，将这些生字补充好，这时，你只要看看全班林立的小手就知道他们帮你之心有多热切。

经由这样的训练，一是有助于帮助孩子建立良好的间架结构意识，二是学会注意生字的每个细节，不随意增减笔画。

写字也因此变得好玩起来。

像这样好玩的游戏，经常被你一不小心就"发明"出来了。

那天，你们读童诗，大声朗诵的是金子美玲的《草的名字》[①]：

别人知道的草的名字，

我一个也不知道。

别人不知道的草的名字，

我知道好多。

那都是些我取的名字，

———

① [日]金子美玲：《向着明亮那方》，吴菲译，新星出版社 2009年版

给喜欢的草取我喜欢的名字。

别人不知道的草的名字，

也不过是谁给取的吧。

草的真正的名字，

只有天上的太阳才知道。

所以我取的名字，

只有我在叫。

清清朗朗，读过两遍后，你说：

"取名字是一个很有意思的游戏，我们甚至可以通过取名字给世界换个模样。

如果有一天，开得火红的籰杜鹃叫老虎，窗外高大笔直的棕榈树叫狮子，树下生长的小草叫小羊；如果老虎不再叫老虎而是叫籰杜鹃，狮子不再叫狮子而是改称棕榈树，而小羊的名字是小草，那么，世界将会是这样的：

春天的上午，三楼平台上，老虎正在怒放，教室外，狮子高耸入云，几只小羊正从泥土中生长出来……

籰杜鹃在森林中咆哮，棕榈树在草原上奔跑，几棵小草正在慢悠悠地吃着小羊……

世界是如此美妙。

取名字的感觉，也是如此美好。"

于是，你看到孩子们喜滋滋地玩着这个游戏——重新给世界命名：

当世界重新开始的时候，男孩叫土豆，女孩叫樱桃，学校叫树林，教室叫大树，老师叫小鸟，讲课叫唱歌。

一天，如果你看到，在一片树林里，一棵大树上，一只小鸟在唱歌，一群樱桃和一群土豆在树下认真地听着，就是我们在上语文课呢！

又有一天，如果你看到操场上，一群樱桃和土豆在跑，小鸟在旁边吹哨子，你听了别觉得好笑，那是我们在上体育呢！

还有一天，如果你看到大树下一群樱桃和土豆拿着小树枝在地上叽叽喳喳地画各种图形，你见了别觉得奇怪，那是我们在上美术课呢！

当世界重新开始的时候，我们的世界就是这么好玩！

❊ ❊ ❊ ❊ ❊

有时，你除了带着孩子读读课文，认认生字，写写字，练习一些句型，然后，你似乎不知道拿这些课文怎么办。

你总觉得没有必要花太多时间在这里死缠烂打。

学到《清澈的湖水》，故事很简单，你决定拿文章里的小洁来说事。

只要你稍加留心，就会发现有些孩子的抽屉要多乱有多乱，要多脏有多脏，简直成了垃圾箱，什么都往里面放：废纸啊，玩具啊，零食啊，班上的书啊，作业本啊，甚至很久以前不知谁吃剩下的香蕉皮啊……

你几次看见有小家伙一边上课一边不时地从抽屉里抠一点鸡蛋或者面包往嘴里塞。

学到这篇课文，你知道机会来了。

话题是从小洁在寻找什么开始，原来她一直在寻找垃圾桶。

找到垃圾桶怎么办？把一直攥在手里的垃圾丢掉。

为什么不要随手丢在湖里？因为怕弄脏了清澈的湖水。

怪不得她的名字就叫"小洁"啊。

聊到这里，你说：那我们班谁是小洁？谁是小脏？我要瞧一瞧。

于是你就在教室里转悠，专往抽屉里瞅。

教室一阵骚乱，小家伙们纷纷把抽屉清理干净。有的还拉着你去看，然后问你他是不是小洁。

反正谁都不愿做小脏，这名字，多难听啊。

当班主任的你，总会往行为习惯上说事。

❀❀❀❀❀

有段时间，你们每个学期会有一个主题大单元活动，一学期就会围绕这个大主题安排一系列的读书活动。记得有个学期学校正在推进民俗文化节，孩子们的书包里多了很多神话传说和民间故事。

你们的课堂上也会讲述这些神奇的故事。

那天，你们讲《荷花仙女》，讲到关键处，听到那些情节突变的地方，教室里屏息无声，所有的目光都投向你的嘴巴，似乎那里原本藏有一个神奇的世界，故事就在那神奇的世界里发生，人物就在那神奇的国度里活动，你的嘴巴俨然成了一个民间故事的大舞台。

你们讲《牛郎织女》，太长讲不完，只好在风云突起前停下来，告知大家欲知后事如何，请听明天分解。孩子们急得哇哇直叫，却又无可奈何，课下总有几个小不点在身边蹭来蹭去的，要你把故事书直接给她看，孩子的好奇心完全被你点燃了，她太想知道故事后面的结局了。

对情节发展的好奇，对人物命运的关切，像一只有魔力的小手，挠得人心痒痒的。

不过别以为他们的耳朵里只留下有趣的情节，你让他们复述，"摇曳生姿""六月二十四是荷花节""一阵绿光闪过""粉红色的衣裳"……这些词语，那些句子，还有故事中不起眼的细节，都会通过复述被他们再现出来。

讲述的时候，未必都解释，复述的时候又自以为是，这样就多了一些好玩的变动：讲到雨后一池荷花"摇曳生姿"，就有孩子说成"摇啊摇啊越摇越漂亮"；说到藕郎去玉泉山上挑水，把挑回来浇灌荷花的水说成挑回来做饭用的；"武士与龙"在他们那里就变成了"骑士与龙"……

这些神奇的故事，通过你的讲述，经过孩子的复述，安顿在一颗颗幼小的生命中。

孩子小的时候，应该多听听人类小时候的那些故事。这就是口耳相传，这就是文化传承。

在家里，在课堂上，在孩子的童年里，如果缺失了这些讲述，变成只有作业，只有电视，只有玩具，那你将会看到一个异化的世界正在长成。精神萎缩，物质坚硬，文学的诗意荡然无存。

回忆起你的童年。你的童年贫瘠，吃不饱穿不好书也很少，而长辈们讲述的那些神鬼妖狐的故事却成了最丰富的文学启蒙。如果在困窘的生活中再挖去这一块，你都不敢想象自己会变成什么怪模样。

作家迟子建在一次讲演中说："所有的神话，在'科学'的手术刀下，都经不起解剖。可是，仅仅活在一个物质的世界里，人难道不就成了一块蛋白了吗？"

那思想何在？情感何存？伦理道德梦想追求喜怒哀乐爱恨情仇又如何解释？

"全球化、城市化的进程，在渐渐消解神话；大自然的退化，也在剥夺神话产生的土壤，我不敢想象，再过一个世纪，有多少神话会就此失传？我们这个时代，难道真的不需要神话了吗？人类因为对万事万物有悲悯的情怀，所以才一路走到今天，我想如果有一天神话绝迹了，人类就到了消亡的边缘。"

因为有着迟子建一样的忧心，所以你继续在课堂上给孩子讲述神奇。

✿ ✿ ✿ ✿ ✿

识字四里有"坐井观天"一词，后面一课恰好就是这篇课文，于是读完词，又跑过去读课文。

这课内容倒是很简单，一会儿就读完了。

J同学起来给大家讲了另一个版本的"坐井观天"的故事。

说的是小鸟飞到井边，跟井底的青蛙说天有多大。

青蛙问比大象大吗？小鸟说比大象大；青蛙问比高山大吗？小鸟说比高山大；青蛙想不出天到底有多大。

这个故事跟课文明显不一样，情节更丰富，多了很多课文里没有的信息。相比较而言，简短的课文让你想起了压缩饼干。

我们的课文就像一块挤压又挤压的饼干，折叠又折叠的抹布，我们的眼睛只看到压缩变形的那一小块，看不到被隐瞒的更大的一块，全貌更让人惊叹。

我们在讨论这个话题时免不了嘲笑井底的青蛙，可是你要记住，其实我们看到的天也就不过井口那么大，这就是鲁迅在《少年闰土》里提到的那"高墙上的四角的天空"。

当然，你知道这个成语故事在后来衍生了很多种版本，课文是一种，J同学讲述的又是一种，还会有其他的版本，都源自于韩愈在《原道》里所说的："坐井而观天，曰天小者，非天小也。"

不是天小，是井口太小限制了我们的眼界，是我们的视线所及太小太小。

就像我们今天获取的信息，就像孩子今天所读的书。

一位朋友一直在跟着你做亲子阅读，今年孩子刚读一年级，她终于可以认真地去看一看孩子手中的教材，看完第一册语文课本，朋友很同情地告诉你说："真是难为你了。"言下之意是，这样单薄乏味说教凶猛的课文怎么教啊？

她很清楚，这样的文章，相对于读过不少书的孩子来说，味同嚼蜡。

这就不怪我们的孩子。每次讲完一个故事，你让他们打开语文书来学词学句，教室里总是唉声叹气一片。

❀ ❀ ❀ ❀ ❀

孩子年龄尚小，理解力能抵达哪个层面还真是需要当大人的好好关注。

是故，我们为孩子选择读些什么就要多一份小心。

求学的路上，总会遇见很多古怪的课文。有些是新鲜的面孔，有些却是你自己读书时代就存在着的"不老松"。那次，你们不知不觉学到了《植物妈妈有办法》，这当然是一篇很老旧的课文，一代传一代，直到今天的孩子还要接着学下去。

这是一首诗，读起来倒是朗朗上口，你先是结合生字词的识认，读熟课文，然后会写生字，最后就课文内容做些讨论。

你把话题设计为："你会选谁做你的植物妈妈？"

每次课堂上，一个问题抛出来，一定会有勇敢的冲上前去。

可是，他们提供的仅仅是一个个简单的名词，诸如蒲公英、苍耳、豌豆，这都是不够的。

你需要他们展开思考，你需要他们陈述理由。

不要忽视孩子，不要小瞧孩子，你看，总有善于思辨地站了出来——

H同学说，他选择做豌豆妈妈的孩子。理由呢，让人吃惊，因为他说豌豆是靠自己蹦出来。他看重的是不依赖旁人，更信赖自我的力量与生长。

迎合这一观点的也不少。Y同学就很支持。自己要蹦到哪里就蹦到哪里，要蹦多远，就蹦多远，要的就是这份无拘与自在。

这是几个渴望自由崇尚自然期盼独立的孩子。

有几个女孩子提出了她们的想法——要做蒲公英妈妈的孩子。在她们看来，这样就可以随风而动，御风飞翔。

这是几个浪漫而感性的孩子。

又有几个男生提出要做苍耳妈妈的孩子，因为可以黏附在动物的皮毛上，到更远的地方去。

这是一群有野心有梦想的孩子。

一个问题，就像一面镜子，可以照见每一个应答者内心的影像。

❁ ❁ ❁ ❁ ❁

网上网下，你的身边总不乏关心教育的朋友，每次在一起热议的话题，总是跟语文教材有关。

那晚的话题是一位爸爸提出来的。他头天晚上看《小学语文教材七人谈》到三点多。有个话题一直在纠结着他：现在越来越多的人都来关注儿童阅读，可是，作为家长，只能把能力影响到孩子在家的时光，而学校的教材到底怎么样，家长都没关注过。现在教材出了问题，孩子对文章的精读时间都消耗在学校，时间长了自然会影响孩子对课堂的兴趣，作为家长，该何去何从?

这个话题能引起更多人的关注,自然是一件很好的事,不管怎样,最后形成的合力,总会推动教材和教学的改革,这是必然的。

那么,对于当下的我们来说,无论是家长,还是教师,总要面临如何使用手头教材的问题。

在你的实践中,教材是识字学词的工具,也就是说,如果文章底子弱了,就没必要像众多名师那样去细细琢磨,那纯粹是磨洋工,还不如带着孩子练习朗读,学会标点、识字和用词,就已经足够了。

你们每天要抽出时间来,认识汉字的奇异演变,讲述生动神奇的故事,诵读优美动人的歌谣,赏析丰富多彩的图画,体验温暖真诚的情感,放飞恣肆横溢的想象,这就是你们的文学课堂时间,这是不可撼动也弥足珍贵的。如果课堂上缺失了这些,那就是在用三聚氰胺喂养孩子。

对于家长来说,如果孩子的老师不这样做,一直忠心耿耿地视教材为圣经,你觉得还是要策略地出动,因为既然已经意识到了这样的危害,就必须用自己的热诚和能量去影响老师,这样,让自己的孩子,更多的孩子,不再蒙受糟粕之苦。

不然,就只有靠自己在家里拼命用优秀的童书来弥补了。

现在,最可怕的是,很多的家长和老师都不知道这些,你不免要为这些孩子担忧了。

所以再看这段时间以来风起云涌的教材之争,哪怕论调有些偏激,如能引起更多人的思考和关注,肯定是一件好事。

❀❀❀❀❀

你始终认为,自从你长大以后,就很难理解孩子。儿童中的那些天性那些神奇的秘密，你有时把握不准、判断不明。似乎，你从来没有当过小孩子。

承认这些是一件让人很悲伤的事，可是，你必须正视它的存在，然后才好去刷新自己。

有天晚上沙龙，聊天的主题是《马修斯与皮亚杰的分歧：儿童智慧潜能与智能发展》。其实，那次畅聊的话题始终是集中在第一个词也就是"儿童"身上。

你曾经很自以为是地将孩子说成有时是天使有时是魔鬼，原来这是在给孩子贴标签，对孩子的理解是不到位的。

那么，我们怎么去看孩子？

首先，他个子矮小，他所看到的世界，因为跟我们的角度完全不一样，所以，那将是另一个样子，这些，成人的我们，基本上做不到。

你想举个例子。有一次，你看到一张极炫的摄影作品，一个大型的圆圈，中间是一棵参天大树，整幅照片是以仰视的角度完成的，引导我们向上观望。

可是你知道作者是谁吗？

原来是D同学，一位六岁的小女孩。

当孩子背上相机，他所关注的对象，他所聚焦的点，他揽入镜头选择的细节，都会跟我们不一样，这个不一样，不仅仅是一个高度的问题角度的问题细节关注的问题，而是孩子与成人的根本不同。

记得某年暑假，朋友带你参观省美术馆，当时正是西班牙当代艺术馆馆藏作品的展览。朋友介绍说，我们一般都会将作品安放在1.6米的高度，可是西班牙艺术家不同意，要求放在1.5米，这样做的原因是，可以更好地让孩子看，不至于因为仰视而改变了欣赏的角度从而导致原作品变形。

只是降低了十厘米，就降出了一个儿童观。

一位朋友跟你说起过一个小小的故事。

当美术老师们将自认为最接近孩子的笨拙幼稚的书画作品让孩子欣赏时，发现孩子并不喜欢，他们倒是更愿意去描画那些华丽的线条与色彩，这恰恰是我们最讨厌的东西。

我们如何确定自己认识了儿童？

孩子竟然跟我们的理解完全相反，你有想过这种结果吗？你有想过为什么会这样吗？

当孩子的关注点不同，对世界的认知方式不一样，那么他们表述的方式也会不一样。

乔姆斯基说，语言是先天的装置。那我们就不能错过对孩子来说装备这些先天装置的重要时间，所以早期发展孩子的口语表达，尤为重要。

可是，托尔斯泰说，这个时间到5岁为止。

面对已经7、8岁的孩子，我们该怎么办？

每想起这些，你的心里就暗暗懊悔——我们做得太不够好，以致孩子在脚步匆匆中不知不觉就长大了。

你想起了华兹华斯的那首《不朽颂》：

> 幼儿时，
> 我们身披天国的明辉；
> 儿童渐长成，
> 牢笼的阴影便渐渐向他逼近，
> 然而那明辉，
> 那流动着的光源，
> 他还能欣然望见；
> 少年时，

他每日离东方渐行渐远，

也还能领悟造化的神奇，

幻异的光影依然是他旅途的同伴；

成人时，

明辉便泯灭，

消退于平凡的白日之光。

你一直在想，如何不要让孩子的灵性过早地泯灭于白日之光。

✤ ✤ ✤ ✤ ✤

"光阴似流水，不一会儿，落日向西垂，同学们，课毕放学归。我们仔细想一想，今天功课明白未？先生讲的话，可曾有违背？父母望儿归，我们一路莫徘徊。回家问候长辈，温课勿荒废。大家努力呀！同学们，明天再会。"

台风起，屋外狂风骤雨，室内一书在手，安之若素。

你读《过去的教师》①，遇此《夕会歌》，乃九十多年前，我们的爷爷的爷爷孩童时候放学时所吟唱的歌谣，如今读来，竟觉格外亲切。

类似这样的歌居然不少，例如：

"燕燕！燕燕！别来又一年。飞来！飞来！借与你两三椽。你旧巢门户零落不完全，快去衔土，快去衔草，修补趁晴天。

燕燕！燕燕！室内不可留。关窗！关窗！须问你归也不。你最好新巢移在廊檐头，你也方便，我也方便，久远意相投。"

---

① 商友敬：《过去的教师》，教育科学出版社 2007年版

这样的歌曲，总是妈妈教给孩子一句一句唱着来的，现在，我们的耳朵没福气，都听不到了。孩子们书包里放着的那本教科书，不会带来这些动人的歌谣。你只要有机会，在编写给孩子们的文学读本时，一定要选进这些被大家遗忘的儿歌、童谣，一定要让这些充满童真童趣的歌谣吟诵在孩童的嘴中，这才算活泼泼的教书育人。

你看近些的：

"放牛放到山上，山上青草长；放牛放到山下，山下百花香。老牛吃得快活，连赞好食粮；牧童玩得快活，山歌随口唱。"

再读远古的：

"沧浪之水清兮，可以濯我缨；沧浪之水浊兮，可以濯我足。"

无一不动听。

翻当今之课本，念近古之歌谣，有时仍不免一声长叹。你只好翻遍书柜，找出《共和国教科书》，利用每日晨读时间，和孩子们一起诵读《新国文》。

❦ ❦ ❦ ❦ ❦

现实封闭而坚硬，总得找到出口，也一定可以找到出口

你们曾经学过一篇课文叫《燕子专列》，某年为了拯救一群因突然降温而无法南飞的燕子，瑞士的人们自发去寻找冻僵的燕子，还专门开了一辆专列将燕子护送去南方。

读完课文，孩子们很自然地问你："老师，这是真的吗?"

他们有这个疑心你觉得很好，因为在他们的生活里，这种事情基本上是不会发生的，一个春运都一票难求，怎么可能会

有人用专列去护送燕子呢?

在过去的历史中,在孩子们的记忆之外,倒是有过一段与鸟为敌的时代,像这篇课文里所描述的与鸟兽亲近的故事鲜有发生。

我们栖居的这块土壤上,总是很难盛开童话的花朵。

你不得不承认,我们太缺少这样的人文情怀和童话精神。

你和孩子们聊起绘本故事《让路给小鸭子》,大家都好希望自己也能生活在那样一个充满爱心与童心的城市,生活再忙碌,也要给小鸭子让路。

你又介绍了电影《伴我高飞》。为了让野雁重返自然,爱米的父亲卖掉了自己心爱的月球登陆舱,为爱米做了一架像大雁一样的滑翔机,教会了爱米飞翔。爱米驾驶着滑翔机冲上蓝天,在她身后,是长长的一群大雁。爱米要将这群大雁带往它们应该去的南方——安大略湖……

教材如此局促又如此单薄,如果只在这么窄小的平面上做功课,也绣不出什么好看的花来。再说了,取法乎上才得乎其中,教材的学习无异于取法乎下,所得当然极其有限。

你所做的努力无非就是带着孩子们尽可能拥有广阔的视野,开放的思维,所以,你不想受到教材的局限。

其实,只要你真的用心去找,再封闭的空间总有一个出口。

6　好玩儿正是顺从
　　孩子的天性

好玩儿正是孩子的天性，快乐是童年的主旋律。

带着些许孩子气，在充满游戏精神的课堂上，学习才会兴致勃勃。

我的父母并不知道我课堂上的样子

在我还小的时候，他们把我送到学校门口，看着我走进校园，然后才转身离开。

有时也能送到教室门口，看着我背着书包走进教室，和伙伴们打打招呼，然后找到自己的座位坐下来，放下书包，找出书来读……后面会发生什么？课堂上有哪些新鲜事？会不会因为偶尔走神而被点名？或者因为同位的骚扰而被连累罚站？又或者因为课堂的沉闷、课文的无趣而恹恹欲睡？我们是如何在这教室里度过一天的？他们全然不知。这也是大人的无奈——再强大的家长，也只能驻足于教室门外而鞭长莫及。

屋内春秋，如何得知。

我们把太多珍贵的时间消耗在课堂之上，教室之内。

所以，我有一个说小不小，说大不大的愿望，那就是课堂要好玩一点。

很庆幸，我的愿望没有落空。他的课堂，总是那么好玩儿，让我们欲罢不能。

一年级时，拼音的学习一直被大家视为最无趣因而最是艰难。老师们都是使出浑身解数，只想在课堂上把那一只只小眼睛吸引住，能让一张张小嘴巴熟练而响亮地拼读出来。所以，你要是从九、十月份的一年级教室边走过，耳边响起的是一遍又一遍的拼读声。即便如此，还是会有很多声音在抱怨，说拼读怎么还没学会，前后鼻韵母和整体认读音节怎么还不会区分……

有时也会听到有人嘀咕：如此费劲学拼音究竟是为了什么？我们能有多少机会用到拼音？除了借拼音认识汉字、用音序查字法查字典、用拼音输入法打字之外，辛苦学到的拼音还能用来做什么呢？更何况，这个时候学习拼音，恰好与英语的学习重合，汉语拼音与英文字母之间相互打架，给我们的学习增加了困难。

可是，教材上有这个安排，考试卷上有这样的题目，我们还是得学啊。

每一次语文考试，第一题总是"看拼音写词语"，就像每晚七点钟打开电视就是新闻联播一样。他告诉我们，他上届有个孩子，因为没学拼音，不会拼读，前几道题基本上都是丢分。一年级的测试，对拼音考得更多更细，而对测试结果真的不在乎的家长和老师好像没看到过。

早上刚到学校，他组织我们拼读，我们的注意力总是难以集中。再看英语老师的字母教学充满活力，魅力无穷：从一叠卡片中很快地抽出一张来，只是在我们面前一闪，下面马上响起了热烈的回应，有些家伙还不过瘾，喊着要快点再快点。

任何一个好的教育方式，都需要做点准备，耍些招式，才可以将孩子的心"俘获"，严苛的批评是无效的，呵斥更是失败的教育。英语老师的"闪卡"带给他不少启发。

他努力将一些好玩的招数带进课堂。

还记得很久以前是这样拼读的："zh—ɑ→zhɑ"，简单明了；后来换作这样拼读："声母zh，韵母ɑ，组成音节zh—ɑ→zhɑ"。两拼音如是，三拼音亦然。这样做看似复杂了，读起来辛苦了，其实也是为了帮助我们区分声母、韵母。等到拼音教学接近尾声，我们走向借拼音熟练识字以后，再化繁为简吧。

可是，仅仅这样还很不够，总是感觉这样的课堂好玩儿系数不够强。

不知怎的，他竟然想到用我们的名字做文章，因为我们的名字里有两个字的，也有三个字的，很像两拼音和三拼音，完全可以借来玩一玩。

"声母张，韵母三，组成可爱的小男孩张三。"我们就这样玩着拼读游戏，大家哈哈笑，张三也跟着嘻嘻乐。看起来效果不错，我们就继续把彼此的名字镶嵌进去，组成各种各样各型各色的小孩儿，而再次拼读音节时，平时爱玩的小朋友也变得认真了。

本来就是这样子的嘛，不好玩，谁跟你玩儿啊。

静息、听课、拼读、指读时表现好的，除了奖励笑脸贴纸以外，还特意奖励神秘的礼物：一张美丽的卡片上，有他亲笔书写的童谣。获得十张贴纸的，可以兑换一张卡片作为奖励。奖励的内容和形式变了，效果才会明显。不然老发贴纸，多一张少一张没什么区别，还有什么意思？

好玩儿的课堂就是要有这样的孩子气。

✿✿✿✿✿

说到孩子气，我们班曾经玩过很多款游戏，比如说"三打白骨精"就是其中的一种——两个人同时拍着手说"三打白骨精"，然后立即做出一个动作来。如果做的是小猴子的动作，那就是孙悟空了；如果是双手合十，那就是唐僧；如果是张牙舞爪，那就是白骨精。要是唐僧遇到孙悟空，就是唐僧赢；要是孙悟空碰到白骨精，就是孙悟空赢；白骨精遇到唐僧，肯定是白骨精赢。

我们都想打败他，可是只有认真的孩子才可以跟他PK，所以，上课时认真的人多了很多。

那时班上还流行过两款拼音游戏。一个是用身体摆出字母的样子，让别人猜，另一个是用屁股写字母让大家猜，这样的身体游戏，我们玩得很开心。

还有一种拼音游戏，听说是他师父传授给他的。

游戏开始之前，我们每个人都要准备一个头饰戴在头上，头饰上都有一个拼音字母，或者声调。我们彼此不再叫对方的名字，因为我们都有了新的名字："小ɑ"、"小z"、"小n"、"小g"……

游戏开始，出现一个"宗"字，我们就要合力组成一个带调的音节：zōng，第一声要站在小o的身后，因为声调要标在小o的头上。

操作这个戏法的同学，往往站在后面一声不吭一脸严肃，他的头上，像变脸似的一会儿冒出一个生字来，一会儿冒出一个生字来。每出现一个生字，台下就会有一阵小小的骚动，这个生字里将要出现的字母声调都要赶到前面来，自动组合在一起——谁在前面，谁在后面，谁在中间，第几声，站在谁的后面，都有讲究。也会有一些乱蹦乱跳的拼音，原本没有他的事，也跑到前面来了，左排右排，发现没有自己的位置，赶紧悄悄地溜回自己的座位上去……

台前的拼音组合对了，全体同学就要一起大声地拼读出来……

我们很喜欢这个游戏，玩起来就无休无止。有时，几个同学出现的频率很高，其他一些同学总是不得出现，那时，大家就要想办法，要让他们出现，这样，我们就要使劲想：要让这些字母出现，那得出现什么字呢？

这又是很灵活的一个游戏，不是吗？

用这种方式来复习拼音，让我们在游戏中学习，学习的兴趣很快就上来了，能力也在此过程中慢慢提升，这比单调枯燥的读、写、抄拼音强多了。

通过这样的游戏，还可以增强我们对拼音的敏感度以及进一步学习的兴趣，在今后的拼读练习中，逐渐熟练起来，最终能达到运用自如的地步。相信那时候，即便发起短信敲起电脑来，失误会少很多、效率会高很多……

♣ ♣ ♣ ♣ ♣

一年级的魔法课堂

魔法？是啊，魔法！谁不喜欢拥有魔法？

轻轻念动一个咒语，整个世界顿时焕然一新。

小学时代，说起各自的梦想，很多伙伴如我一般，都想去英国读哈利·波特读过的魔法学校。小H的妈妈在他还没进小学的时候就告诉小H，Y校是一所有魔法的学校。

他也告诉过我们，在他小的时候经常一边干活一边默念咒语，期盼奇迹发生——干不完的农活眨眼就会完成，他种下的稻子会获得不一般的丰登。在他那小小的内心世界，有自己的魔毯，有自己的神笔，有自己的阿拉丁神灯。

原来每一个孩子都有魔法情结，他也不例外。

或许，正是因为他心里还装着一个小男孩，才有一颗不泯的童心，才有逃不脱的孩子气？

你会看到他常会在课堂上虚张声势，俨然我们就是一个个大小魔法师：

拼读黑板上的拼音时——

"我要举起这支充满魔法的铅笔，只要我指向黑板的一个拼音，就会发出可怕的声音。"

拼读语文书上的音节时——

"小魔法师们，伸出你的魔法小手指，指到语文书的第三十六页，发出你魔法一样的声音。"

如此表述有着强大的吸引力，能让所有的孩子都变得专注起来。

我们在课堂上习惯实行团体竞争制，将全班分成两大组一二组呼做"羊羊队"，三四组称为"兔兔队"。表现好的奖励一面红旗，不好的要拔走一面红旗。如果组内有孩子不够专注，总会有身边的孩子在一旁提醒，目的是尽量减少错误发生率，让更多的红旗飞扬起来。

孩子更容易在团体内找到自己最好的表现状态，这一点他似乎坚信不疑。

✿ ✿ ✿ ✿ ✿

"树上有梨，地上有泥。风刮梨，梨落地，梨滚泥，泥沾梨。吃梨不吃泥。"

这是一则很好玩的童谣。我们很喜欢这个童谣，他就让我们放开来读。就像诵读《十二生肖歌》一样，每一个人配一个生肖动物，大家做自己的动作，满教室里玩，转着圈圈跑。这样的兴奋让我们很快记住童谣的内容，又会消除学习的疲惫。孩子是游戏的精灵，游戏是孩子的精神植被。老师们啊，你们总得多想点可爱的活动，让我们的身心自由舒展才好。你们可知道——学习的单一模式最容易让孩子产生疲惫。如果你不能用充满激情的声音来唤起孩子的兴趣，那就变换成其他游戏形式来刺激刺激吧。

这个游戏里，读到最后一句时，好玩的事情自然发生了。

本来这就是一则绕口令，很容易产生口误说成"吃泥不吃梨"。

可是在我们孩子的世界里，吃泥比吃梨好玩。而且一旦有一个声音响起来说"吃泥不吃梨"，其他同学就会纷纷效仿。

我们挤到他面前，大声说"吃泥不吃梨！"

有的还特意向他强调："老师，我吃泥，不吃梨。"

快乐的气氛洋溢在教室里，笑声驱散了疲劳与辛苦。

❦ ❦ ❦ ❦ ❦

有一段时间，我们读的童谣是颠倒歌，颠倒歌里世界颠倒的感觉，我们很喜欢：

> 稀奇稀奇真稀奇，
> 麻雀踩死老母鸡，
> 蚂蚁身长三尺六，
> 八十岁的老头坐在摇篮里。

短短四句，趣味无穷。

你或许会奇怪：我们为什么这么强调童谣的诵读，而不是去读很多学校热衷于诵背的《三字经》《百家姓》《千字文》？

他的一番话，或许可以解去你心头的疑惑：

以颠倒歌为例，诚如耿占春先生在其著作《回忆和话语之乡》[①]中所说的："它颠倒了自古以来的世界秩序……童谣的编唱者在话语中颠覆了它，为无数失败的反抗者复了仇，为被奴役者喊出了疯狂的愿望。这景色是那么荒诞，又那么令人惊异，欣喜，它带给我无限的惊异：言语的力量的最初的显示。""在这些童谣中，我度过了一个古老的语言的狂欢节。童谣的种子，语言的自由，已经埋在一个孩子心中。"

---

① 耿占春：《回忆和话语之乡》，广西师范大学出版社 2003年版

语言是存在的家园，孩子首先应该是一个语言人。童谣的节奏、韵律、趣味足以撼动每一颗幼小的心灵。而童谣的语言是最有魔力的，它能在唇舌的舞蹈之中，不经意地为我们打开一扇神秘的语言之门，使之窥见事物间的另一重联系和生命的秘密。同时，"它也把荒谬转换为意义，把意义转换为荒诞不经，把虚构和真实勾连在一起，把生活和幻想融合在一起。"

对于我们来说，诵读童谣既能享受这种语言的狂欢，又能通过语言自由往来于现实与虚幻之中，这就是我们的天性。

诵读这样的童谣，一定要加入一些更好玩的元素。除了拍着手打着节拍的形式以外，我们还采用相声中的捧哏形式，一起来玩颠倒歌：

> 稀奇稀奇真稀奇，
>
> （什么事啊？）
>
> 麻雀踩死老母鸡，
>
> （啊？）
>
> 蚂蚁身长三尺六，
>
> （不可能！）
>
> 八十岁的老头坐在摇篮里。
>
> （嗨！）

先是我们读，他来跟，然后是他来读，我们跟，大家玩得兴致勃勃，教室里一片欢腾。即便是短短四句童谣，也能让我们陶醉其间，语言就这样神奇地契合着我们的生命，荡漾在我们的童谣课堂上。

✿✿✿✿✿

读完童谣，我们就该读童诗了

从金子美玲的《星星和蒲公英》读到顾城的《绿草地》，再到林良的《你几岁》。

你几岁？不知道。

你姓什么？不知道。

你住哪里？不知道。

你的名字叫什么？妈妈叫我乖宝宝。

童诗很好玩，我们都爱读，都要读。

他那么孩子气，也要和我们一起读。

他来问，我们答：

你几岁？——不知道。

你姓什么？——不知道。

你住哪里？——不知道。

你的名字叫什么？——妈妈叫我乖宝宝。

就这么读起来，一问一答，有问有答。

最好玩的是，我们偏偏不好好答，故意答成小宝宝的声音，那腔调，那神情，惹得他也不好好问了，声音也变得拿腔作调装幼稚，听得我们直乐，他也快乐得直跳。

同学小X、小W和小Q，扮小宝宝的声音一个比一个小，尤其是小Q，最后一句竟然接不下去了，她已经笑得直不起腰来。

最后一轮，全班公推小T来读，大家都说，她不需要变声音，只要用平时的声音就行了，于是我们逮住她，一人一句一问一答，把全场笑翻了。

多有趣的童诗，多好玩的课堂。我们接着读：

你家住几楼？住七楼。

怎么上去？坐电梯。

怎么下来？坐电梯。

怎么找你？请按电铃滴滴滴。

你家的人口多不多？很多。

一共有几个？七个。

哪七个？

爸爸妈妈小弟弟，一个我，一个九宫鸟，还有两条大金鱼。

❀❀❀❀❀

因为出乎意料，当然难忘

记得有一次我们学识字，遇见了很多带虫字旁的生字词：

"蜻蜓、蝴蝶、蚯蚓、蚂蚁、蝌蚪、蜘蛛。"

原本，他带着我们读几遍，分析一下字形，就可以过去了。可是读着读着，他的声音发生了变化，都是我们听不懂的发音，不知道在说什么。看我们一脸茫然，他坏坏地笑着说他刚才念的是方言，说的是这些东西在他老家的称谓，他再读一遍，让我们仔细听，猜猜看是什么。

有些比较容易，听着音估摸着我们能猜出来：

"织主"（音），我们猜是"蜘蛛"。他笑着说对了。

有些就难一点了：

"胡杨贴"（音），猜过几遍后，我们确定是"蝴蝶"，他夸赞我们厉害。

可是，更多的就不知所谓了：

"卡玛露"（音）是什么？

"洒样"（音）是什么？

"你子"（音）是什么？

"含却"（音）是什么？

他的家乡方言很土，音很重，猜起来真不容易。

我们索性瞎蒙，一个个兴致勃勃。

猜完他的之后，有人说也要讲自家方言，不过，只有小Q、小Y、小X同学上来秀了广东话、江苏话和东北话，其他人都不会说方言，只会说普通话了。想想真可惜。

这节课带给我很大的冲击，直到我长大了稍懂事一些之后，还会记起那节课上方言的声音。在很长一段时间里，我们都要他用家乡方言读童谣"唐僧骑马咚哩个咚，后面跟着个孙悟空……"，那浓重的方音，那自由奔驰的语言节奏，像鼓点一样敲击着我的心。每到这时，我总不免想得很远很焦心：经济全球化的今天，很多民族的东西会丢失；科技的高度发达，民间的东西会丢失。随着社会的发展，地域文明也在逐渐萎缩，我们的长辈那一代是边长大边抛弃，我们这一代，抛弃得更彻底，且毫不留恋、毫不在意。在他的课堂上，这些不经意的尝试，悄悄透露了他心中的一些小秘密——且把方言拾起，找回我们失落的根。

曾经在电台节目里听到过主持人对他的采访，主持人问他寒假怎么过，他建议带孩子回老家，多接触乡间保存得相对完整一些的民俗文化。随后，主持人邀请他用方言说一段忙年的童谣，他张口就念"小孩小孩你别馋，过了腊八就是年；腊八粥，过几天，哩哩啦啦二十三……"声音清亮，乡音浓重，没有丝毫的扭捏。

乡音朗朗中，时光恍惚，童年的记忆一定填满他心头吧。

✿✿✿✿✿

童年的记忆，离不开两件事：好玩儿，好吃

他知道我们馋嘴，平时就多买了些零食放在办公室。也会有圣诞老人一般的家长，时不时从香港带些食品过来，就放在他的办公室里。我们这些运动量大胃口也大的孩子，一到下午肚子总会咕咕叫。肚子饿了，就去找他，一茬接一茬。

不同的孩子有着不同的表达和神情。

有的很直接："老师，能不能给我一根巧克力饼干？"

有的比较含蓄："老师，他们手上拿的那个黑黑的东西是什么啊？"

有的一进来眼睛就不看他，直瞟桌子底下的饼干盒。

因为来得汹涌，他只好向我们提出一个要求：

"上课专心的孩子都会有奖励哦。"

我们听了，都很乖。吃的诱惑太大了，没几个孩子能淡定不动心。

说来挺好玩的。记得有次吃饼干，有人回教室"谎报吃情"，告诉我们说一人可以吃四块，于是全班都来了。一铁盒饼干很快被我们抓完了，同样被抓完的还有一盒很麻很辣的花生。

你一定不会相信，我们竟然连辣椒都敢抓去吃！平时看到辣就绕着走的，此刻也变得格外勇敢，吃着辣花生，眉头都不皱一下，只是猛喝水。

如此可爱，不容分说。

无怪乎他从前的学生过来看他时，看到这样的情景后告诉他：

"这些孩子'可爱得想哭'。"

我们都认为，他是真心喜欢我们这些可爱的孩子，我们也会用自己的方式表达对他的喜欢：

画画送给他，老是拉着他的手，跟他说悄悄话，逼着他讲故事，伸出舌头吓唬他，坐在他的腿上围在他的身边看着书，给他捶背揉肩说悄悄话，要他抱起我们旋转旋转，高高抛起接住再抛起……

这时，我们是他的孩子，他的伙伴，也是他心底最温柔最温暖的牵挂。

❧ ❧ ❧ ❧ ❧

小学时代，学校不提供课间餐点，饿肚子闹得最凶的时段，应该是上午三节课下午一节课后，每每这时，我们总会找到他的办公室，先是送上手绘的一幅画，色彩总是很绚丽，寄寓着小小孩儿的童真与梦想，待他喜悦一番之后，这时总会害羞地轻声说道：

"我饿了。"

于是，他就开始翻箱倒柜地找饼干、找面包来喂我们这些饥饿的小豆丁。

其间不乏有趣的故事，总能逗得大家哈哈笑，现在想起来，还是忍不住……

那天上午小D没吃早餐，我们几个孩子领着她来找他，他就把本来准备给女儿喝的一瓶酸牛奶给了小D喝。

下完一节课后，我们几个又来了，我对他说："小D还想喝牛奶。"

他笑眯眯地看着我们说：

"你们以为我是奶牛啊？"

就办公室里埋头办公的其他老师听了哈哈大笑，我们也嘻嘻哈哈地放过他走了。

第二天，我们照例又来了，你猜这次向他开口要什么？

不是"我要牛奶"，而是"我要奶牛"！

✿✿✿✿✿

这样快乐的事很多很多

如果说"要奶牛"只是一句玩笑话，"要养只笨狼"那可是真心话！

记得有段时间，他一直在给我们讲笨狼的故事。从笨狼的学校生活讲到笨狼和他的伙伴们，我们已经深深地被作家汤素兰老师的故事吸引了。

每天一见到他，第一句话往往是："老师，今天什么时候讲故事呢？"

然后又说："我想听笨狼。"

每每讲完一个还不过瘾，还要他再来一个。

以前是迷汤老师的《小巫婆真美丽》，现在是迷笨狼。好作家的好作品，就是这么抓人。

那天正讲着呢，不知是谁，突然冒出一句：

"我想养只笨狼。"

声音不大，却被大家都听到了。

全班顿时大笑起来——这么可爱的笨狼谁不喜欢啊。

可是这么好的故事都是谁写出来的啊？

作家汤素兰阿姨啊。

这时，有更贪心的人冒出了一个更强大的想法——

"我想养汤素兰。"

这下轮到他笑坏了。

❀ ❀ ❀ ❀ ❀

你一直坚持认为——课堂应该许给孩子一段文学的时光。对于刚入学的孩子来说，打开他们文学生命的不是"三百千"，而是朗朗上口的童谣童诗。

童谣童诗的诵读应该是身体性的，不仅仅是说可以手之舞之足之蹈之地吟诵，而且还要关乎孩子的身体实际，切合他们的身体成长需要及承受能力。这也是你一开始只读儿歌童谣不读或少读古代经典的很重要的一个原因。

一周诵读五首童谣，一个月至少读二十首以上，一个学期下来，可以读到一百多首。坚持六年，小溪也会汇成大河。每天一则，日有所诵，孩子们对语言的感觉、对韵律的把握越来越好。有妈妈问你，孩子回家后怎么那么会背童谣，连自己都比不上。可是要是在家单独教他，效果却不是很好，原因何在。

你告诉他们，孩子目前的学习还处于依赖积极共情的学习氛围的阶段。伙伴的启发，老师的引导，对他们的学习都会产生正面的影响。而这样的影响作用是巨大的。至少在情绪方面，学校的学习环境更能激发学习的欲望。

你女儿曾经跟你提起过，说他们的Z老师讲的鼠小弟的故事最好听了。而鼠小弟的故事她在两岁就开始听过，后来一直看不厌。现在老师在学校再讲，她不仅不感到厌烦，反而轻轻一句就抹杀了之前你在家的所有努力。可见，学校对孩子来说，意义非凡。

当你回转身来，反观自己身为教师，如何引导孩子进行语言的学习时，你常常思考，怎样才能更好地激发孩子学习语言的欲望，如何将充满儿童趣味的、富于乐感的语言一天天嵌入孩子的生命童年。

进入到汉字的学习之后，你用甲骨文、金文和小篆等古老的文字来引发孩子对文字的兴趣；句子的学习，你引导孩子试着带着情感来朗读；说话训练，你用榜样来引导孩子将心里的想法说清楚，让他们同桌你说我听，我说你听，不仅要会说，还要会听。

童谣的学习呢?

你还是强调表演性，让孩子嘴巴张开来，巴掌拍起来，身子动起来。

有些孩子好像天生就很会表演，他们的表演性主要表现在言语的生动和肢体语言的丰富上。让他介绍自己玩过的游戏，他能大大方方地走上讲台，连说带演地将自己喜欢的游戏介绍得清清楚楚，有声有色的表演博得满堂喝彩。你会抓住这样的契机，鼓励他带着全班小朋友诵演童谣，一则则地诵，一首首地演，全班同学乐不可支，引领者在上面示范，其他小豆丁在下面模仿，或者干脆自己随性表演，硬是将一则短短小小的童谣，诵得趣味盎然，演得有滋有味。这样手舞足蹈学童谣，你说怎么记不牢?

❇ ❇ ❇ ❇ ❇

都说"教学相长"，在教育孩子的过程中你也在受教育，本来就是这样，"教育者必先受教育"。家长应该如此，教师也要这样。

那么长的一段时间，你在逐渐调整自己，不是让自己变得更理性，而是继续保持与孩子的亲近，只有蹲下来，才能看到孩子的眼里有自己。

你不认为这样做是一种特别的做作，也不去考虑这样做后面的教育学意义。如果你走进孩童世界，你应该喜欢他们的"叽叽喳喳"，你应该看着他的眼睛说话，你应该握住那只牵着你的小手，你应该能够容忍暂时的凌乱，特别是一会儿这一会儿那地冒出来的种种小失误：训练册忘带了，作业忘做了……这并不是教师的不作为，相反，心太切，只会让这些刚入学的孩子感到害怕。让孩子害怕，并不是你的成功。

如何让自己的课堂变得轻松有趣些？这应该是每一位教师必须考虑的问题：教学内容能否少一点，集中一点？教学形式能否游戏化一些？教学手段能否多样化一点？语言能否轻柔一些再轻柔一些？能否经过孩子身边低下身子听他的悄悄话？能不能将做得很棒的他高高举起来享受节日般的狂欢？可不可以带几个好玩的故事走进课堂？童谣诵读幻灯能不能做得更童趣一点，吟诵时语气夸张一点，表演性更强一些，拍拍手啊，跺跺脚啊，击击掌啊……你愿意如此这般这般如此跟孩子尽情享受每一节课吗？

下课以后，你能不能不要立即走出教室回到你的办公桌前，可不可以听身边的孩子把话说完？可不可以陪小孩子玩一个游戏？可不可以特意为一两个胆小一点的孩子讲一个故事？可不可以很享受地等哪个小豆丁帮你揉揉肩捶捶背？

你正在这样努力着。

你已经试着离开讲台离开办公室走到孩子之中。于是，你可以看到很多平时看不到的情景：两个小女孩闹矛盾了，另外几个小孩知道来安慰她们，还能递上纸巾一边让她擦擦泪，一边跟她说说话，安慰她；平时看起来很害羞的小豆丁，可以过来拉着你的手说悄悄话；更可爱的是，一到下课，就有人争着要为你捶背揉肩；每次看到你，要么抱着你的腿不放，要么趴在你背上……

走到孩子之中去，你会看到一群真正的孩子，你会知道他们真正的秉性，然后知道怎么去引导他。你不会讨厌顽皮，也不会刻意去压制调皮，而是去改造它。正如阿莫纳什维利所说的："如果我力图显示出自己对儿童的真正的爱，我就必须以最完美的形式去显示它。"

对了，应该说一下，你正在读他的书——"学校无分数教育三部曲"之一的《孩子们，你们好！》，你还推荐给了同事。因为，你深以为，不读他的这本书，就去做教师，要么是胆大，要么是无知。

你不敢造次，不敢冒昧，不敢轻易伤害孩子。所以，你正虔敬地读着这本书，以儿童的名义。

❧ ❧ ❧ ❧ ❧

那天无意中看到一个孩子在看贾尼·罗大里的《电话里的童话》①，你随手拿起来，读了其中一个故事给他们听。

在你的课堂里，经常有这样的随意——某次偶然的契机，发现一本好书，或者一个好故事、一则笑话、一条新闻，都会带来一次精彩的故事会，一次长久的感动或深刻的思考。

课堂应该在开放中实现完整，而不是在保守中逐渐破碎。

这个故事叫《布里夫，布卢夫，布拉夫》，在这之前，因为格外喜欢，你特意将它编进了《小学语文课外阅读》里。

你在课堂上将故事即兴讲完，然后立即就用上了。

看到有小豆丁没好好坐，你就走到他身边，轻轻说："布

---

① [意]罗大里著：《电话里的童话》，张密、张守靖译，新蕾出版社 2007年版

里夫!"

小豆丁赶紧端正坐好,他明白,你的意思是说"请坐好!"

转到另一个小豆丁身边,书捧在手上,正是你平常要求的就像一只小鸟在飞的姿态,你不失时机地说了一句:"布卢夫!"同时向他竖竖大拇指。孩子马上笑了,他明白其他孩子也都明白——你在夸他做得好。

因为分享了一个简单的故事,你们拥有了几个特殊的词语,这几个特殊的词语构成了你们的语言密码,你们张口闭口就是"布里夫"、"布卢夫"、"布拉夫","马拉基斯"、"巴拉巴基斯"、"比比里莫基斯"……不需要多么复杂的表述,只需要这几个简单的词,就可以说尽你们想说的话,言者有心,听者会意,这样的交流神神秘秘,大家都很得意。当然,不足为外人道。

第二天返回课堂,有孩子告诉你,他们回家后用这样的密语和爸爸妈妈聊天,家长瞠目结舌不知所云,你笑着告诉他们:不奇怪,因为爸爸妈妈没有读过罗大里的这个故事。

这个故事是这样的:

小孩一个人玩的时候,是没有声音的,两个小孩玩的时候,就说呀说呀,说个不停了。

在这个安安静静的院子里,有两个小孩在玩,玩着玩着,一个说,我们发明一种别人听不懂的话吧。另一个说,好呀,是只有我们自己听得懂的特殊的话。

"布里夫,布拉夫。"第一个小孩说。

"布拉夫,布卢夫。"第二个小孩回答道。两个人忍不住都笑了起来。

在二楼的阳台上,有一个在读报纸的可爱的老爷爷,他的隔壁有一个不太可爱的老太太。

"那些孩子多傻呀！"老太太伸出头对老爷爷说。但可爱的老爷爷不同意她说的话："我可不认为这两个孩子傻。"

"可是，你听听他们说的话吧，你不会告诉我你听懂了他们的话吧？"

"正是，我全听懂了。第一个孩子说：'今天天气不错。'第二个孩子说：'明天的天气会更好。'"

老太太用鼻子"哼"了一下，没有作声，因为两个孩子又开始用自己的语言说话了。

"马拉基斯，巴拉巴基斯，比比里莫基斯。"第一个孩子说。

"比比布卢夫。"第二个孩子回答道。接着又笑起来。

"你不是要告诉我，你现在又都听明白了吧。"老太太生气地喊道。

"你又说对了，我又听明白了。"老爷爷笑着回答，"第一个孩子说：'生活在这个世界上，我们多么高兴啊！'第二个回答说：'世界是美丽的。'"

老太太固执地问："世界真的是美丽的吗?"老爷爷回答："布里夫，布卢夫，布拉夫！"

❀❀❀❀❀

那天，你在网上看到有人说中国孩子想象力低于欧美国家孩子的消息，没有质疑真假，只是杞人忧天地跟办公室同事们说了一下，哪知道竟引起一阵热议。一数学老师说，她就觉得自己没有想象力，都是以前老师害的。

受时间限制，这个话题当时没有展开探讨，可是既然关乎老师，关乎孩子，我们就必须去面对：

当年的教育扼杀了我们的想象力，如今我们该如何去教育自己的孩子?

虽然板子不能只打在老师身上,可是灌输的教育手段、单一的教育方式确实是老师所驾轻就熟的。因为简单,不需多大技术含量,不需多少文化储备。

你甚至觉得:我们的孩子没有想象力,正是家长老师合力谋杀的结果!

试问:我们身边有多少这样的父母和老师?

试问:我们自己身上留存有多少这样的印迹?

我们只会说屡见不鲜的事物,我们的话语苍白无力。我们只会说花是红的、球是圆的、鸟儿会飞、鱼儿会游、汽车会跑、高兴时笑、悲伤时哭、睡觉的时候打不打呼噜,我们就在这样的语境里思考运行,中规中矩,无需犹疑也毫无疑问。唯一触手可及的想象是用上那么几个比喻拟人的修辞,什么太阳像皮球那么圆、脸像苹果那么红、急得像热锅上的蚂蚁……

然后呢,然后就没有什么了。

当想象力消失的时候,语词失去了魔力,世界如同一张薄纸。

抱怨的话说完之后,来说说你带孩子们学过的几个字吧,从一年级开始学写字以来,为了让孩子领略汉字的神奇,你每节课教会孩子认识三两个字的演变。这一路走来,平时看着不觉得,可是翻出他们誊抄的甲骨文、金文、小篆,可以看到孩子们学着,是满心的欢喜。

你看"及"字,上面是人,下面是手,用手捉住了一个人,就是"及"。

你看"國"字,甲骨文里,左边是疆域,右边是兵戈,要用武器保卫国家;后来疆域四周画了边界,武器还在右边;后来国界扩大,包围住了整个疆域还有武器。

你看"交"字，一个人的两条腿交叉在一起，好形象。

你看"申"字，一开始，多像雷雨天的闪电，原来，电闪光的样子就是"申"。

你看"相"字，左边是"木"，右边是"目"，用"目"观"树"是为"相"，"相看两不厌"的"相"。

你看"寸"字，本来是"手"，在小篆中多了一横，指示"寸口"，是离开手掌一寸的地方。

你看"取"字，一手抓住一只耳朵，有"割取耳朵"之意。古时征战和狩猎，胜利者都要割取失败者的耳朵以示纪念吧。电影《最后的摩根战士》里，是割取敌方的头皮，西班牙斗牛里，胜利者会割取牛耳。

你看"比"字，是两个人并排站在一起，书上说是两个人比高矮，孩子们说两个人比赛跑步，一看，果然很像呢。所以比的本义就是靠近、并列。

你看"夫"字，头发上穿着一个发簪，表示这个人已经行过成人礼，可以佩戴发簪了，这就是男子汉大丈夫的"夫"了。你要问我小孩子是什么装扮？"黄发垂髫"中的"垂髫"就是指未冠者头发下垂，这就是儿童。

你看"表"字，上毛下衣，毛附衣上，以毛为表。所以再看看今天的"表"，如果不作一番解析，原形荡然无存，原意无法明晓，原来——两横就是两根毛，一竖加上其他就是"衣服"的"衣"。

你再看"告"字，一头凶猛的牛在旁边，一张口在告诉别人：这头牛会触人，要小心！于是这就是"告诉"的"告"。原来字谜"一口咬断牛尾巴"，不是没有依据的。

……

当然这些也是一家之言，甲骨文时代，离现在很遥远，无论对错，好玩就行，开心就好。

❀ ❀ ❀ ❀ ❀

孩子初来这个世界，对这个世界的新鲜是那么好奇，他们有着自己独特的不拘于任何假设的认知方式，你喜欢把它称之为"童年的世界"、"童话的王国"。可是，成人强行进入了这个世界，不断地试图将孩子带到一个所谓科学的、规范的、约定俗成的、也是呆板无趣的世界里去，这个过程就是"成长"、"成熟"、"长大"。

世界应该是什么样子呢？

是我们成人所建设所规范的这样吗？

你始终在否定。

"儿童是成人之父"，孩子眼中的世界比我们的更精彩，更丰富，更有趣。

我们的日常规训，学校的应试教育，加上无处不在的电视网络传媒，成人的话语以强势姿态从各个方面无时无刻不在入侵这一纯洁天真的领域，于是，孩子也许只能在梦中可以偶尔回到远离的圣地去，或许只有那些先天性智障的孩子，才不会乖乖地顺从成人的牵引，依旧比较完好地保留着天使的纯真。

成人世界的诸多苦恼对孩子来说，其实只是庸人自扰之。

你为自己身为成人终于消退于平凡的白日之光而叹息。

莫让成人带坏了孩子。

莫让成年驱赶了童年。

莫让散文世界侵犯了童话王国。

莫让整齐划一的桌椅拘束了孩子灵动的思维。

莫让机械呆板的教学腔调让孩子索然无味。

更别奢望以己昏昏使其昭昭。

让自己保留一些孩子气，让课堂多些欢乐味。不要让孩子厌倦你的教室，对此，你时时提醒自己，永远不敢掉以轻心。

✿✿✿✿✿

那天早晨，你轻快地走在这座城市的绿道上，两旁树木掩映，绿道通向前方，车辆不多，行人也少，你又开始了胡思乱想。

你在想将来的哪一天，你把自己的头发胡须染白，眼角额头布满皱纹，俨然一位年近六十的老者。你蹒跚着走到办公室，向老师们打听Z老师在不在，办公室的同事们可能认不出，就说他还没来，让你安心等一会，你就坐在沙发上等着。快上课了，你就说Z老师告诉你他有事赶不回来，要你帮他代一节课，然后就径直去了班级。也有可能你一开口同事们就看穿了你的把戏，毕竟这是一次新鲜的尝试，你化妆的技术、表演的能力还没那么熟练（你只有过两次演戏的经历，一次是在学校表演的话剧《雷雨》里演周家的管家，另一次是到图书馆讲《米爷爷学认字》时，你给自己装扮成老爷爷的样子）。你就直接告诉他们你的计划，他们都愿意帮你保密，一起完成这个游戏。

总之，你还是去了教室，孩子们可能一眼没认出你来，你伪装的能力在他们面前必须超强，他们都是古怪精灵，眼睛厉害得很。你就说你是Z老师的一位作家朋友，他有事来不了，你来替他上课。教室里一个三十多岁的老师用六十岁的模样在上课，不用怎么努力去想，就知道这是一件多刺激的事。

又或者你的伪装能力还是很弱，眼尖的孩子们很快就认出站在他们前面的老人就是他们的Z老师，你也坦率地承认。你告诉他们，你刚刚从二十年后穿越过来，你很想念他们这帮小家伙，想再给他们上一节课。一直以来，给他们上课的是三十多岁的Z老师，小学的时光总归有限，六年过去你也才四十岁，他们当然不会经历过六十岁的Z老师的课堂。这次穿越，就是要弥补这个遗憾，也正好实现你二十年后的心愿。

这么一说，你们都相信这是一次很真实的穿越事件，你们也无比珍惜这样的上课情景。这是你们激情生命中的独一无二。

一路上就这样想着想着，你越发激动，几乎都有立即尝试的冲动。果然，当你在博客里叙述这样一次上课设想时，你问大家："我要安排在什么时候？"立马就有家长跟帖说："一万年太久，只争朝夕，最好就是现在！"

你笑了，充满想象力和孩子气的课堂多好玩，就连家长都喜欢啊，何况孩子们。

你也清楚，不是每个老师都能有这样的兴致，就连你自己也无法保证天天如此，"理想很丰满，现实太骨感"，生活是一个大碗，里面盛着太多无奈。

可是，没有热情的日子，单薄得不如一张纸，不是吗？

与其让无趣无味的日子碾过你最美好的青春，还不如用快乐装点平凡的生活。眼睛看到美好，心里想着美好，你和你的孩子们，才会一次又一次在美好的彩色课堂相遇。

7　规则的内在运行

　　规则不是为了限制自由，而是为了更好地保障群体中个体的自由。规则不是先在的硬性要求，而是顺应群体的需求，在情境里诞生，更是协商和民主的产物。

　　和善而坚定地执行，处罚与赏识同在。

这些年来，因为辗转求学的缘故，我和国内国外的同龄人交往较多，越来越发现中国的孩子与国外的孩子相比，有一个很显著的特点，那就是举止散漫，言行随意，说话不注意场合，尤其是在团队活动中，缺乏合作精神。一看就知道，平时缺乏规则的训练。

一个在题库训练中长大的孩子，哪里有时间去学习得体地与人交往？一个在应试体系里拼杀出来的人，怎么会有心思去理解他人？

这不是为自己找托词，因为这也不能全怪我们。就像几米的图画书《我的错都是大人的错》所说的那样，我们身上存留的这些坏习惯，都是从大人那里沿袭过来的。

不是我们不守规则，不是我们言行失范，我只是希望借此让大家好好回想一下：在你们大人的眼中，什么样的孩子才是好孩子？

我更想问问老师们：

在你的职业追求中，你会在意什么？

是流动红旗、考试分数？

还是个体生命的真实生长？

在你的心里记挂的是什么？

是做领导眼中的好员工，

还是家长孩子心目中的好朋友、好老师？

我还想问你：

你们常说"一切为了孩子"，那成堆的作业苛刻而生硬的规则造成的对童年的伤害也算在内吗？

"为了孩子的一切"——这一切怎么就变成了没休止的应试了呢？那句笑话怎么说来着？"上学就上学呗，还要考试，人与人之间咋就这么没有信任呢？"

"为了一切的孩子"——在你埋头改作业批试卷的匆匆里，你能关注到几个孩子？在你整齐划一的规则统治中，你只看到一个孩子，一个听话的、乖巧的、能领会老师意图、善答题、成绩好的孩子。

当然，我也知道这是你们的无奈，你们也是在高压之下身不由己，或者说，你在进入那个氛围那个环境之后早就丢失了自己。

经常听说有老师出奇的严厉、有杀气，然后大家就理所当然地认为，这个老师班上的孩子守规则。这真是一种很荒诞的逻辑。

常听大家说起这样的故事：

有孩子忘记穿校服，被同学举报后，遭到老师劈头盖脸一顿训斥，罚站在教室外面不能进教室，然后一个电话让家长赶紧送来，又是劈头盖脸的一顿教育。家长即便心中不服，也只好不断认错，保证下次不会再发生，继而转身对孩子劈头盖脸的一顿痛斥，说不定回家后还会来个男女混合双打……

有孩子没佩戴红领巾或者队徽，被督查生扣去班级一分，引起一些同学的气愤，不仅引来同学的谴责，更有好事者偷偷将被扣分者的衣服藏在别处，故意让他找不着，以此作为对他影响班级荣誉的惩罚……

这就是硬性的规定、不近人情的规范带来的畸形的后果。

如果教育注定只会带来伤害，这是何等悲哀！

规则的确立与执行不是为了个体的简单服从，而是为了群体的和谐共生。

在这一点上，他的想法跟很多人不同。

在他的班上，如果有个孩子说他恨这个班，非要这个班被扣很多分然后得不到流动红旗，甚至在要交给老师的本子上写着"某某班，我恨你我恨你我恨你……"，他对爸爸妈妈说"我不愿进这个班，我不想听到这个班的名字，不愿想到这个学校的名字……"，我相信，他一定会认为那是他最大的失败。他一定会赶紧质问自己："我的教育怎么了？为什么会给一颗幼小的心灵带来如此巨大的伤害！"

生硬的教育一定会给柔嫩的童年带来伤害。所以，教育者要小心又特别小心，别因为自己的狂妄无知，给很多很多的童年带去很久很久的阴影。

这些伤害、这些阴影，有些会随着孩子的长大逐渐消退，有些则永远印刻在孩子的心中。

他不是不要规则，但是，他一直强调，规则必须在爱与自由中建立，用一大箩筐事先制订好的规则去套住一个个稚气未脱的孩子，肯定要让孩子受伤。

他总是根据班上发生的情况，及时和我们商议，一起制订出大家认可并愿意遵守的规则来，用彩色笔分条分项写在一张A4的白纸上，然后粘贴在教室的黑板上，让每个人随时都能看得见，随时以此作为约束我们言行的规范。即使因为不小心违背了规则，也一定会有小小的惩戒（说起惩戒，开始我们是要求在操场跑步，然后是爬楼梯，跳绳，他希望我们即便犯错受罚也要得到某一方面的受益，例如身体素质的提高，我亲眼看着很多同学由不会跳绳到成为跳绳高手，我自己，也一样），我们也心服口服不敢放肆。因为，这些规则是他和我们一起制订的。

根据班上随时发生的各种情况，他和我们及时讨论：又该一个什么规矩诞生了……

于是我们慢慢就约法几章：

1．要相互尊重，不要侵犯别人，也不要受到别人的侵犯，不能原谅对方就立即告诉老师，不要自作主张简单对抗；

2．倾听时眼睛要看着说话人；

3．上课时不要随便下位，与课堂内容无关的书和文具放在抽屉里摆整齐；

4．要发言先举手，声音要响亮，确保离你最远的那个同学也能听到；

5．自己错了及时承认要敢于说对不起，并说明错在哪里；

6．集会时不要喧哗不要追闹，行进中不许说话。

……

这些做法，他说他是跟着美国年度教师克拉克学的，他只不过是二道贩子，现学现卖而已。

❀❀❀❀❀

我只能说，他真的很善于抓住机会教育我们，让我们在不同的场合里学会应该如何做。这个学会，不是口头上的说教，而是用切实的行动让我们看得见，学得着。

比如，他问你，你去图书馆里干什么？

你肯定觉得他这个问题要多傻有多傻，去图书馆？不是去看书吗？

同样的道理，我们去博物馆干什么？

参观。

我们去公园干什么？

游玩。

我们去剧院干什么？

看表演。

……

都是直奔主题，直奔目标，直奔结果，将事情扁平化，单一化。

真的就这么简单吗？

我不知道别人怎么做，但我知道，至少在他那里，教育不会如此简单。

去图书馆（在我们学校，那叫"阅读城"，整整一个楼层啊，都是我们阅读的温馨天地），是我们最喜欢的了，因为那里环境很好，书又多，各种奇形怪状的凳子椅子，可以随处找到座位，随手拿着一本书坐下阅读。

可是我们去阅读城，肯定不止"看书"这一个行为，或者说，即便是去看书，也不是一件很容易的事，那么多的孩子，一节课的时间，在这样一个相对开放的空间里，前前后后需要做的事其实不少呢。

首先，你要学会排队去，排队回。都说中国人连排队都不会，只会插队，所以奥运会在北京举行之前，首都人民要从学会排队开始。我们去看书，去参加任何一个集体活动，不排队，散漫，嘈杂，这会让他发疯的。

然后，走进阅读城，你要明白如何保持安静尽量不打扰到别人。

这可不是口头说说而已，他需要让我们每一个孩子都有切身体会，甚至能自我操作。

然后，要学会寻找你要的书，要知道怎样把书从书柜里借出来又不会发出惊人的噪音影响到他人。

最后，你要学会还书，学会摆放好桌椅板凳，知道从哪里来到哪里去，一切要恢复到刚进来时的样子。

还有，遇上一本好书，和身边的伙伴一起交流的时候，你要能够控制住自己的声音——多大声音才既不影响别人又可以确保身边伙伴听得清。

所有这些，都要通过分解操作，切身体会，才能起到固化定型的效果。

什么？你还迷信口头的说教，以为"请大家保持安静""请不要影响别人""请小心借书还书"就可以让我们做得好？我看还是算了吧，这样轻飘飘的几句话，对我们来说，基本上是废话，因为你是在告诉一个结果，而没有向我们展示一个过程，我们不是傻子，自然明白每一句话背后的道理，可是我们中间很多人并不知道具体该怎么做——如何做才算是"安静"？怎样才是没有"影响别人"？如果你这样粗率地去宣布一系列规则，一定会非常失望，因为你将看到一个没有章法毫无头绪一团乱麻一片混乱的热闹情景：大家都在喊"安静"，然后没有一个能安静下来。

他的做法就很实在，没有说教，只有示范和演练。

从排队开始，一项一项分解训练。

排队来到阅读城后，女生先进，男生随后，不抢不争不闹，每个人找到一个座位，然后看着他示范：

怎样轻轻坐在椅子上，怎样用双手去拿那本你看中的书，怎样轻轻打开柜门，拿出书放在一旁，再用双手轻轻将柜门合上，这样不会发出"啪"的很大很刺耳的噪音……

好了，你借到书以后，需要跟伙伴交流，两个人一起时，多大的声音是被允许的，三个人一起时，又该发出多大的声音……这一切都要进行现场的情景演练。

阅读时间结束，每个人将书归还原处之后，摆放好书籍和坐凳，再排队回班级……

一开始，可能会有人还不太适应这样一个看起来很"啰

189

唆"甚至很"夸张"的过程，经过几次演练之后，图书馆阅读规则自然就印在了我们心里，外化为我们的行动模式，再来图书馆，哪怕你是一只狮子，也知道如何遵守规则了。

你能说，来到阅读城，只是看了书吗？

就像他带着家长们在看的《第56号教室的奇迹》里所展现的，雷夫老师经常带着学生外出，他的学生总是彬彬有礼，在公共场所遵行礼貌文明、遵守秩序规则，哪怕雷夫老师不在现场，他们还是安安静静地排着队。

他也是要我们建立起这样的规则意识。

雷夫老师和他的学生仅仅只是去看一场球赛或者参观什么景点吗？

不是的，他们通过经历不同的情境，知道在不同的场合要用不同的规则来约束自己。

这些知识和能力，并不是在教室里就能学到的，口耳相传自有它的局限，言传身教，学以致用，立竿见影，才会产生直接有力的影响。

当教育的场域打开之后，教育的机会其实更多了。规则，并不是闭门造车的结果，它恰好就是在具体情境里诞生的，开放的场景，更能历练我们的规则意识。

这一点，大人们一定比我们更明白。

❀ ❀ ❀ ❀ ❀

总有大人嫌我们太吵闹了，然后一个劲地指责我们，要我们"安静"、"安静"，好像这是一个多么美丽有魔力的字眼。可是，究竟什么时候安静，发出多大的声音才算安静？他告诉我们，和伙伴们在一起说话的时候，不让自己的声音干扰到别人，同时又要让人听得到你的声音，这都需要具体的界定。

平时我们都在说，响亮一点，大声一些，可是，这个度，不好把握，效果也不是很明显。

那天他和朋友们聊天，无意中提到这个话题，他们告诉他，日本的教师对此会有很明确的说法，例如说，十分贝是多大的声音，二十分贝又是多大的声音，大家用耳朵真切地去感受之后，当老师提出现在需要多大分贝的声音时，就能立即明白，并且能够按照相应的要求去做。

受这个启发，回到班级，他带着我们开始了一个很有意思的尝试。

他在用不同的声音来提示我们，现在会是多少分贝，然后，他再用这个数量来要求我们，让我们学会控制调节自己的声音。

记得以前在一年级时，我们也有过类似的尝试，那时他会用遥控器虚张声势地来遥控我们，说来调节音量，增高，或者降低，或者静音。采用过一段时间，效果还不错。后来，也没有坚持用下去，就当作是一种即兴的课堂游戏了。

现在，他转用这种方式，效果还真不错，要求明确之后，执行起来就相对容易得多。

我们讨论了一下，大致将声音的大小分为这几类：

0.5~1分贝：耳语时发出的声音；

1~4分贝：两个人面对面对话时的声音；

4~8分贝：三四人讨论时说话的声音；

8~12分贝：课堂发言时的音量；

大于16分贝：噪音。

这样的分值划分并没有去查询相关的资料，从科学角度来说，这个数据是错误的。这是为了便于计算，他和我们之间的共同约定。按照这样的约定，我们知道自己的声音是否合适，然后通过多番演练，效果还是很明显的。

✿ ✿ ✿ ✿ ✿

都说如今的孩子最浮躁，几乎一刻都静不下来，心不静，事难为。

在这之前，我们是用分贝的大小来定义声音的高低，他总是告诉我们，在哪种环境下需要将音量控制到多大为宜，直到我们习惯，并渐渐懂得注意这些。

可是未必每一双耳朵都对声音敏感。

五官长在我们身上，可是我们却不会好好运用它们。

耳朵接收到信号大脑不能及时将信息传递给眼睛、手脚或者身体其他部位，所以迟迟做不了正确及时的相应行动。

或者，耳朵根本就没有及时去接收信号。

他这时就会笑话说，莫非是我们的大脑司令部被敌人占领了？不再听从我们的指挥？

佛家说六根之中耳根最净。

可见，为了推进规则的执行，首先要从训练耳朵开始，让每个人都要学会去听——安静地听、专注地听、带着思考去听。

最初也是最好的法门，莫过于专注而持续地听一段故事。

那段时间里，他曾经用我们极喜欢的著名节目主持人新月姐姐讲的故事作为唤醒耳朵的媒介。

只要有时间，他就开始播放新月姐姐讲故事的光碟。

声音温婉轻柔，丰富而动听。

教室需要安静，需要每一双耳朵默默打开，每一颗心都能进入到故事里。姿势不做过分要求，你可以趴在桌子上，可以睁眼，或者闭眼。

只要你在听。

一直在听。

你的表情要有变化，可能会大笑，可能会受到惊吓，可能会显得担心，可能，只是微笑着陶醉的神情。

如此，你的耳朵才算完全接收了声音信号，身体也能相应做出反应。

他也在听。

他就坐在矮矮的讲台上，安静地听着故事。他知道，他的神情，我们会注意在眼中，如果他听着是焦躁不安的，我们的心里也搅起波澜。这个时候的教室，就像是水面上按葫芦，这边安顿好了，那边又冒出声音来。他不会这么做，他只是用目光轻柔地经过每一个座位，安静地端详着每一张面孔，我们立刻变得安宁起来。

故事的声音，像一股风舞动一片森林，又似一束光催开一朵蓓蕾，还像一滴颜料生动一幅画面。声音中的每一对耳朵，都在轻轻翕动。

规则不需要大声宣布，安静地聆听，耳朵会苏醒……

✤ ✤ ✤ ✤ ✤

你以为，一个孩子长大的标志，不仅仅在于身高体重的增长，更有内在自我的强大，其鲜明的标志就是逐渐拥有独立的思考能力、学习能力以及对规则的理解、认同与遵从。

你当然也崇尚爱与自由。但是纵容的爱、随心所欲的自由，只会伤害到你正生活在一起的群体，所带来的后果必然是秩序的混乱，效率的低下，人心的浮躁，信心如多米诺骨牌一样迅即倒塌。

而成人（自然包括每一位家长和老师）要和孩子建立起言

行的规范，知道在什么时候该做什么、不该做什么，这只会让孩子变得明智，学会克制谨慎地行事。

这也是文明的标志。

在课堂上，你和孩子们一起，努力建立起某些规范。这些规范，都是和你的孩子们一起商议制订出来的。也就是说，班级规范的生成，其实需要得到认同，因为它是基于当时的场景需要而诞生的。

例如，你们正在听写生字新词，一个词语报完，教室里总会有"写完了"、"写完了"的声音，此起彼伏，怎么制止都管不住。在这样的场景下，你们需要确立一个规范——用笔听写，嘴巴噤声。当大家一致认同这个规则以后，你就把它用粗一些的油性笔或者彩色笔写在一张A4大小的白纸上，郑重其事地贴在黑板上，这就成为你们共同约定并且必须遵守的新规则。

再如，听写结束，组长需要收集作业本检查听写情况，每到这时，很多人会不自觉地下位，有的是直接交本子，有的是借机做点别的事，教室内乱糟糟的一片，在这样的情况下，你们就要停下来，商议一个规则：交作业本时，只需组长下位，其他人不用下位。然后将新的规则写好，贴在上一个规则的下面。

还有，你讲故事给大家听，下面有的自己翻书看，有的会偷偷拿出玩具来玩，有的在做些其他的事，这时，一个新的规则可以诞生了——听故事时，要安静而专注。

几乎所有规则的建立都是在问题情境中及时产生的，而且它们都有一个很鲜明的特点，不是假大空，而是真实而细致，好理解、好实施，且具有一定的共性，是大家都容易犯的错误。为了避免类似的错误再犯，就要将它形成明文规定，像法律条文那样呈现在大家面前。你很明确很坚定地告诉大家，规则一旦为大家所认同并且白纸黑字写出来以后，任何人都得遵从。如果违反的，就像开车闯了红灯一样，后果就是要接受适当的惩罚。

之所以采用这样的措施，你并不是一时兴起或者空穴来风，你是受美国杰出教师克拉克的启发而在班上大力实施的，当然，你事先会跟其他学科老师做好沟通，让他们知道你的举措，争取达成共识，合力推进班级规则的建立。还有，你也需要家长的戮力合作，否则，学校里你精心打造的教育体系，孩子回到家里就轰然倒塌，这样的事情并不是没有发生，所谓"5+2=0"，正是诟病于家庭教育与学校教育的脱节，一生两制，学校里的规则秩序好像沙滩上的城堡，经不起家庭无序的冲洗，很多孩子在家在校两个样，你却不能责怪他们很分裂，作为成年人，我们更应该躬身自问。

🍀🍀🍀🍀🍀

曾经有某个社区的网友问你：老师经常罚学生抄作业合不合适，罚抄作业算不算体罚？

你这样回答他：

体罚或者变相体罚，从身体到精神的伤害，都是不允许的，这是底线，任何一位老师或者其他成人，基于对孩子的人格的尊重，都是必须遵守的。

但是，我不反对惩罚教育。

没有惩戒的教育是不完整的教育。赏识教育固然可以培养孩子的自信，但是，对一个人的成长来说，不可能不犯错，也就是每个人心里都有个魔鬼，或者说，脑子里总会有两个小人儿打架，常有坏的小人赢了的时候。这时，只有肯定，没有否定性评价，并不利于孩子的成长。失去了规矩的自由和散漫，那是盲目而危险的。

作为一名教师，实施惩戒教育需要特别小心，我认为，至少要把握以下五点：

第一，要有个底线，那就是基于爱，基于对孩子的人格尊重，不可以轻易伤害孩子；

第二，要公平合理，既不是各打五十大板，也不是是非不分；

第三，尺度要把握好，小小惩戒即是，明晓是非即可，不纵容，也不武断，更不能离谱到一个字词一个句子抄写几十上百遍，这纯粹是情绪发泄下暴怒的产物，而不是基于对孩子身体的真实关切和对成长中必然犯错的理解和宽容；

第四，有改过即肯定，也就是否定要与肯定结合，罚要与赏同行；

第五，尽量不要在全班同学面前惩罚某个学生，奖要大张旗鼓，罚要悄悄进行。

常听说大学里有导师要求自己的研究生抄《诗经》抄《楚辞》，被罚者即便内心有一百个不情愿，但是，不可否认，这样的抄写对其一生的影响却不小。这虽是大学里发生的事情，可是对我们如何认识惩罚教育却很有借鉴意义。

❀❀❀❀❀

很多人都在标榜和鼓吹教育的自由，好像他们无往而不在枷锁之中。

可是，对自由的理解总有偏差，你曾经有过这样一次经历。

那天你给桂林来访的老师们上了一堂读书会，孩子们极其活跃，完全失去了基本规范。

那是一节很扫兴的课。

那节课后，关于自由和规范，你跟孩子们进行了一次长谈。

在你看来，只是标榜爱与自由，反而会对孩子形成一种伤害。

自由不是高兴做什么就做什么，不分场合，不顾及别人感受。

自由应该是心灵的舒展身体的拘谨思维的灵动行为的局限。没有身体对规范的服从，自由就成了散漫、毫无规矩的代名词。

这样的自由无论冠以何种名义，都不可取。

孩子需要知道自己在什么时候何种情形下能做什么、不能做什么，该怎么做、不该怎么做，他还要知道，违反了会得到怎样的惩戒。

就像有一天下午你们在排练绘本剧时，你的女儿没有按照规定坐在相应的位置上，却去乱翻你的麦克风。你对她进行了一个小小的惩罚，那就是让她站在一个大方格形的地板方块里，以这种方式暂时限制她的身体自由，两分钟以后才可以出来。她低着头，忍住不让眼泪流出来。她知道自己错了，也知道要接受一定的惩罚，这样才不会在公共场合里为所欲为。

类似这样的绘本剧排练，因为是在一个大的空间里进行，你就趁机看出很多在课堂上、家庭里看不到的现象。小伙伴之间的接触增加以后，有多少孩子能接纳别人容忍别人并积极跟伙伴交流？有多少孩子能够根据角色和舞台需要安静候场及时登台表演专心听导演指导？当卸去作业和功课的静止训练之后，你看到的大多是以自我为中心的"00后"一代。

很显然，这些孩子并不会与伙伴友好相处，男生之间追逐打闹，女生之间拉帮结派，你看不到温文尔雅，也看不到秀外慧中。

暴露出这样的问题也是好事，你可以更清楚地知道每个孩子的个性。孩子在家长心中，自然是最好最亲最可爱的，这样的舐犊情深你深有体会，可是，要想孩子得到更好地成长，就需要看到孩子在不同场域不同情境下与不同人相处的方方面面，再根据具体的情景去引导，去调节，不放任。

但有一点是肯定的，那就是——纵然自由，也要规范。

❀ ❀ ❀ ❀ ❀

进入小学一开始的时候，孩子们还小，你们班的纪律似乎总是难以让人满意，因为活泼的男孩远远多于相对文静的女孩，总会有小孩子不自觉地做着这玩着那，很难形成良好的秩序，让你一度纠结，总觉得不是个滋味。

你需要在班级建立完整的规范体系，可是一直以来，你不想给予孩子太多太大的压力，总在顾虑会不会扼杀孩子的天性，让他们的童年失去太多的笑声与欢乐。加上开始的时候，你并不是导师，手不能伸得太长，所以，这事就一直耗着。

可是这并不妨碍你在心里继续纠结和思考。

你总在想：

是不是我们的孩子在成长过程中，只要开心快乐就好了，其他就不管不顾呢。

答案显然不是这样的。

对课堂常规的要求你们几个老师都在不断强调，英语老师数学老师都用自己的方式来提高孩子的注意力，你自己也是想了很多办法。其中有很多是一样的。例如奖励贴纸啊小组竞争啊什么的，都是常见常用的套路。

你观察到英语课堂很热烈，表演性很强，要求孩子们的身体参与度很高，所以孩子们的注意力都能比较集中。

数学老师是导师，一向比较严厉，也循循善诱，加上练习性作业相对要多一点，所以基本上也把控得不错。

语文呢，在故事课堂和童谣诵读的时候，因为内容本身对孩子充满吸引力，形式也符合孩子的生命韵律，所以还是很不错的。只有进入到课文的学习，特别是拼读练习中，有不少孩子会分神。你理解他们的不专注，因为对于这些小豆丁来说，不感兴趣的内容是很难让他们集中注意力去学习的。更何况有些孩子拼读还是很不熟练，更加不会有心思去学了。

那这时，他们一般都在干吗呢？

玩文具盒是最突出的，上课也玩儿（做大炮发射架），下课也玩儿（当作枪使）。

然后是画画，很多孩子喜欢画画，不分时候由着自己兴趣去画。

再然后就是跟前前后后的同学说说话，争论一个对他们来说很重要的小问题。

这样一番观察、分析之后，你明确地提出：书包挂在椅子背上，水壶挂在桌钩上，书放在抽屉里靠左躺，不带文具盒只要文具袋，一律放在抽屉右边，上课时桌面上不留任何东西，只有老师需要时，需要什么就拿什么出来。没有为什么，不作解释，必须执行。有时，规则需要斩钉截铁，就像《大卫不可以》一样。不给理由，效率更高。

有一次给英语老师代课时，你突然想起暑假期间D妈说过的关于小D的一件事。在入学前的预备班里，小D很不适应这样的学校课堂生活，很抗拒进教室，即使进了教室，也从不认真去听。D妈说，有一次，老师轻轻牵着她的手，耐心地教她，效果好多了，不仅听了，而且都会了。

时间过去得并不是太久，你突然把这个想起来，然后迅速迁移到你的课堂组织管理中来。在课堂上，你将两个不是很认真的小男孩轻轻牵到讲台上，搂着他俩一起读，果然乖多了。

下课后，看小D不会，又特意喊上她，轻轻牵起她的小手，一个一个地带着她拼读。有了你的牵引，她果然不分神，很用心地跟着学。

你越发明白，平时因为过多依靠话筒，不便在班级内走动，只好在讲台上说话，虽然话筒能将你的声音放得很大，其实并不能起到很大的作用，唯有走到每一个孩子的身边，轻轻牵起她的小手，或者轻轻搂着他的胳膊，用肢体的亲近带给孩子安全与温暖，孩子才会变得更加自信也更加专注。

刚性的规则与温柔地相待，并行不悖。孩子需要的是贴近他的生活却不会带来强烈不适的约束，是规范，更是引导，有人情味，有同理心。

有一次，上课铃响，孩子们没有安静候课，甚至连上节课的黑板都没有擦干净。

怎么办?

你一声不吭，先拿起黑板擦用很夸张的动作缓慢擦着，边擦边想怎么调整这样的状态。

虽然背对着孩子们，但你知道他们有人依旧在玩，依旧在说笑。

在你的预想中不是这样的，你以为你的沉默至少会带给他们一些不安，而且你夸张的动作会带给他们一些思考，因为这样的情景显然跟平常不一样。

平常是什么样子?

走进教室，鼓励安静，然后上课……

回到这节课来，你擦完黑板，跟今天的值日组长说："你要感谢我。"

开始他还丈二和尚摸不着头脑，你再次强调说："你要感谢我，因为我替你们值日生做了一次值日。"

他这才醒悟过来，却辩解说个子矮了够不着、时间也不够……

你这才面对全班同学说："在我的故事里，其实不是这样子的。那个故事是这样开头的——

上课铃响，我离开办公室，很开心地走向我的教室，因为那里有一群爱学习的孩子。

还没走到教室门口呢，就听到里面传来朗朗的读书声，有一个孩子正站在讲台上带着大家背诵《日有所诵》，他们是那么认真，那么专注，我站在窗外往教室里看，找不到一个做小动作和随意说笑的。唉，想不幸福也难啊。

这就是我的愿望，可是我要吹熄多少蜡烛，对着流星许下多少愿望才能梦想成真呢？

要不，我现在就走出教室，看看你们能不能帮我实现这个梦想？"

听你这么说完，孩子们都点点头。你慢慢走出教室，没有回头望，依稀感觉到孩子们正在从书包里找书，有人问谁来带读，Z同学说他来，不过要等他找到读哪里。身后响起一阵善意的笑声。

等你离开片刻再回来，你惊喜地发现：刚才描述的一切，在你的教室里在你的眼皮底下一一实现。

不用吹熄蜡烛，不用对着流星许愿，孩子们会让你梦想成真。

❀❀❀❀❀

另有一次经历，让你格外惊心。

那次你去到你代课的一个班的教室，虽然预备铃声响起，课室内依旧聒噪不已。

没有秩序感，没有规则，没有自律。

在门口小站了片刻，你才进去，然后装作很吃惊地问：

"咦，你们怎么还在这里呀？"

喧闹的声音逐渐零落下去，全班看着你都是一副讶异的神情。

"你们怎么不去抢啊？"

"抢什么？"有人问，大家更加奇怪。

"抢盐啊。"

"哦，我知道。"有人似乎明白过来了。可能他们也听说了福岛核泄漏事件后，社会上的抢盐风潮。但教室还是没有动静。

"快去啊……"你催了一句。

就这一句，终于点燃了躁动的狂热，哗啦啦，全班迅即离开座位，往门口冲去。虽然这只是你有意地测试，可如此盲目的狂热还是让你吃惊。

不好！有一个孩子摔倒了。其他人并没有扶起他的念头，后面的还在不断涌上。

你赶紧制止，让大家各回各位，并向他们坦承，刚才你是骗大家的，因为这是一个小小的测试。

你扶起摔倒的男孩，问他："如果不制止，知道结果怎样吗？可能有人会从你身上踏过。"

孩子点点头。现实就是这样严酷。

"你们要去抢什么?"

"到哪里去抢?"

"真的可以抢吗?"

"为什么不问清楚就深信不疑?"

"从'听'到'做'之间有多远的距离?"

一连串的追问,让这帮闹腾的孩子哑口无言。

于是,你讲起那两天正兴起的抢盐风波,讲起日本人在地震中的淡定自若,讲起两国国民素质的悬殊,讲起未来竞争的落差……

原来我们的不自信,缺乏安全感,是从小就开始的,是深藏在骨子里的。

你不怪孩子们的盲目和冲动。他们已经习惯于跟风,习惯于看大人的脸色行事,习惯于三人成虎自己不用动大脑。这兴许就是祖祖辈辈历经的苦难积聚起来的记忆,让年幼的他们经不起一点风浪兀自乱了阵脚。

这是一个公信力尽丧的时代,对于未来,大家都没有把握,没有信心,很无奈也很正常。当背离常识太久,我们过的都是挺扭曲也挺憋屈的日子。

可是,大的环境不变,小的环境可为。你告诉孩子们,我们从听到做,中间要经过一次想的过程。我们要"听—想—做",而不是"听—信—行"。

你那么迫切地希望,希望最好的国民素质公民教养,能够从这些孩子身上开始。

❁❁❁❁❁

都说"一切皆有可能",可是大人们总是喜欢太早下结论。

如果一个孩子有些顽劣,就被贴上恶劣的标签,这就像图画书《你很特别》里的微美克人一样，只要看着他不顺眼，根本不需要为什么，就给他贴上灰点点，让人永远抬不起头来。

当孩子还是小种子的时候，你怎么知道，他会长成什么？

当孩子还是小种子的时候，你怎么知道，他会开什么花结什么果？

在花开之前叶出之前，埋下的是什么种子，你们不知道。所以，要等待，而等待需要你有足够的耐心。

你曾见过邻班一个胖胖的小男孩，他是年级里很有名的调皮蛋，你几次看到他在老师的办公室里像火山爆发一般大发雷霆，声嘶力竭地咆哮，歇斯底里地拍桌子、摔铅笔。暴躁脾气就像脱缰的野马，难以约束，总是时有发作，他也无法控制自己的行为。曾经有一次，他要把你们班的女生逼进男生厕所，当时有一个男生刚出面阻止，鼻子就挨了他一拳。

所幸，老师耐心友善，不到一年的时间，你还是能看到他的行为在慢慢改善。

那时，你正好种了一些小小绿植，每天都要拿出来晒晒太阳，每当你拿出小种子来晒阳光时，他总会津津有味地趴在那里看啊看，一趴就是很久。

看着他趴在地上翘着肥肥的屁股的样子，你能看出他的顽劣吗？你能说他会永远顽劣直到不可救药吗？不要过早地给孩子下定义作结论，就像过早地告诉大家盆里埋藏的是什么种子，那是一样的粗率和冒昧。

等待吧，耐心等待，给他水、给他阳光、给他时间。甚至像青蛙和蟾蜍在《花园》里一样，给他唱歌、给他读诗、给他灯光、给他音乐。给小种子需要的，他会长成很好的样子。

＊＊＊＊＊

偶尔让孩子挑战权威，重建规则的威严

每到期末，总会有一些语数英之外的科目被"挤用"或"霸占"，因为这些科目一般都提前结束了该学科的教学任务，剩下的时间往往都是交给孩子们自己找事做。

那次正是一个期末，过两天就要考试了。课外活动不约而同地停了，为了多上一节课，老师们争得热火朝天，这又是为了什么？

说白了，就是为了让学生多做几张试卷。

临近考试，老师心里总觉得这里那里有欠缺，巴不得一股脑儿把知识都教给学生。

因为头一天的体育课老师有事出差了，那节课原本大家要去操场踢球的，后来只能待在教室里讲评试卷。

紧接着这次的体育课，孩子们听说你要拿去讲试卷，大家都忍不住要生气了。

其实，他们已经提醒你几次了，既暗示过，也明确地说过，大意是欠大家的音乐美术体育课什么时候能还，你当时都没有明确回答，大家也不好再问，心里肯定是气鼓鼓的。

所有情绪都积聚在一起，就在这节体育课之前，大家开始激动起来，有人在走廊上喊着"体育课"、"体育课"，呼应的人很多，有意见的人还真不少。

上课铃响了，你照例走进教室，因为已经知道了孩子们满肚子的不高兴，为了平复下大家的情绪，所以没有急着上课，却在黑板上写了"牺牲"两个字，然后开始叽里呱啦地讲起来：

　　"一个人是不能鱼与熊掌兼得的，所谓有得必有失，选择就是这样无情，总得付出牺牲。即将期末考试的最后关头，你是愿意牺牲几节艺体课换取期末考出好成绩开开心心过大年呢，还是愿意牺牲可能的好成绩跑去上体育课？"

　　班上有些骚动，出现了两种声音，有的很见机地说要上课，有的继续发泄自己的不满。

　　有胆子大点的，举手抗议说："老师，你的话里有些威胁的意思哦。"

　　你愣了下，内心里对这样的勇气颇有些赞许，但还是说："不会呀，我不会威胁你们任何一个人的，如果你们觉得自己坚持要选择去上体育课，我不会反对的啊。相反，我会鼓励你们去上的，只要注意安全就好。虽然这节课是体育老师换了课的，他有事出去了，我是来给他代课的。"

　　马上有另一个孩子说："老师，有人说你在用激将法，你不让我们去，谁敢去啊？"

　　你赶紧撇清："不会不会，我怎么会用激将法啊？我会留在教室给需要上课的同学讲评试卷，愿意去操场的就自己去呗，我不会阻拦也不会责怪任何一个人的。我会尊重你们的选择。"

　　"老师，我有问题。"一位平时就很爱思考颇有自己独立主见的女孩举手了，"为什么你不带我们去上体育课？"

　　"快考试了，试卷比较多，怕你们做不完啊。"

　　"一节课的复习能学到很多知识吗？一张试卷就真的这么重要吗？"她很郑重地问。

　　"我知道你的意思，我也理解大家的想法。你可以选择去上体育课，对，我鼓励你去。记住——做出任何一个决定，都要顺从自己的内心，做自己心里想做的事，不要太过在乎别人的看法。班上其他人愿意去的都去，没关系，注意安全就行。"

"真的吗？好，我去！"女孩说完就起身向门外走去。

几个刚才下课时就喊得凶的，一看有人带头了，也立马纷纷起身：

"我去！"

"我去！"

有人甚至拍着桌子站起来，转身就往教室外走，小脸红扑扑的，眼睛里放着光，你能感觉到他们都像做了一件非常了不起的事，一个个都是一副英雄十足的神情。

哗啦啦，很快的，教室里一下子走了十来个。

你笑眯眯地看着，也没有多说什么，一点儿都看不出有生气的迹象。等想走的都走了之后，你继续讲评你的试卷。

事后，你果然没有批评离开的任何一个人，只是告诉他们，那节课你讲评的试卷如果有不会的，可以问同学，也可以直接来问你。

你也私下问过几个留下来的孩子，问他们为什么没有跟着去，是真的不想去吗？

他们告诉你，他们其实也很想去，可是一想到快要考试了，也不在乎这一节体育课，努力复习好，考完之后，再尽情地去玩，多好。他们还告诉你，真的很佩服这些走出教室的家伙们，想不到他们会这么勇敢。

你心里偷笑，这场体育课风波其实就是你蓄谋策划的，你正是期待孩子们有这样的表现：不迷信、不屈从，坚定自己的看法，捍卫自己的权利，维护规则本身。这只是在他们小学时代关于自由、民主和规则的小小演练，你希望等到他们长大了，面对这样或那样的压制，能想起这节课，能鼓起勇气站起来大声地说"不可以"。

✿✿✿✿✿

教室里总会有层出不穷的琐碎事，几乎时时刻刻纠缠着你，都需要你去解决，于是你的声音一会儿在这里响起，一会儿在那里出现。这就是做一位小学老师尤其是导师的现实生活。有两张对比很强烈的图片，形象地展现了老师的这一特点：

左边是一只羽毛温顺、文质彬彬的猫头鹰，右边是一只羽毛蓬松、凌乱不堪的猫头鹰。左边的文字描述说，刚上班时老师还是很斯文很淡定的，右边文字介绍说，快下班时已经焦头烂额处于崩溃边缘了。

做过老师的，看过之后无不哑然失笑，转而苦笑不已：导师就是灭火队员，哪里有险情就往哪里上。一天下来，无不筋疲力尽，在学校说的太多太累，回家之后，半点说话的力气都没有了。

有时你会对自己充满了怀疑："这样辛苦做老师，值得吗？"

更多的时候你在质问自己："什么事都要你亲自上阵，这样做导师也太失败了吧？"

所以，规则建立之后，班级自主管理，就成为你思虑的重点。

为此，你做了很多努力，有很多很好玩的尝试，现在回过头来想想，那些探索很有意思，也很有价值。

一二三年级时代，你推行的是"值日班长、义工服务"制度，根据班级各项事务的需要，确定需要服务的岗位，本着"事事有人管""人人有事做"的宗旨，鼓励全班同学自由竞聘上岗。一时之间，整理书柜义工、摆放桌椅义工、管理电源义工、清洁卫生义工、讲台义工、出勤记录义工、纪律巡视义工……纷纷涌现。同时，继续根据自愿原则，竞选"值日班长"，值日班长负责对当天全体同学全天表现进行巡视、督查、服务，填写好当天的值日记录，转交下一位值日班长。每周班会时间，进行点评，充分发挥班级主人翁意识，促进班级自主管理。

进入四年级之后，你提出了"班长组阁，班干自治"的概念，在一二三年级班级民主选举的基础上，你充分放权，除了班长和导师小助理由全班竞选，其他班干部由从竞选中优胜出来的班长自己组阁。

也就是说，你的班级管理要告别班主任老师指手画脚的时代，全班同学要对自己的选票负责，要对自己选出来的班长负责，班长要对自己的选民负责，对自己组阁的班干部负责。所有同学都可以去班长那里申报某一个管理服务角色，最后由班长裁定选用谁来担任，班长对此拥有最高权力，可以任命他，也可以罢免他。班长同时又担负最大责任，如果组阁的成员中有不认真执行班务的，班长对此要承担相应责任，将会遭到上届班委会成员的弹劾，如果很恶劣的话，班长应该引咎辞职的。

你把这些思路理清楚了，然后解释给孩子们听，孩子们对这样的新鲜事物充满了热情和好奇，虽说是一种班级管理的新尝试，你也要弄得煞有介事，专门刻了一个很大的印，上面写着"我是班长"。在班长宣誓就职的那天，你把班长大印郑重地交给了班长，等于将班级管理的种种琐碎一并交付了他。

班长没有那么好当，他得事先明确班干部的职责，才能招兵买马，组建自己的团队。看看四年级时H班长制定的《班干部工作职责》吧。

班干部工作职责

1. 班长

（1）班主任的助手，全面负责班级的纪律、学习、卫生等
　　工作。

（2）及时落实班主任、学校布置的各项任务，做好分工协
作，检查督促班委认真开展工作。

（3）及时向班主任反映班级学习、活动等情况。

（4）上课叫口令，集会前负责组织、整理班级队伍，并带
队入场，维持班级秩序。

2. 副班长

（1）是班主任和班长的助手。

（2）负责检查督促班委工作情况，并协助班长搞好班级其他
工作。

（3）协助学校管理好班级财产，维护班级安全。发现门窗
课桌椅、日光灯等公物受损，及时报告班主任。

3. 学习班长

（1）负责班级有关学习方面的工作。

（2）督促各科代表及时收交作业和登记，并检查收交和登记
情况。

（3）协助班长组织同学交流学习经验，主动关心和帮助学
习有困难的同学。

（4）收集同学对各科教学的建议和要求，及时向有关老师
反映，供老师教学时参考。

4. 卫生班长

（1）管好班级饮水工作。

（2）负责班级、卫生区的卫生打扫安排和检查督促工作。

（3）组织同学学习疾病防范等卫生小知识，同时，在疫病流行时，应负起预防宣传、班级消毒等工作责任。

5. 社团班长

（1）定期组织同学开展各种有益身心健康的社团活动。

（2）负责筹备举办有特色、有意义的主题班会、联欢会、节日晚会等。

6. 体育班长

（1）协助体育教师上好体育课。管好班级课间操和眼保健操。

（2）组织同学积极开展体育锻炼，定期组织班级性的体育竞赛活动。

（3）动员、组织同学积极参加年级或全校性的各项体育比赛。

7. 纪律班长

（1）负责好班级课堂纪律。对同学间发生争端，要及时疏导，严重事件要及时报告老师。

（2）检查班级或学校安全情况，发现存在不安全因素，应及时向班主任和有关部门反映，采取防范措施。

（3）负责班级安全工作，不在本教室上课时应关好门窗，锁好门。

8. 书柜班长

（1）管理班级书柜，负责书柜的整理及书籍的保护，发现班级书籍损坏的应及时修补。

（2）配合老师开展班级阅读活动，负责书籍收发。

9. 科代表

（1）收发好自己负责的各科作业本，登记好每科交作业情况，并及时告诉老师。

（2）主动关心和帮助学习有困难的同学。

从这个细致的职责分工里，你能看到一位很用心的男孩子，很努力地建立自己的团队，很认真地践行自己竞选时的诺言：

亲爱的老师，同学们：

有一个男孩，他活泼开朗，热爱集体；有一个男孩，他团结同学，拥有爱心；有一个男孩，他勤学好问，乐于助人。尽管他不是十全十美，但是他在不断进步；尽管他不是大家心目中最好的，但是他是最努力的。他虚心听取大家的意见，努力做好应做的工作。这个男孩是谁？就是我！

今天，很荣幸走上讲台，和那么多乐意为班级做贡献的同学一道，竞选班长职务。我想，我将用旺盛的精力、清醒的头脑来做好班长工作，如果今天大家支持我，让我成功竞选成为班长，我一定会进一步完善自己，提高自己各方面的能力。以饱满的热情和积极的心态去对待每一件事。我会认真干好班上的工作，在班主任与其他任课老师的领导下，全心全意为同学们服务。我会合理划分时间，在提高工作效率和工作质量的同时，也紧抓自己的学习任务，以高昂的热情去带动每一个同学进步。

请各位给我一个展示自己的机会。谢谢大家！

当班级学生自主管理团队以及各项规章制度建立起来后，你可以从班级各种琐碎中慢慢抽身出来，将更多精力投诸教育教学的研究，耐心辅导和帮助班长和他的团队。这样的尝试有些稚嫩，因为孩子们本就稚嫩，可是，民主的种子就此在孩子心中生了根。

✿✿✿✿✿

都说老师是"靠嘴吃饭的"，有时急火攻心，声嘶力竭，难免就会有"失声"的时候。

嗓子哑了怎么办?

于是你在黑板上写字跟孩子们交流。

这时，你才发现平日里嘈杂的教室出奇地安静。

由此，你得出了三个结论——

结论一：孩子们有时是很懂事的，如果他们遇到了一个很懂事的大人的话。

结论二：你的声音极有可能是他们躁动不安的来源。

结论三：你还要继续失声几天，希望这种安静能持续更久。

后来，你再带着他们玩了一次"没有声音的课堂"的游戏。

从进教室开始，你就在白板上写字告诉大家：这是一节没有声音的课堂，任何人都不能用嘴出声说话，也尽量不要发出其他的声音，如果想跟人交流，只能用纸和笔。否则就是犯规。

一节课下来，孩子们真的一句话没说，所有的心里话，全都交代在纸上了。

事后有孩子在小练笔本子上这么说：

这节没有声音的课堂，给我的感受是：

1. 体验了哑巴的生活，才觉得做一个正常人多好！

2. 用笔能"说"出生活中开不出的玩笑。

3. 不会的字都暴露了。

4. "说"出了烦恼，心情好多了。

5. 体会到了安静的力量。

6. 笑都出不了声，感到声音受到了限制。

7. 需要细思量，不像说话那样想都不用想。

后来，这招竟然被美术老师拿去用了，她告诉你，效果特别好，以前难免吵闹的课堂出奇的安静。

✿ ✿ ✿ ✿ ✿

在孩子的成长过程中，其实不怕出问题，怕的是找不到解决问题的巧妙方法，只知道用简单粗暴的方法来平息，这种生硬的方式，是镇压，跟教育无关。

有一次，你看到班级里各种乱象，忍住不发火，转而提到发奖的事。

你说，除了表现优秀的可以得奖，是不是还可以设计一些新的得奖项目，比如说：上课最爱看书奖，做事最拖拉奖，上课最爱说话奖，偷懒奖，不爱做作业奖……这些奖需要家长亲自过来和孩子一起领取。真要获奖了，不知你们的家长会作何想。

说到这里，教室突然变得极其安静。

他们怎么一下子就变得这么乖呢？

你想起有年在外地上课，在那次活动里，上午有两位名师上，效果很不好。下午轮到你了，你的一位作家朋友跟你说，如果你上得不好，他就直接上台把你拉下来。

你笑着答应了。

　　没想到上得不错，上完后，掌声雷动，作家朋友甚至干脆站起来为你鼓掌。当然，你也自然没有被他拉下台。

　　轮到作家朋友上台去点评时，他竟然拿出一张小纸片来读：

　　奖给非著名特级教师……

　　而你也真的上台去领奖了。

　　这段经历你很难忘。

　　特别的奖励总会有特别的震撼力。

　　只知道通过规范来压制，只会激起更大的反弹。有时需要换一种方式。

　　教育，就是要唤醒人，促进人，激发人，鼓舞人。让每一个人都能在你的眼中得到对他的赏识与肯定，他会更努力地去完善自己。

　　你始终相信，怀着最大的善意待人待事，眼睛就看到世界的美好，心中自然也会撒满阳光。

8 活动是最好的凝聚剂

　　丰富多彩的亲子集体活动，可以迅速密切亲子关系，凝聚家长，让大家找到归属感。

　　孩子在共同活动中确立自己的位置，获得完整的童年；家长在共同奉献中形成教育认同。

为什么我对他如此念念不忘

不仅仅是我，还有其他同学，以及我们的家长，提起他来，总是有说不完的话题。

难道他真的有什么特别之处，一直吸引着我们去谈论他，去怀念那段好时光？

他给我们讲过一个故事。

从前，有一位大巴司机，以前在老家开着大巴，将一拨拨孩子送到一个个站点，然后重新出发。因为在老家开得还好，觉得需要一个更广阔的天地，就从乡村开到了城市，来到了深圳。接送了几拨孩子以后，就遇上了我们。

一开始，我们就像一大帮乘客，从各个幼儿园小车上下来，心怀忐忑或者兴致勃勃地来到他的车上，大家彼此不识，相互陌生，车内的气氛有些沉闷。

他倒是很热情，建议我们说，一起来表演个节目吧，表演什么呢？就表演绘本剧。

那时大家都不知道"绘本剧"是什么，甚至连"绘本"都是第一次听说。但是既然心念已动，就开始忙碌起来，大家也都热络起来，每个人主动露出自己显见的或潜在的特长，大巴车上的气氛活跃了很多，第一次玩得就很开心，尝到了甜头的"乘客们"又开始酝酿着下一个节目……各种活动让大家一次又一次坐在了一起，这辆大巴一路开开停停，却不是埋头直奔终点站而忽略了沿路的风景。

一开始，大家以孩子的名字相称，某某妈某某爸，喊得响亮，都把自己真实的身份隐藏在身后。后来，开始简化这样的称谓，虽然还是会有我们的影子，但是因为嵌入了我们名字里的某一个字而变得越来越有趣也更显亲近：

yue父、yue母，yun父、yun母，qi父、qi母，qiao妈，zhu爸，hou爸、hou妈，tong父，tong母……

在这辆大巴上，大家时不时坐在一起，大人玩大人的——喝酒吹牛，品茶聊天；我们玩我们的——追逐嬉闹，快乐游戏。节目也很丰富——时而骑车野餐，时而远走滑雪；时而天文台观星，时而碧海边露营……

我们大多是独生子女，兄弟姐妹就一人的日子原本很孤单，因为他召集了各种丰富的活动，我们可以走出家门，找到志趣相投的玩伴，化解了童年的孤独。

虽然途中偶尔会有人下车，换乘其他车辆，这原本是件正常不过的事情，大家竟然执手相送，泪眼蒙眬里全是不舍意与祝福情。

这是一趟不短的行程，他的这辆大巴里，装着一车的欢笑一车的歌声。

这个故事是他在一次班会里讲起的。

那时正是学期结束，很多孩子暑假要分别，还有人下个学期就要转学，大家似乎都预见了这样的结局——每个人都有自家的教育规划，都会有这样或那样的选择与离开。为了让我们能够接受这样的分离，他努力疏通我们的情绪，就讲述了刚才的那个故事。哪里知道，他的话还是让人泪流满面，眼里全是不舍的泪花。有人提议不如去快乐地跳大绳，于是我们全班都来到操场上，在别的班级朗朗书声中跳起了欢乐的大绳来。

❈ ❈ ❈ ❈ ❈

跳绳，是我们班的一大亮点

他总是带着我们做各种体育锻炼，其中就有跳绳。

一开始，我们是跳小绳，他鼓励我们每个晚上跳半小时，说这是一个科学实验，以此检测下传说中每晚跳绳可以增高的说法是不是正确的。

后来他又给我们买来大麻绳，全班一起跳。

再后来，他看我们跳得好又跳得起劲，专门买来竹节跳绳，让我们自己练习花样跳绳。我们一下课就兴冲冲地跑到空地上，练起跳双绳来。

从那以后，我们只要有空，就在操场上、空地上排着长长的队跳大绳，每回都引来楼上楼下的围观，我们就在别人羡慕的目光里，在啪啪啪甩动的绳子里娴熟地蹦来跳去，这显然已经成为全校最抢眼的风景。

也就是从那时起，陆续有班级下课后像我们一样集体跳大绳、花样跳绳。我们无意中掀起了学校的跳绳热。

他让我们坚持跳绳，自己也绝不闲着。听他说，每天回家都要跳几千个。从两百起步，到后来的几千，从不间断，一直攀升。我真的佩服他这种说到做到的魄力。

他锻炼了自己的身体，也给我们树立了榜样。

❀ ❀ ❀ ❀ ❀

都说他的点子多，一个接一个，我总觉得他没事就爱琢磨着弄点事出来折腾折腾。

"玩心重"、"孩子气"，这是我对他的评价，估计接触过他的人都会有类似的感觉，是不是射手座的都这样呢？

有些主意真亏得他想出来，母亲节，他可不是要求孩子给妈妈洗脚，他的脑袋瓜里藏着更坏的"馊主意"——护蛋行动！

方法其实很简单，每个人早上起床时，找来一个生鸡蛋，不管你用什么容器去装，必须做到蛋不离身，身不离蛋，你走到哪里，就得将鸡蛋宝宝带到哪里，看看谁的蛋宝宝能完好无损地坚持到一天结束。

这当然只是一个游戏，是他发起的众多活动之一。

但是，这个活动一开始就很惨烈。

一个鸡蛋到底有多少种破法？若非经历，你绝对想不出几种来。

我们的护蛋行动才开始，就已经诞生了不下十种破法。不是想出来的，是误打误撞碰上的。

破法一：出师未捷身先死

地点：车里

经过：兴冲冲要开始护蛋行动，周五酝酿，周末准备，周一一大早就要出发，毕竟是第一次，毕竟是脆弱的小东西，毕竟有些紧张，很小心地将蛋宝宝放在口袋里，刚上车，一坐下，吧嗒，碎了。这还没到学校才刚刚出发呢，悲痛欲绝、欲哭无泪啊。老实的F同学只好强忍悲伤、老老实实地继续去上学，口袋里装了一个碎了的鸡蛋……

破法二：他杀

地点：教室

经过：到了教室，大家都拿出自己的蛋宝宝秀给别人看，上面有的精心画着可爱的笑脸，还写上了自己的名字哦。这Y同学，估计是看Q同学画得很好看，迫不及待地拿去玩，一个不小心（很多事情，就是这个不小心给弄坏的），坏了……肇事者一脸尴尬的笑容，受害者哭丧着脸。幸好Q同学性格还好，一番劝说一顿道歉之后，倒是没怎么去怪罪Y同学，这才没有由一个鸡蛋引起什么案子来……

破法三：撞碎

地点：走廊

经过：S同学的鸡蛋在他精心的呵护下，保护得很好，蛋壳上画的笑脸还在可爱地笑着。因为要随身携带，贴身保护，所以S同学吃饭睡觉上洗手间都要带着。一下课，S同学小心翼翼地捧着鸡蛋往卫生间走，正到办公室门口，一个高年级的男生骑着龙板从背后撞了过来，眼睁睁地看着S同学摔倒在地，眼睁睁地看着鸡蛋从手中滑落，眼泪汪汪地看着蛋黄洒了一地……等老师得到报告赶去现场时，大男孩很抱歉地走了，S同学很无辜地看着大家一脸的委屈："我这么小心，怎么还是保护不好？别人从背后来撞我，我哪里知道……没法子，这就是人生啊。"

破法四：自杀

地点：教室

经过：Z同学很得意地告诉大家，他只用两个塑料袋，就能把鸡蛋保护好，特别是看到别人的鸡蛋一个个牺牲之后，他得意地说，他的鸡蛋目前"情绪稳定"，根据现在的趋势和感觉来看，保护到下午是没问题的。

这牛真不能吹早了。第二节课后还能这么说来着，第三节课就风云突变。这不，一下课，Z同学急匆匆地赶到办公室去告诉老师——坏了，鸡蛋坏了。大家正纳闷呢，不是说坚持到下午没问题吗？仔细一问，才知道是上课时，鸡蛋在抽屉里滚来滚去，最后，一不小心掉到地上，碎了。老师打趣道："这鸡蛋没脚啊，怎么这么不老实？"Z同学恨恨地说："鸡蛋是圆的，所以才滚来滚去。看来，这鸡蛋在他的抽屉里闷了太久，情绪发生变化，干脆跳桌自杀了。"

破法五：被杀

地点：讲台前

经过：应该承认，W同学的蛋宝宝保护措施做得很好，她直接把它放在俄罗斯套娃里，里面还垫上了一些纸片，这样该万无一失了吧？难怪Z同学抗议，说怎么可以放在套娃里呢，这样保护太多了吧，于是他就宣扬他只要两个袋子照样能把鸡蛋保护好云云。可要说安全，还真是没有绝对的，任你Z同学怎么得意，鸡蛋在袋子里装着(那多闷啊)，还拿在手里挥来挥去（那多晕啊，人家后来不跳桌才怪呢），最终还是逃不了鸡飞蛋打的悲惨命运。W同学这么严严实实地保护着，外套娃内纸巾的严密呵护，只是因为被英语老师找到讲台前罚了一站，罪魁祸首当然是套娃里的蛋宝宝了——连上课都要检查套娃里的蛋宝宝是否安然无恙——所以它也一起被罚。就在某一个不经意的瞬间，另外两个被罚的同学碰到了套娃，套娃直接掉到地上，裂开了，蛋宝宝呢，没有幸免，惨遭破碎的厄运……W同学估计快要哭出来了吧？肇事的Y同学Z同学忙不迭地掏出大把纸巾，在地上擦啊擦。即便你再怎么用力擦，也只是擦去了地上"作案现场"的痕迹，却擦不了W同学"智者千虑必有一失"的懊恼与悲伤……

破法六：随随便便就破了

地点：教室

经过：上过早操回来，教室里的破鸡蛋又多了几个。你说小D吧，听她妈说，蛋宝宝上写着"鸡蛋小Q"，还画着一张俏皮的小脸，这么可爱的蛋宝宝，哪里舍得碎啊？可是她就那么随意地装在一个装糖果的袋子里，这保护措施做得也太简单了，而且，到了学校以后，就那么随便放在书包的一侧，你以为这是铁蛋啊？果不其然，没过多久，就有人说，小D的鸡蛋在地上。咦，怎么放到地上了呢？人家弱弱地回了一声："我的蛋宝宝破了。"唉，这生命，也结束得太早了吧，一天的时间才刚开始呢，那可怜的齐刘海、红脸蛋、吐着小舌头的鸡蛋小Q带着未遂的遗愿直接"住进了"垃圾箱……

破法七：裂伤

地点：教室

经过：他发起的这场护蛋行动，其中的艰苦卓绝，是我们这帮疯了头野小子之前难以想象的。只要你一个不小心，重则蛋破，轻则壳裂。L同学告诉我，她的蛋宝宝只是裂了一点，幸好没破。原来，她的鸡蛋是装在盒子里，后来盒子撞到了椅背上，幸好，力度不大，没有造成"蛋毁盒亡"的严重后果，只是饱满的外壳凹进去了那么一点点……从此，L同学就时时刻刻将蛋宝宝握在手里，你说累不累啊？

类似的情况还有几例。R同学的也凹进去一些，他赶紧四处打听——这算不算破；D同学的开始只是裂了一条小小的缝，那时还很庆幸，也有点得意，可是后来听说，已经裂开了一条长长的弧线，这就很危险了。等到大家再次问及时，他已经一脸苦闷多时了……

一天过半，不知幸存者几何？即便有幸存的，到了晚上回到家，本想好好庆祝下，结果也是一个不小心，直接掉到地上，守护了一天的梦也跟着一起碎了。

破碎者自有它破碎的理由和各种故事，固然让局中人或捧腹大笑或泪眼婆娑，而我们也通过这样的经历，明白守护一个幼小的生命有多么不易，回想当初妈妈有孕在身，该是多么小心翼翼地保护着还在她肚子里的我们？至此，他的初衷纤毫毕现，而我们除了收获了对妈妈的深深感恩，还有对她深深的感谢。

❧❧❧❧❧

除了护蛋行动，在我的记忆里，学校每学期一次的跳蚤市场总是令人难忘。大家各出绝招各显神通，四处兜售自己的珍藏或者批发来的小货品，买卖吆喝，砍价还价，让我们好好地过了一次摆摊瘾。

要知当时义卖现场有多热闹，或许，从Z同学当年留下的小练笔里可以略窥一斑。

今天下午阳光体育时，我们学校举办了跳蚤市场。

我怀着激动的心情，抱着六只小乌龟和四盆小花走进了操场。

刚找到我们组的成员，六只可爱的小乌龟就开始引起了大家的注意，大群人围着我，不到一分钟，就只剩下一个空盒子了。接着，老师们又看中了我的花，那花长得很可爱，很快就被他们买去了。

这下子我发财了。

我们组Y同学的小本子也卖得很快，小小的，还能做便签，非常招人喜爱，我都有点不想卖呢！W老师也过来了，给她女儿买了盒2元钱的拼图，我真高兴，因为我们组又有收入啦！

现在我们还剩下一些布娃娃，可四年级的同学都不喜欢，于是我到一二年级那边去叫卖。运气真好，几个小女孩把所有的娃娃都买下了。我又向四年级的男生们推销起跳卡，开始时，遭到几个男生的拒绝，后来终于找到个想买的同学——可惜，是我们班的，但总算都卖出去了，我们很有成就感哦。

是时候去买点东西了，唔，没啥可买的，好东西都被别人买光了，我只买了个小玩具熊，一支笔和一个修改带。

跳蚤市场快结束了，我们有多少盈利呢？赶紧数钱吧。天哪！我们组一共有一百八十二元，这么多？我没做梦吧？太棒了，我们为班级做出了大大的贡献！

这次跳蚤市场真难忘啊！

字里行间，全是兴奋。

记得当时为了让我们写好小练笔，他也"下水"试写了一篇示范文，从他的文字里，那时情貌，看得更加真切。

热热闹闹的跳蚤市场终于结束，我们回到教室，数数一块又一块的纸币、硬币，为数并不众多的十元，还有那更稀少的百元大钞，再捡起一枚枚一角又一角，加起来，竟然有一千多！

聚沙成塔，来之不易，跳蚤市场里的故事让你捧腹，也让你肃然起敬。

这次通知姗姗来迟，大家没法做什么准备，都是仓促上阵。

要是事先预谋一下，策划一个什么方案，估计效益更高，笑意更浓吧，事后，我这么问自己。

孩子们自然是热情洋溢，依旧是公仔玩具图画书之类，女儿这次带来了奶奶在山上捉到的兔子。她一直不好好养，我早就准备取消她养护的资格了，一直思量着想找个下家的，这次机会难得，正好可以卖出去，所得收入，都交给班级做班级文化基金，用来买书想必是不错的。

果然，可爱的兔子引得孩儿们一上午都心神不定，Q同学厉害，早早地就跟女儿说好，要买下这只兔子，在跳蚤市场还没开始之前，就把这笔交易定下来了，女儿也精明，看大家都想买，擅自将价格上调了四块，变成三十四元了。

后来听说F同学也想要，而且出价五十元，还有两样玩具任挑选。面对这么大的诱惑，女儿很讲义气，仍然坚持要把兔子卖给Q同学。只是，只好对不起爱兔心切的F同学了。

W同学很有趣，带了四件小物件，却装在袋子里不会卖，总是像影子一样粘着我不放，我猜是他之前没有经历过这样的义卖活动，不知道怎么交易买卖，后来听说他没带钱，就借给他五块，他拿着这五块钱的本钱好一番折腾，最后不仅还给我五元，还上交给班上八元。这买进卖出，个中门道，当中精彩，一定有很多趣事，值得大书特书。

L同学带了一套《幻想数学大战》，都是九成新的那种，结果被人用二十块钱就收走了，一本才卖两块钱？比当当、京东都便宜啊！F同学W同学知道后，很不服气，要去将它们买回来，就找我拿了二十五块钱，到处找刚才那位得了便宜的买主，哪知人家不跟你玩这套，不仅不把书还给孩子，反而转过身将她们狠狠教育了一顿……

晚上回家听女儿说她用三张崭新的一角钱换回了L同学的另一本《幻想数学大战》，交易成功的原因是，L同学从没见过这么新的一角钱……

据说，女儿还替Q同学看了会儿摊子，居然也赚了五块钱……我说小朋友，你最后才交了二十六块钱给班级啊，你赚的其他钱都花到哪里去了啊？

Z同学最能干，面前摆着很多玩具，他就坐在地上大声吆喝："走过路过不要错过……"这种敬业精神专业态度令人叹服。

家长最能折腾。

Z同学的妈妈最是手巧，厨艺也高，提前在家做了很多鸡翅、鸡腿、鱼丸，摆起摊子吆喝着，其他几位能干的妈妈一起来帮忙兜售，场面甚是壮观，小摊前一度拥堵，连两块钱一杯的饮料也卖得飞快……

H同学的妈妈不甘示弱，索性牵出长长的插线板，搬来自家买的棉花糖机器，就在操场一侧做起棉花糖来，只要看到后面排着的长长的队伍，就知道这个主意有多棒、生意有多好。可惜的是，机器偏小，做起来很慢，加上收费便宜得让我吃惊——一个棉花糖只要两块钱，所以忙碌了一下午，才卖得三十多块钱，性价比不高，真不划算啊。

还有的妈妈买来很多冰激凌，在这热火朝天的义卖现场大卖，它们还没来得及融化，很快就卖掉了。

D同学的小姑自制的食物也很快脱销，这足以让D同学可以安心去排一下午的队等着吃棉花糖了……

Y同学的妈妈烘焙的糕点一下午没人买，让人有些郁闷，她干脆帮着H同学家做起棉花糖来，这里人气可真旺啊，全场就一家卖棉花糖，深得这些小吃货们的欢心啊，可是，你们俩咋不把定价往高里拔一拔呢？

X同学的妈妈最先来，她迅速帮助孩子们摆开地摊兜售玩具……

还有很多同学的爸爸妈妈赶来助阵，有钱的出钱场，有人的出入场，组织维持清洁卫生照相纪念，大家不仅过了摆摊瘾，也圆了童年梦。

就这么一个纷纷攘攘的下午，就这样一处喧嚣不已的市场，人头攒动，钱来钱往，大人小孩好好过了一把摆摊瘾。

只是，如何钱进钱出，怎样才能确保利益最大化，怎么定价自己的商品，又如何去积极推销……其中的学问，还真的值得家长带着孩子好好琢磨。

教育至此，也算是用心良苦的了。

我清楚地记得，就在他写完这篇文章后的一年，再逢学校做义卖，那时起就不允许家长来校卖吃卖喝的东西了，形势看起来似乎不太乐观，可他愣是想出了一个让全校惊叹的主意——抽奖。

奖品是人见人爱的小仓鼠，只要出两块钱就可以抽一次，抽到"谢谢你"，表示没希望；抽到"恭喜你"，就可以把小仓鼠带回家了。

广告牌做得很卡通，也很抢眼，一只可爱的小仓鼠用圆乎乎的眼睛看着你，旁边写着："主人，请把我带回家吧！"真是我见犹怜。牌子的背面还有两句话："两元钱，抽一次。"

形式这么新鲜，奖品如此可爱，很快地，他那边就排起了长长的队伍，我亲眼看到很多小手满怀欣悦地伸进装纸券的箱子里去，大多一脸遗憾地离开。也有中奖的，欣喜若狂，引来一群羡慕的目光。只是眨眼工夫，就赚进了八九百块！真是一本万利。

这时你不得不服，他的创意总是那样精彩。他总能另辟蹊径，别人不敢想或想不到的，他竟然都付诸实现。

✦✦✦✦✦

和跳蚤市场上的热闹有得一比的，当是中秋节做冰皮月饼和冬至节包饺子了。每到这样的传统节日，他总是要吆喝着一帮热心能干的家长，备好材料，带上锅碗瓢盆来到班上，我们就分成若干个小组，排好桌椅，洗净双手，每组由一两位妈妈带领着，笨手笨脚却热火朝天地干起来，教室里一片快乐祥和。吃着自己亲手做的月饼、亲自包的饺子，那个香那个美啊，自不待说。放学的时候，一个个肚皮撑得圆滚滚地回家去。

后来，他提起过一个家长课堂的计划，计划的名字是"遇见未来的自己"，他这样跟我们以及我们的家长说：

我们的教育应该有开阔的视野，开放的胸怀，开朗的态度。

孩子的年龄已经到了两位数，开始对社会多些认知，对未来有明确的期许了。

孩子的家长都事业有成，从学校毕业到社会打拼，已经有鲜明的职业背景，以及个人特色。

我希望开拓一个课堂，提供给我们的家长，让他们以职业人的身份进入，充分展示他在某一领域里的成就，谋划其中可以带给孩子的体验活动，让孩子获得职业初体验，虽不出户，照样领略各行各业的精彩。在此过程中，获得自己的职业期许，为人生设计贴近自己的目标，走好未来的路。

故要求如下：

1. 家长——根据自己的特长与职业特点先报名，然后做好规划和设计，欢迎整理出文字稿或者幻灯片，要求形象生动，贴近孩子实际，易被孩子接受。需要孩子提前准备的请预先告知。觉得自己没有什么可以展示的，欢迎报名做摄影摄像义工，也可以讲述自己的童年故事。

2. 学生——珍视每次家长课堂时间，穿着得体，认真倾听。现场可以摄影，可以笔记，周末写好一篇小练笔做纪念。

欢迎家长自己报名建立课程。多一个家长参与，孩子的世界将多一分精彩。

他还做了一个大致的规划，不同职业、不同特长的家长可以设计参与不同的课程，例如W同学的爸爸是健美操教练，他可以带我们做健美操欣赏与户外活动训练；L同学的爸爸是著名的理发师，他可以带着工具到班上给我们现场理发；D同学的爸爸是平面设计师，他可以来展示他的平面设计是怎么回事……开花店的妈妈可以来讲插花艺术；美籍妈妈可以来讲英语故事；烘焙达人教我们做小点心；摄影达人讲如何设计光与色；爱美的妈妈教我们如何扮靓自己……

课堂是包容的，教室是开放的，我们能从五花八门的职业里增长见识，也从各种职业风采中找到自己心仪的那一项，让自己从小有一个美好的向往模糊的目标，这既是他所说的"职业初体验"，也是我们对未来的期许吧……

可惜的是，我只是听完几节英语故事课后，就放假了。然后我转学走了，不知道这项了不起的计划最终实施得如何。

❧ ❧ ❧ ❧ ❧

在我有限的理解中，我们做学生的不应该只局限在教室里，还要走出教室走出学校，来到更为广阔的自然和社会。这点启发，应该说，就是从他那里得到的。

我总觉得他另类、特别，是因为他显然不是一位应试名师，只知道带着学生做题做试卷，每节课前十分钟听写或者做一张小测试，每周一考，每单元必考，考不到九十五分以上还要再考，直到达到这个数字才予以通过。他不会动不动就打电话给家长，把家长喊来一顿训斥：孩子的作业为什么没做完，这次考试怎么才九十八分，为什么不穿校服不戴红领巾……如果教育只剩下这些，如果家长老师的眼睛只盯着这些，那我们的童年无疑是悲惨的。

他显然有些不同，不知是他不忍心，还是不屑于去做这些。他热衷于组织我们去公园放风筝、野餐、骑车、踢球、游戏，去山上爬树、探险，去海边捉螃蟹、拔河，去农家菜园摘菜、野炊，去观星台看月观星、赏日出，去科技馆游览体验……各种有意思的亲子游戏亲子活动，让我们的童年不孤单不乏味。

丰富的活动不仅让我们开阔了视野，开朗了心情，也让我们一次次走在一起，相互之间更多接触，更多了解，更多亲密，我们俨然是兄弟姐妹。对他来说，应该乐于看到我们因此有着强烈的归属感吧。

在每年一度的田径运动会上，这一点，看得分外真切。有文为证：

小G哭了。

小G是那种看起来憨憨的男孩子，块头大，肉乎乎的，一般来说，不会轻易掉眼泪的，或许在他看来，男孩子动不动就哭，那还叫什么男孩子？

　　小 G 最近很勤奋，作业完成得比以前好了，得到了老师的赏识，迅速提拔为组长，专门收语文作业，虽然他的作文不是很好，但是却很积极地去批阅组员的日记，虽然他不懂老师的意图，但是他能感觉到老师在肯定他、鼓励他、看好他，所以小 G 更加努力。

　　前些天的运动会上，小 G 就很努力过。以他的实力，当然是参加实心球比赛，第一掷，小 G 就扔出了老远，后来虽然老师同学们在使劲加油，老师甚至也讲解了几个动作要领，甚至说"威胁"得不到第一就去不了长白山滑雪的话，小 G 还是没有超过第一次的水平。然而要感谢别人的"谦让"，小 G 还是得到了一枚金牌。他将这归结为老师的指导以及好友小 F 的鼓励。小 G 高兴了一个星期。

　　一个星期以后，因雨拖延了一周的运动会再次开幕，有他的好友小 F 的比赛，小 G 继续高兴地去为他加油，他想和小 F 一起戴着金牌满校园晒威风吧。因为他知道小 F 太强了，年级里没有男生敢跟他 PK。60 米第一，100 米第一，跳远第一，这次他又被安排参加了跳高。一定也是第一的，小 G 乐滋滋地想。

　　可是小 G 哭了，因为小 F 哭了。小 G 是陪小 F 一起哭的。小 F 被个子小小的小 L 打败了，只拿了一块银牌。看着这对憨憨的小男人抱头痛哭，他们的男老师也快哭了。

　　男人有泪不轻弹，小 G 今天又弹了一次。

　　其实这不能怪他的老师的，从昨天到今天，从读课文到板书生字，老师是从第一组第一位开始开火车轮流来的啊，昨天集中在小 G 你那边，今天自然要到另一边。

　　可是小 G 很积极啊，他想上台去板书啊。他觉得，自己以前朗读课文时被老师表扬过，实心球也是拿金牌的，今天我想展示下我写字的能耐，你总是让三四组的孩子上台写生字，怎么就不给我们机会？这太"没得"了！昨天阳光体育的时候，老师你只让我们比赛跑一百米，我的实心球的水平怎么显示啊？是因为你后来看到我垂头丧气的样子，说以后还要比赛跳高、跳远、实心球，我才握拳低吼了一声"耶"，脸上才露出了笑容。可是今天，你竟然不给我机会上台，我，我就只有愤怒地哭了！

小G不禁哭得很伤心，还握着肉肉的拳头砸了一下桌子表示内心的不满，同学们都笑了。老师也笑着向小G解释了为什么没叫到他。

小G的可爱就在这里，头脑一热，就不由自主了。那次消防演习，跟大家说好了，防空警报响了以后，出教室门一律往右边跑，大家都信誓旦旦地说记住了。小G，你点头的幅度很大哦，你那样子，好像比全班人都记得牢啊。可是，警报一响，全班人都往右跑，怎么就看到你一个人急匆匆地往左跑，还一头撞在柱子上了呢？

不要哭了，下次我们一起去扔实心球好吗？

你想想，一个班级是由这样的家伙组成，该有多欢乐！我们对生活的留恋和喜爱，不是多高的分数，而是身边的伙伴。这点，他比我们更明白，所以才努力让我们在课余通过活动增加接触、深化友谊。充满欢笑的各种活动，成功地带给我们一个温暖、安全、有爱、值得信赖和依恋的伙伴群体，可以让我们安静无忧地度过快乐的童年时光。这是童年最为珍贵的财富，值得我们今后不断回忆，反复提起。

他给了我们开阔的视野、开放的胸怀，也给了我们一个完整的童年、欢乐的孩提时代。

✿✿✿✿✿

对教育的理解和实施，需要家长的认同和支持

你需要告诉家长，童年的书包里不只是教科书，不只是试卷和练习，还要有一个丰富开阔的世界，就像孩子将来遇见的人生。

你选择了在大型家长会举行之前，先做一些小众的聚会。你将班上的家长按居住的片区分成几拨，然后觅一处幽静所在，和家长们一拨拨地"约会"。

优雅的环境，不多的几个人，大家聊教育，聊自己，聊孩子，聊人生。心平气和，舌灿莲花。你们迅速地相互了解，也彼此尊重。你耐心地听每一位家长说，你也表达自己的观点。最后，对于童年，对于孩子，对于阅读，对于教育，你们总能达成共识，他们对你今后的活动都表示支持，你有什么创意，什么点子，他们都争着提出完善的建议，也主动提出自己可以参与其中担负起哪些职责。

人与人之间要保持最大的善意。

家长对学校对老师、老师对学生对家长、学生与学生之间都该如此。

怀疑、猜忌、嘲讽、咒骂、怨恨、报复只会害人害己害孩子；

相信、理解、宽容、赞美、真诚、友善却是成长中的正能量。

这是你最朴素的认识、最根本的态度。

你肯定他们，鼓励他们，感谢他们；他们也认同你，支持你，感谢你。你看到了他们的信赖，他们也看到了你的真诚。

你们下定了决心要煮一锅美味的石头汤。

如果说，这算是一种小型的家长会，那么在几拨家长约会完毕之后，再召集全班家长一起开会，你的观念更容易为在场的所有人接纳，你的建议和举措也更容易为大家支持。

做一个聪明的班主任，做一个真诚的教育者，做一个有思想的领路人，做一个爱折腾的老师。

你要在童年的天空涂抹五彩的云霞。

❧❧❧❧❧

还记得某天下午，你带着女儿坐地铁去市民中心广场参加"纸箱城市里的故事时光"，孩子们在新锐建筑师的带领下，分组编号，热身游戏，在几个妈妈的引导下，用纸箱搭建城市里的图书馆。很快的工夫，阅览室、展示台、故事屋纷纷落成，孩子们可以坐在垫子上，听故事妈妈讲故事了。

就像下午的那一阵暖阳，这是一个纸箱城市里难得一见的故事时光。这样的活动吸引了很多人的关注和参与。那么多的家长带着孩子穿梭在纸箱之间，享受着一下午的悠闲和快乐。

最为难得的是，这个活动是要让孩子参与进来，他们搬动纸箱，搭建图书馆，参与故事会，做做小义工，这是一次弥足珍贵的户外经历。

现在的孩子真是可怜，无论假期还是平时，大凡课余时间，不是在上补习班，就是在去补习班的路上。虽然谈论起补习班，一个个都深恶痛绝得不行，可是，总有那么多的家长，交起钱来毫不含糊。生怕孩子不能拔尖，生怕孩子没有特长，生怕孩子考不进名校，生怕孩子没有未来。是啊，各种担心正是没有安全感的表现，有一种比较普遍的观点就是成绩好的都是在课外班里花大价钱用大气力砸出来的，不这么做，孩子就没有好的未来。

成绩好的孩子才是好孩子，上名校就是成功的标志。我们对孩子的判断似乎就只剩下这一种标准。当成功学满社会汹涌，急功近利像瘟疫一样弥漫，恐慌纠结着每一个家长的心，于是，再清醒开明的头脑在坚硬的现实面前也会手足无措、迷茫困惑，最后缴械投降，乖乖地随大流而去。

你眼睁睁地看着孩子们课外学这学那，似乎要努力去抓住某根救命稻草。殊不知，知识是建构出来的，能力是锻炼出来的，见识是历练出来的，情怀和气概，是在经历中培养出来的。可是，因为年级升高，应试的压力陡然显现，家长们对平素的活动已经不再有往日般高涨的热情了。家长和孩子都被逼上了一条不归路。你能看到能想到，却只有无奈，大家都无奈。

无论是老师，还是家长和孩子，终日纠缠在试卷之内分数之内，是多么悲催的人生。

如果只是知识与技能性的学习，孩子永远是在单兵作战，因为目标单一，他的眼界很难开阔起来，更难有大情怀大气魄。反之，经常参与各类创意活动、公益活动，此时的付出让他收获被需要的尊严和价值，这样的经历，给孩子搭建的是另一种世界。

儿童正在成长，因之拥有了无限的可能。如果只是在试卷、题集里摸爬滚打，那意味着只有一个方向和一种可能。只有当孩子走向广阔的天地，经历丰富的生活，才拥有开阔而厚重的人生。

我们想给予孩子的，不正是如此吗？

就在那天活动结束以后，你带女儿和小D去吃徽菜，然后在一家餐厅门前坐秋千，看着她们嘻嘻哈哈地从石子堆里挑拣奇异的"宝石";回家的路上,她俩耳朵里一人塞着一个耳机听民谣歌手川子的《春天里》……偶尔会有拌嘴争执,但是很快和好如初,继续听音乐,继续往家走。

你就走在她们身后,你和她们走在一起,突然觉得这样的日子其实很美好。

🍀🍀🍀🍀🍀

和孩子们在一起的快乐,远比你在成人世界里获取的更丰富更单纯。

回顾和他们在一起的点点滴滴,你当然会想起义卖时光。

一个学期一次的跳蚤市场,显然已经被孩子和家长们摸清了行情,什么东西好卖,什么东西滞销,大家已经门儿清了。你要想卖出好的价钱,获得丰厚的盈利,不按消费者的喜好来出招是不可能的。

这里才是真正的市场经济。

你女儿卖兔子的故事已经被很多人所知,大家都知道小动物在跳蚤市场上特别走俏。Z同学的妈妈带来五六只小小的乌龟,眨眼工夫就脱销了,那么可爱的小家伙,谁看了都心生喜欢,一只进价两块零售十块钱大家也不嫌贵。

相比之下,X同学带来的三只乌龟就大多了,似乎也无人光顾。

显然不是没人买,而是店家不会做生意:你带着三只大乌龟却缩在众人的背后,谁能留心到呢?除非你能像H同学的妈妈那样摆起一个电热锅烧烤,羊肉串的香味满操场飘溢,想低调也难,想不热卖也难啊。

于是你张罗着将三只乌龟带到了最前排,开始大声吆喝起来:

"乌龟！大乌龟！只剩三只，最后的机会了！"

这做生意当然要诚信，乌龟是真的，你的广告词带点修饰应该没问题，消费者的心理就那样，只能顺势而为。

这时走来你以前的一位学生，她过来搭讪着说："这是米切尔·恩德的小说《毛毛》里的那只乌龟卡西欧佩亚吧？"

瞧，爱看书的孩子想法就是不一样，你灵机一动赶紧更改广告词：

"乌龟，乌龟，快来看从童话里爬出来的乌龟！看过《毛毛》吗？这就是小说里的那只乌龟卡西欧佩亚！"

可是有三只乌龟呢。你干脆把另外两只也都给命名了，一只是"犟龟"，一只是"花背小乌龟"……

还好还好，不用你多解释，陆续就有人来问价了。你见光顾的人多，于是心一狠，开价二十元一只，最后三只了，咬定价位不放松，既不涨价，也不让价。错过这村就没这店了……

成功推销完乌龟之后，你再转战其他小组，他们带来的吃的喝的卖得正欢呢：鸡翅、鱼蛋、巧克力饼干、三明治、爆米花、可乐、凉茶……隔壁也是卖吃的，食品更丰富。你打趣说，这是把"七十一"都搬过来了。

延续以往的经验，大家都知道饮食类的东西最受热捧，所以今年的跳蚤市场处处飘香。贪吃的孩子们啊，管不住自己的嘴巴，你也跟着殷勤地大声吆喝，为了招徕顾客，瞅见以前教过的学生就喊过来，很快将一罐子"老师做的"饼干卖光了。

大人卖力，孩子们也不闲着，Z同学带来的小鱼卖完后，继续兜售含羞草，没想到也很吃香。C同学她们组在摆摊卖公仔，你时不时都能收到她们反馈过来的信息："老师，我们赚了十块钱！""老师，我们又赚了十五块钱！"

W同学拿出了一块自制的牌子，上面写着"邻家小店"，颇有文艺范；D同学带来的明信卡片销路也不错；W同学的婆婆做的丸子非常畅销……

一个小时的义卖时光，在热热闹闹中结束，回到班级整理一大堆纸币硬币，收获满满。

结果，你们一共有1698块钱的进账，可以为班级购置一批很棒的新书了。

当你再去了解每个孩子具体的买卖情况时，发现他们早在跳蚤市场开市之前，就已经在班级里完成了很多交易。从小就经历这样锻炼，莫非个个都要成为商业大亨？

✦✦✦✦✦

盘点过去，最让你激动的，应该是东北滑雪之旅了。

还没到寒假，你们的心都被远方的雪给挑逗得寝食不安，连晚上做的梦都是白茫茫的一片。

之所以有这样的滑雪之旅，皆因为被孩子们称为"有求必应"爸爸爱滑雪（你们班上的爸爸都是典型的新好男人，积极参加你组织的每次班级活动，任劳任怨，有求必应）。他只是向你提到过这么一句"放假去滑雪怎么样"，原以为你会不感兴趣，没想到过了些日子后，你特地问他"上次说到的滑雪的事准备得怎么样"，让"有求必应"爸爸精神振奋、豪情万丈，专门飞去北大湖雪场，详细考察路线、周密部署滑雪冬令营行动，从而带出一批"雪孩子""雪大人"……

玩户外运动本身就是一件专业的事，在"有求必应"爸爸的指导下，你们准备了专业的滑雪服、滑雪镜、护脸、手套、雪地靴、长袜、吸汗T恤……各种装备反反复复检查过几次，确定万事俱备之后，再根据放假日期订好机票，然后，就剩下扳着指头数——到放假还剩多少天。

待到考试结束，放假伊始，一大帮人马立即拖着大箱子小箱子前往机场，直飞北大湖。

这究竟是怎样的一段旅程，看看孩子写的小练笔，大致就知道了。

开始篇

终于要去北大湖了！

我们这批人坐的是南航的飞机。坐飞机的时候，在天空上面哩！白云看起来像一个白白软软的地毯，我真想在上面打几个滚！中午饭到了，本来我要了一个牛腩饭，可是不好吃，就和爸爸换了，他的是鸡肉饭，好吃。其他的时间我在看电影。

长春到了。这个时候已经到了晚上，飞机开始降落，到了飞机场，我们看见了另一拨坐深航来的同学。大家终于在一起了。

我们坐在大巴上，我还可以看到一些雪，可惜不太多。最后到了酒店，我们住了一晚，就要准备去滑雪基地了，心里好激动啊。

吃饭篇

我和同学们一起吃饭，男孩一桌，女孩一桌，吃的都是东北菜。有我最爱吃的：猪肉炖粉条、拔丝地瓜、羊肉串……同学们都争着抢着吃，像几百年没吃过饭一样。

早餐最丰盛，有羊肉串，有面包，有白米粥小米粥，还有各式各样的饼干和咸菜……

生活老师把我们带到餐厅以后，我们就分桌开吃了！只有吃饱了，才有能量去抵抗雪地的寒冷哦。

滑雪篇

第一天上午，生活老师带我们来到了雪具大厅，找到自己的柜子，然后试鞋。我试的鞋刚刚好！

下午，我们要滑雪了！五个小孩跟着一个教练。第一次，我有些紧张，可我在教练的鼓励下，勇敢地滑下去了。

第二次和第三次，我都有了很大的进步，而且还当上了副队长。我们还坐缆车上到很高的一号道顶上，从上面慢慢地滑下来。第四次又坐缆车到山顶，还没下缆车，教练说来不及了，只好下去了。周围都是白茫茫的一片，我穿着雪服，从高高的一号道用犁式滑法S形滑下来。

礼物篇

第三天的晚上，生活老师领着我们去五星级酒店做小饼干。

我们开始做小饼干了。老师为我们准备了面粉和模具，我选了字母模型，然后我拿了一些面粉，再压一压，又用字母压在上面，把旁边多余的面粉抹掉，小小的饼干在炉里烤一下，就成了！

我们先在地下室玩了三十分钟，有的玩踢足球，有的玩打僵尸，有的玩打球。时间到了，老师和我们一起上去，我们的饼干烤好了，很好看，也很香很好吃！

老师又领着我们去爸爸妈妈那里，我一见到爸爸就跑过去抱一抱，我给爸爸吃饼干，还送他一张卡片呢。

这时，美丽的烟花点燃了，它们在天上眨眼睛。放完烟花，我们就回到温暖的酒店了。

睡觉篇

来到北大湖，生活老师带大家来到住宿区，我、W、Y一个房间。每个晚上，我们先洗澡，再洗衣服，然后看会儿电视，最后睡觉。

因为这是我们第一次离开爸爸妈妈，单独在一边睡，所以总觉得哪里不对头。我睡觉的时候心里一直有"鬼"这个字，在床上翻过来翻过去怎么也睡不着，心里想：天怎么还不亮呢？天要亮了多好！

我决定去找爸爸，然后我就乘电梯下二楼找爸爸。爸爸鼓励了我，我就勇敢地乘电梯上五楼去睡觉了。

从这以后，我好像自己长大了，再也不用去找爸爸了。

比赛篇

最后一天，我们学会了滑雪，教练就带着我们来到了滑雪比赛现场，排在队伍前面第一个的就是我。

我好紧张好激动。在我的面前插着很多杆子，有的需要绕过去，有的需要钻过去。教练说"1，2，3，开始！"我又钻又绕，又绕又钻，为了加快速度，我用雪杖不停地点着地面，飞快地冲向终点……

比赛结束，我得了第六名，奖品是一顶毛茸茸的狐狸帽子。我很开心，下次，我还想来滑雪！

总结篇

滑雪一共用了五天，告别北大湖，我们继续北行，来到哈尔滨看冰灯，去雪乡过年，去天津吃小吃，去北京爬长城、吃烤鸭、去天坛、去故宫……

但是，在我心里，只有滑雪最好玩！

我学会了犁式滑雪，对滑雪更有兴趣了，而且，我变得更有自信了。

你也想去滑雪吗？那我们下半年在北大湖再见吧！

幼稚的行文里充盈着激动和兴奋，你能看到一个孩子对这项极限运动发自内心的喜爱。

孩子们不仅学会了滑雪，还学会了挑战自己。

站在高高的雪道顶上，面前是蜿蜒绵长的雪道，两旁是丛生的树林，再看看脚底下30°到40°的坡度，看起来就像是笔直的斜坡，一股寒气直逼心头，好像一抬腿就要直滚下去，然后不知滚多远、不知要滚到哪片树林里才能停得下来，念及这些，想哭的心都有了。多少人抹着眼泪就是不敢下，要么脱下雪板走下去，要么转身坐缆车回到山下。没有高超的技术和足够大的勇气，是迈不出向前滑行的步子的。

第一年的冬令营，只不过五天时间，一群没见过雪的南方孩子，一群蹒跚学滑雪的小家伙，就可以从这种令人望而生畏的雪道上蜿蜒而下，这非凡的成就令大家欢欣鼓舞。

你还记得冬令营结束合影时，班上一个憨厚内敛的爸爸竟然离开众人视线，到一旁去悄悄抹眼泪。其实，那一刻，你的内心和他一样，涌动着大波澜。

孩子们第二年再去东北，选择了长白山，他们可以用平行式从高高的山顶上潇洒地滑下来，那情形，帅呆了。当年流泪的汉子，每天守在雪道出口处，呵呵地笑着看一个又一个孩子跟着教练从山顶上滑下来，滑下来，滑下来。

滑雪算是一项户外极限运动了，你们之所以念念不忘，很显然，是上了瘾。

能找到一项和自家孩子兴趣相投的活动，一起学，一起玩，即便将来孩子大了，有了自己的世界，你们还可以因为这项运动而在一起，想想都觉得很值。

孩子有专门的教练和生活老师照顾，家长们也就慢慢适应，然后放心地去玩自己的。你虽然没有请教练，但凭借你骨子里的冒险精神和还算不错的运动能力，加上你颇为自信的学习能力，竟然从零开始，学会了雪地行走、犁式、半犁式滑雪，第二年，你很快又无师自通地学会了平行式滑雪，并开始学点杖了。

大家都取笑你说你是从山顶上连滚带爬下来的，那只是刚开始学滑雪时发生的事，恰好说明你刻意挑战自己的决心。在你还没有学会犁式转弯的情况下，就敢乘坐缆车上到一号道的顶端，从陡而长的一号道下来，没有不怕摔的勇气和毅力，万万不能，即便是连滚带爬，却也促使你掌握下一个动作更有效率。因为你需要学会它，才能登顶，才能顺利滑下来。这一切，都是你没有请教练，在旁边看着别人学，就偷学了那么一两招，然后一边观察一边琢磨别人的动作，自己慢慢领会的。

你是在滑雪中学会滑雪，在跌倒中学会不跌倒的。

当众人惊叹于你娴熟的滑雪技术时，你不满足，还向高难度进军。你要学点杖，还要滑野雪。

你要用自己的努力为孩子们做榜样：不要害怕，不要让高度惊吓了你的脚步，我能行，你们也能行。

当你尾随着孩子们，从高级道呈S形蜿蜒而下时，内心的骄傲不可一世。

你想起了他们刚刚学滑雪的样子，那时他们还小，裹着厚厚的滑雪服，穿着一色的小马甲，抱着重重的滑雪板，嘎吱嘎吱踩着雪，一步一步走向训练场，那样子，像极了小企鹅。

不过是几天时间，他们就能在雪地上行走自如，飞驰而下，你惊叹于他们的学习力，这也激起了你好学好胜心。你们就这样彼此激励，共同进步，一起享受雪上飞的快乐。

于是，每年的寒假，就是你们最期待的日子。白天滑雪，晚上孩子们游戏，大人们把酒言欢，日子过得就像陈奕迅的那首歌——《稳稳的幸福》。

一年之中，一生之中，有过这样的光阴，是何等快意！在你们的身后，不知不觉，有了一拨又一拨的队伍，他们从天津，从大连，从上海，从西安纷纷赶去东北，追随你们——父母和孩子们一起畅享雪上飞的快乐！

❀ ❀ ❀ ❀ ❀

你就是这样爱折腾的，不是折腾分数，而是折腾生活

分数这个东西，你不会轻视它，但是也不会把它太当一回事。不就是应试嘛，你才不会把生活之舟搁浅在无尽的习题中，你不愿意在茫茫题海里沉没，更是鼓励年轻的老师们不要把自己大好的青春消耗在这种无聊无趣的练习中。考试之前突击一下，做几张试卷，熟悉不同的题型，教给孩子一些必要的应试技巧，足以应付考试了。只不过是小学呢，能有多少知识？你一直记得有位妈妈掷地有声的话语："给我一年的时间，我完全可以将孩子六年的功课全部补好！"

童年的林子里，要开各色各样的花。

童年的箱子里，先装大石头，再装小石头，最后才是沙粒。这个顺序错不得，所以你带给孩子们的是大快乐、大情怀、大格局，而不是一头钻进应试的泥沼。

你深知在小学时代用力过甚就像长跑运动员一开始发力过猛，到后来一定力所不逮气喘吁吁失去领先地位最后居于中下游，你反感"抢跑"式的各种课外培训，当然也不赞同"赢在起跑线上"一说。人生是一场漫长的旅程，有时固然需要快走，

有时也需要闲庭信步，慢慢走，欣赏路旁的风景。

你见不得生活里的中规中矩死气沉沉，总想着要突破。当然，首先得有规矩，不然谈何突破。你总能冒出很多新奇的点子，然后鼓动大家去尝试，你有不竭的热情，却也容易气馁和受伤。当应试的呼声渐浓，家长们的热情淡去，环境发生了变化，学校对安全的要求提高，再有趣的活动也做不成了：

六一节前，全班都写好了"夜探校园"的露营方案，因为谁都不敢保证的安全而流产；

孩子们自己写好了绘本剧的剧本，因时间得不到保障而不欢而散；

精心构思的家长课堂，最终因为响应者少而无疾而终；

各种大型活动无法举行，作家进校园活动终止，再也不能和作家面对面……

这些都是你教育生命中最大的无奈，也必定带来最深的悲伤。

很多个夜晚，你在过去活动照片的光与影中寻求温暖，你细数着往日文字重温快乐时光。在你身上，藏匿着一颗不安分的灵魂，你一面向着光明，一面背负黑暗。

你对生活对教育总是充满浪漫的想象，汩汩冒出的热情和创意，正是这诗意的产物，可是你又失之于随意与杂乱，你是感性的，也是随性的。

你的好，你的坏，你的是非与对错，需要你不在场时，才能清晰浮现，只有当你离开，才能产生一个客观的判断。

你精心经营的各类活动，就是用心撒下的希望的种子，需要更长的时间才能看到它的花和果。你尽可以放心让别人去收割，你只问耕耘就好。

活动凝聚了你和孩子们深厚的情谊，也增进了家长之间的友情，融洽了彼此的关系，形成班级合力。可是，手牵得再紧，也终有放开的时候。你认为自己只是一个有热情的老师，在别人的生命中，只是暂时的过客，偶然的启蒙者，自知自己并没有多么重要。你只是一个摆渡的船夫，奋力将孩子们渡到河的对岸去，顺利找到自己的知识高地，然后有新的船夫接引，去往新的旅程。

你只是参与了孩子们生命中的局部时光，你希望大家都心怀理想，脚踩现实，顺着内心的指引，走好自己的路。

9 在表演中获得立体阅读体验

阅读还可以有另一种灵动而充满生命张力的呈现形式，那就是表演。

将文学搬上舞台，将绘本与表演结合起来，让童年的身体在文学的表演中释放活力，迸发光彩。

他会在周末牺牲自己的休息时间，出去做些讲课或者讲座，他很努力地四处宣讲我们的故事，他希望能用这些真实的案例，唤醒更多沉睡的人，和他一起在童年的大地上播下阅读的种子，幸福的种子。

在他看来，充满活力的童年，只是停留于书面的阅读未免过于平面化，我们应该拥有立体的阅读体验，应该将文学搬上舞台，将图画书也就是绘本与表演结合起来。

而我们的传奇，显然就是从这里开始的。

那次他从外地出差回来，一下飞机，就拖着箱子风尘仆仆地赶到教室，因为下午两点半有小精灵剧团排练活动，他跟我们说了，他一定回来参加。

等他赶到学校时才一点半，《便宜卖我妹妹》（改编自韩国图画书《便宜卖我弟弟》）剧组已经开始排练起来了。因为要参加讲述表演大赛，剧组的几个妈妈一起发力，上周四晚上就已经练过一次，这次又是提前早早开始。

要排好一个剧，真的很累。孩子辛苦，大人也闲不住，东奔西走指手画脚声嘶力竭在所不惜。

可是，有一个问题必须明确，那就是——他组织发动家长们鼓励并帮助孩子表演，究竟是为了什么？

仅仅是为了比赛，拿出一个好成绩吗？

还是为了上台展示一下自己？

或者因为这是他组织的活动碍于情面必须参加？

他曾经将这个问题抛给了我们的家长，期待大家参与到这个问题的思考和讨论里来。

令人欣慰的是，家长们都留下了不少真知灼见，哪怕是吉光片羽，也说出了当时的心声。

在这之前，我们经过几次大型的排练和表演，随着我们渐渐长大，他开始思索剧团的发展必须跟上我们自身的成长步伐。于是，我们的剧团表演开始进入到小剧组阶段，和以往相比，人数是少了，场面是小了，可是，对表演性的要求更强了，我们当然可以参与选择故事，参与排练中的道具制作及摆放等，但还是需要家长作很多付出，而且，因为人数少的缘故，大家的介入更加直接了，谁都要主动参与，毕竟人数有限，等和靠都是不合理也不合情的。这样做的好处也很明显，那就是家长们在积极参与中得以在另一种场域接触到我们，从而能够直接获得对我们成长的清晰了解。

或许你会问：为什么要一直坚持表演而不是玩玩票尝尝鲜就算了？

你可以理解为是我们这帮孩子喜欢上了表演，喜欢在舞台上展示自己，不愿意就此放弃。

提出这样的问题恰好暴露出我们国人的本性，那就是做事首鼠两端，不能始终如一，见好就上、见好即收，知难而退、半途而废。

所以，我们应该回到问题的原初去认真思考：我们为什么要表演？

因为事关自己，我想说，表演带给我们的是另一种生活，是通往日常生活之外的另一种可能。我们不仅仅是在演某一个角色，而且，我们是通过角色遇见另一个未知的自己。这是多么美妙的经历。

另外，在参与表演的过程中，我们不断参与剧本的完善、角色的磨合、情节的设计……我们要去理解并努力演示——每一个动作和眼神，它的幅度、活动范围都有讲究，你可以夸张但绝不离谱。

表演是难的。他需要我们去理解并适应某个特定的角色，但又不能一味如此，生搬硬套，只会让表演的人和表演的角色变得固化、僵硬起来。因此，还要允许角色来适度迁就我们，让每一个小演员从中能得到可见的发展，这正是他以及很多家长最期待看到的。

人与人之间是有差异的，走到舞台上的每一个人都有自己的不同。我们每个人都要正视这一点，尊重差异而不是排斥差异，顺从人的天性，这是大家参与表演的一个基本前提，在此基础上，结合每个人的特质，鼓励每个人更好地去适应舞台的需要。整个过程中，即便整个剧的表演略嫌粗糙，只要不会因此伤害到大家的热情，通过不断的失败来累积经验，最终一定能从僵硬到自然，从拘束到放松，从笨拙到熟练，从他主到自主。你要相信，我们每个人都能在此过程中，获得深浅不一的发展。尤其是后来，他请来专业人士对我们的表演进行指导，让我们掌握更实用的表演技巧，在舞台上更好地演绎各种角色，而不是作为一个道具立在台上。

我想，像我这样有过类似经历的孩子，我们的人生在一开始的时候，就注定与众不同吧。将来虽然免不了要和别人一样，参加各种考试面临种种竞争，但是，且不说我们在理解力、表现力以及合作精神、自我意识上会占极大的优势，单是底气都会比别人更足。为何？因为，我们在那么多角色里经历人生，在那么多剧目里由生涩到自如地演绎过生活。

他曾经举了一个小小的例子。有次学校庆"六一"儿童活动是他的女儿担任主持人，这是她第一次在大众面前登台主持，和她一同登台的其他主持人比她年龄都要大，但无一例外都很紧张，言语间明显有些磕磕巴巴，可是他女儿看上去却很自然，举手投足间灵活自如。为什么会有这么大的不同？这就是跟她有过多次的舞台表演经验息息相关。

还是说回到他的女儿，从一年级只有一句台词的肚子里的火车站的小精灵，到二三年级的跳了几个舞蹈的小鸟，直到四年级主动要求表演故事中的魔鬼，并最终以出色的演出表现博得了所有观众的惊叹，你们能够看到一个幼小的生命如何破茧而出振翅而飞。

表演对于我们的重要性真的不需多说，虽然这往往是家长们所无法理解的。家长们习惯于关注看得见的东西，成绩啊分数啊名次啊奖杯奖状啊，而我们更看重伙伴、玩耍、尽情尽兴。

记得某个周日的下午，每周末如期举行的小精灵剧团活动因为一场突如其来的雷雨冲掉了，雨太大，他不主张我们来，于是发信息告诉大家不用来排练。得知这个消息后，H同学竟然在家里失声痛哭，他是那么渴望一起排练！

为了将剧演好，班上几个小女生没事就张罗着，虽然年纪不大，主意却多，只要有时间，她们就将剧组的人聚在一起，一遍又一遍地排练。

没事的时候，我们自己写剧本玩，主题一般是反抗大人、反抗老师和反抗学校之类的内容，大家分工，每人写一部分。他发现以后，不但没批评我们，反而称赞写得好，尤其是人物的语言、语气、性格特点刻画得活灵活现。看完之后，他哈哈大笑，鼓励我们继续写下去，争取能搬到台上去演出来。

他有时开玩笑说自己"不务正业"组建剧团鼓吹表演，家长们却不是这么看。

家长A说：
享受过程，享受旅途，而不是奖励终点和结果。
老实说，让孩子参加这个剧团，是想让她得到锻炼，学习团队合作，当然，也可以更多地跟同学老师在一起玩（总觉得他们玩的时间太少）。事实上，我想要的目的都达到了，每次活动孩子都很开心，还有就是，进步非常明显。昨天录音的时候，就明显感到，嗓门比演《多多老板和森林婆婆》那时候大多了，念台词也自如多了。至于比赛呀、结果什么的，我是一直用游戏的心态来看的，无所谓输赢。谢谢老师和各位妈妈提供的平台和指导！

家长B说：

孩子都喜欢模仿，肯定也会喜欢表演，我们小时候不都喜欢玩过家家的嘛！

这个活动很有意义，无须怀疑！坚持下去可以活跃孩子的思维；可以培养孩子口脑协调的能力；可以培养孩子敢于表达的胆量；可以培养孩子乐于表达的品格；可以培养孩子健康的自信心；可以激发孩子强烈的阅读兴趣。这样好的事情再辛苦也值得！

家长C说：

我觉得让他们在一起玩，过程开心又能体验一下表演，挺好的。孩子们最喜欢结伴，想想我们小时候呼朋结友到处玩，现在的他们终于也可以像我们小时候一样了，在深圳这样的城市多难得呀，我蛮感谢这样的机会。还有一点是看了《亲爱的安德烈》其中一段之后，找到了同感。书上说："希望你，在将来放浪天涯的漂泊路途上，永远有一个不变的小镇等着接纳你，永远有老友什么都不问地拥你入怀抱。"在我记忆深处也有那么一个小镇，所以我希望学校对于我们的孩子来说就像小镇一样存在，而班上的同学们就是那些老友，不管多少年之后想起来，记忆深刻，这对他们来说绝对是一笔财富。

说到表演，应该要提到一个人，那就是台湾的作家"花婆婆"方素珍老师。

记得那年她来深圳，引来大批粉丝追捧，他当然也去了。回来后，他告诉我们这样一个故事。

方老师的小儿子长得胖乎乎的，三年级时班上要排演一个剧，剧本是根据方老师的一篇作品改编的。要表演自己妈妈写的作品，可是又不想记台词，怎么办？小家伙听说是在野外演出，于是出了个主意，说既然在野外演出，就少不了树啊草啊石头啊什么的，他的两个伙伴一个演了小草（就是拿着草在舞台前摇来摇去的），另一个朋友演了大树，他呢，就演个石头最好不过了。

演出那天，方老师特意身着盛装去看儿子的演出，心想这是自己的作品，怎么着也要弄个主角演演。哪知到了现场，一个个角色登台亮相，怎么都没看到自家的胖小子。直到最后谢幕，才知道舞台角落里那个屁股朝外一动不动一声不吭的大石头就是他！

说完这个故事，方老师很感慨：这个戏结束很久了，当年演戏的孩子们都长大了，那时谁演什么主角大家都忘记了，唯独那个可爱的胖石头，却一直被记得。

方老师的作品《好耶，胖石头》就是这样诞生的。

故事里的小猪，演的是一块胖石头，跟猪爷爷、猪奶奶、猪爸爸、猪妈妈所预想的都不一样，很有喜剧性。我们也就是听他这么一说就非常喜欢。

讲完这个故事，他问我们想演什么。女孩子都说要演白雪公主，如果不能演公主那当然也不能演王子，更不能演胖石头，就演小矮人好了。

他追问：那谁来演胖石头呢？

全班的回答出奇的一致：

小G。

听到大家都这么说，小G可就不乐意了，有些委屈又有些气愤：怎么，嫌我胖了？嫌我屁股肥？还是嫌我演技不好？

他立即强调说："你们可别小看这胖石头，演起来可真不容易。大家想啊，演个其他人物还可以走来走去，上场下场；演株小草不用说台词，还可以面向观众笑眯眯的；演棵大树可以被风吹得摇来摇去……可是，演个胖石头，不仅要屁股朝外而不能面向观众，还要求一动不动，这可不简单啊。谁能告诉我，你可以从开始到结束屁股朝外一动不动吗？"

经他这么一说，班上倒是安静下来了，没人敢保证自己可以做到，因为大家知道这其实很难呢。

别看角色小没台词，哪怕是演块石头，也可以演得让大家喝彩哦！

三言两语，他就成功化解了我们对角色的顾虑，让我们不再对角色分轻重，不再去刻意挑拣角色，他让我们明白，对他来说，每一个孩子都是他的主角。

其实，他这些话不仅要跟我们说，也要跟家长们一起分享。在我们孩子看来，舞台之上，我的角色就是最重要的，缺了我就不行。有了这样强烈的责任意识，就不怕演不好戏，也不怕做不好事。

可是作为成人呢，他们往往会用社会上的标准来界定我们，看我们这个世界时，往往只带着狭隘的目光。当他们带着自己的功利心态来揣摩孩子，评定我们的价值观时，他们哪里懂得和允许我们快乐？

在他的鼓励和引导下，家长也变得坚定起来。只要有空就聚在学校，大家围坐在一起，推敲台词，打磨剧本，设计服装道具和背景，商议音效……大家都有着共同的想法，要让剧团里的每一个孩子，都能在剧里找到自己的位置，都能在舞台上呈现自己——小鸟啊，小树啊，花花草草啊，冰箱啊，电扇啊……每个角色都很重要，只要你愿意，都有你的用武之地。不论有无台词，只要在台上，就是焦点，就是整个舞台不可或缺的唯一。

♣ ♣ ♣ ♣ ♣

每年年底的绘本剧大赛，是我们练兵的舞台，也是展示自我的最佳时机。

我们在大赛上的收获，绝不是大赛中获得的让人垂涎的"年度评委会大奖"，而是每一个演员乃至每一个家庭用自己的倾情付出彼此合作收获的自我实现。我们在舞台上光芒四射的时候，家长们都在做幕后英雄，甚至有人都看不到自己孩子在舞台上的演出。

还记得第二年的绘本剧大赛表演结束，大家一片欢腾，甚至晚上还专门去聚餐庆贺，也算是放松自己。

第二天来到学校，扮演小树的小Z同学告诉大家——那天在台上演出的时候，他其实很想去尿尿，可是想到就要演出了，总不能撒腿就跑，边跑边喊"小树要尿尿，小树要尿尿"吧，只好拼命地憋住，直到演出结束才跑去解决。还有，舞台上的灯光太强了，穿着厚厚的小树衣服就更热了，加上还有些过敏，所以很不舒服，但是为了班级集体荣誉，还是很认真地去表演一棵一动不动的树。

我们听了，猛夸他是一棵最认真的小树，整个比赛中的

"最佳男配角"，大家一致同意将这次比赛获得的亮闪闪的奖杯交给他保管，让他回家以后可以抱着大奖杯睡一夜。

"最认真的小树"小Z同学有些不好意思，又有些小得意，乐滋滋地捧着奖杯，脸上笑开了花。那一整天，他听课、看书、做作业，都比平常更自觉更认真。估计，那晚回家做的梦，一定特别香甜吧。

以后的每次大赛，我们总能信心满满——我们是冠军，一定能拿第一。

虽然说，结果并不是最重要的，但是我们的表演经历给了大家极大的鼓舞。一年级的《肚子里有个火车站》，是我们刚入学才一个月的作品，就一举夺得"评委会大奖"，之后一发不可收拾——参加当年的全国科普剧邀请赛，再次获得"评委会大奖"，在周边社区演出时，得到的评价最高；二年级的《多多老板和森林婆婆》更是牛气冲天，在全国科普剧大赛上，以总分第一名的成绩击败了来自全国十几个省市级科技场馆的驻馆表演团队……

在耀眼的成绩背后，是辛勤的汗水，更是我们的内在成长。从开始接触绘本剧不知舞台表演什么滋味、排练场上追打喧闹乱成一团、候场时叽叽喳喳你推我搡让导演妈妈大为光火，到后来分成小组安静候场、登台表演自己搬运道具、退场后井然有序……仅仅在纪律的遵从上，已经让我们有了明显的变化，更不提对角色的理解、对剧情的把握、对情感的拿捏、对同台表演的演员的密切配合……这些本领，哪里能在书本上学到？

不信，纵使你翻遍一到六年级的语文教材和所有练习，看看能找到几个剧本？你再问遍身边的小朋友，他们有几人可以像我们这样自己编写剧本、登台演出过？

　　如今翻看过去的照片，身穿绿色精灵服的小精灵的模样让我们忍俊不禁，记得当时台词里有一首这样的歌谣：

> 饮料太甜要少喝，就怕它腐蚀火车；
> 薯片太多惹人厌，消化起来不方便；
> 可可奶油黏糊糊，沾到它们逃不出；
> 即使糖果块不大，处理起来也很怕；
> 橡皮糖呀扯不断，小精灵们心里乱；
> 全麦食物有营养，多吃一点快快长；
> 骑着豌豆跳跳跳，小精灵们爱热闹；
> 精灵喜欢西兰花，希望你也爱上它！

　　现在念起来，还是当年的那个节奏，舞台上的情景，每一个伙伴的笑脸，分明就在眼前。接下来根据周杰伦的歌用同样的旋律改编的歌词轻轻松松就哼唱出来：

> 听妈妈的话，别让胃受伤。
> 想快快长大，就要保护它！

　　我想，这应该是我们童年里永远回荡的旋律吧。

　　长大以后再聚首，只要有谁哼起这首歌，那段忙碌的排练时光，那段最风光的日子，就很得意地浮现在脑海里。你可能没想到，正是这些快乐的记忆，在我们后来的求学路上，在我们遭遇各种挫折困顿不前的时候，在我们深感不公十分委屈的时候，在我们迷茫无助不知路在何方的时候，带给我们足够的勇气和希望。想起演完剧后因为吃了冰激凌哇哇大哭的情景，因为担心冰激凌会冻住肚子里的小火车；想起跟着妈妈去菜市场的情景，看到西兰花赶紧让妈妈买，因为肚子里的小精灵喜欢西兰花……想起这些就会开心地笑，笑容会驱散暂时的乌云。

童年之光，是可以照亮一生的。

❀❀❀❀❀

在你之前的教学生涯里，并没有仔细考虑过关于表演这回事，因为你并没有看过一场话剧或者儿童剧。你知道有"课本剧"这个词，但总觉得课本也就那么回事，演出来的剧，难免有搔首弄姿之嫌。

后来，你到了深圳，在这所学校里，看过一位演员出身的老师编导过几个精彩的舞台剧——《今天我是升旗手》《皇帝的新装》，你看到角色让孩子生动活泼，孩子让角色鲜活分明，这种感觉，让你艳羡不已。即便如此，那时你也没有想过要折腾这事，更没想到以后会折腾出一番动静来。

某年暑假，你参加了一次教育年会，看到一位老师说想在她们班毕业时表演《青鸟》。你当然是知道《青鸟》的，就是在那一刻，你突然就心动了。

你心动，是因为你也希望自己能像她那样，从一年级出发，精心打造一间教室，并赋予这间教室更多新鲜的内容，让孩子们活泼地生长，其中，就包括生动的表演。

为了实现这个愿望，你放弃了去初中任教的机会。时机真巧，就是在那一年，你参与创办的那个公益组织开始提出要举办"绘本剧大赛"。

这是国内第一次提出"绘本剧"这个概念，是在"绘本"这个词变得炙手可热、风靡全国的时候，你们以家长的本能追求以及绘本控的直觉首先想到了完全可以用另一种形式来演绎绘本。于是，你的班级就是你的试验田，你们成了第一批吃螃蟹的人，却无意中掀起绘本剧表演的全国风潮。

在这之前，你给家长写了一封信，委婉地陈述自己对孩子的认识、对教育的理解，然后借此发力，鼓动大家参与到绘本剧表演等班级活动中来——

入学以后，我们的孩子要想有平稳的发展，我们自己要想心平气和，在这段历程中，整个生命状态要想保持兴致勃勃的样子，想来，要合乎两个节奏，或者说，我们做大人的，应该明确有这样两种节奏的存在。

一种是孩子自身成长的生命节奏；一种是孩子就读班级的学习节奏。一种是内在的，一种是外在的。

有些孩子悟性似乎很高，语言表达、阅读能力、人际交往能力、动手实操能力甚至课堂专注度都远超过同龄的孩子，有些孩子似乎什么都要慢半拍，一副不着调的样子，看着就让人心急，更不要说去跟前面那种孩子比了。容易焦虑的，自然是后者的父母。

作为父母，应该认识你的孩子，不要关心过切操之过急，要学会找到孩子当下的生命节奏，顺从他的生命节律，肯定他的情绪，允许他的不足，不做不切实际的攀求，静静等待，多多鼓励，他会有自己的进步，有逐渐强大的信心，有后来居上的势头，不至于因为你的迫切，将好奇的心扼杀在还没开始的时候，将学习的热情迅速地消耗掉，于是，一切可能变成一切都不可能。

举个例子吧。我女儿今天英语考了100分，老师告知我这个消息，我自然很高兴，但也就是像上次听到她考89分一样高兴。我会告诉她："你真了不起，爸爸小时候可没有这么牛，我猜在这次考试中，你特别自信，也特别细心，一丝不苟，这是对你付出的努力的充分肯定。继续前进，爸爸相信你、支持你!"

有了我的及时鼓励，她能感受到我一直在她身边的支持，她会觉得安全，不会因此沮丧甚至动摇原本不强大的自信，而且会对自己提出更高的要求："我要考九十分以上"（之前当我祝贺她考了89分时，她这么跟我说），结果，人家果然达到了自己的目标。期末居然还得到了一百。这次考到一百，她告诉我，没有抄别人的，眉宇间开始有了小小的自信。虽然，对有些孩子来说，考个九十分以上不是一件多难的事，很多人得一百呢，但是对于读书早了一年学习进度一直慢悠悠的她来说，能取得这个成绩，一定会稍稍强大她的自信，这正是我所需要的。但是，我也不会因此而暗示她："你看你都可以考到一百的，这次可以，下次也行，以后争取每次都考一百啊……"这样的暗示，无形之中会给她带来极大的压力，只要稍遇挫折，一定会加大她的自卑感……

正是因为我熟知她的生命节奏，知道她在这个年龄段步子能迈多大，知道她小小的手里能握住多少东西，所以才允许她慢腾腾地往前赶，只要她继续对学习充满兴趣，只要她对读书写字做作业不懈怠。

承接这个话题，回到外在的因素。孩子在一个班上就像生长在一片林子里，这个团体有他们的学习规则，一些该做的事，同样需要做好，不能背道而驰，也不需求全责备，动不动什么都要班级前几名，家长孩子都会累得慌，就像马拉松长跑，一开始就要领先，后面怎么办? 只要孩子不失去读书的兴趣，也不至于掉队，就这样跟在队伍里，并尽可能利用学校资源、班级资源全方位地锻炼孩子，提升孩子的各种素养，在拥有较好的积淀的基础上，等待年级稍高以后，再逐渐发力，他不会落后的。

很简单的道理，我们却视而不见，为什么众多家长会乱了阵脚，因为我们自己受身边外在的因素、未来的压力干扰，而自己的内心也不够强大，对孩子对自己原本深信的教育理念缺乏信心，所以，注定只能很不潇洒地陪着孩子长大。

你真的了解你的孩子吗？你真的确定这么做是为了孩子吗？就一定会对他的成长有利？

育儿艰难，冷暖自知，多费心神，点亮行程。

这封信写过后，家长们少了很多纠结，对班级活动的热情没有削减，小精灵剧团的活动继续有声有色地开展着。

某个周末，你跟剧团的精灵妈妈们开会，聊着剧团乱七八糟的事，聊着新学期的一些想法，你一言我一语，不觉就达成了一个共识：新学期要让孩子们自己折腾去。

如此结论，事出有因。

那次学校社团启动仪式结束，小C立马召集了他们绘画团七八个孩子，呼啦啦地组织起一支队伍，就在学校一处平台，每人一张白纸，拿出自己的彩笔，呼啦啦地画起来。画什么？C团说了，画城堡。大家不由分说，按照C团的统一部署，各自作战。旁观的小Y小D也想加入，C团二话不说，一人发下一张白纸。小D不想画城堡，她要画圣诞老人。C团很民主，充分尊重编外团员的意见。时间到，绘画毕，C团收起团员们的画作，一一打分鼓励。连小D那歪歪扭扭的圣诞老人，也被C团大笔一挥，得了100分。大家收拾好书包回家，C团殿后，将遗留的杂物收拾干净，这才撤退。

整个过程全被小D妈看在眼里。在她的赞叹声里，众家长才知有如此精彩的故事。

听过故事之后，一方面，大家赞叹C团的组织领导能力，另一方面，也别忘了其他孩子自始至终一直是服从安排、自觉参与。

一个小小的活动，孩子们的自主能力已经初现端倪，你们完全有信心，这些社团，都可以在你们的适度关注下，由着孩子们自己折腾，自主设计，自行协商，自我发展。

小精灵剧团，相较于绘画社团等草根社团来说，正是孩子们心中的"精英社团"。在这之前，一直是妈妈忙碌，爸爸默默跟从，老师自始至终陪伴，大人耗尽体力与心思，折腾到夜不成眠，几欲放弃。孩子们由开始的野马状态，到后来慢慢约束自己，相互提醒站队催场，主动搬运道具，积极参与到剧的排练演出服务里来，情形颇令人欣喜。

成人的忙碌因而更有意义。因为你们看到了希望。

后面的日子里，你们将会支持他们自由组合，分成四个小组，每组七八人不等，每组选定组长，组长负责分工，选择故事，创编剧本，分配角色，本色表演。一个月，展示一次，表现优异，父母参与度少的，可以得到奖励。一个月过后，再度打散，再度组合……这样下来，一个学期，就可以参与到四个故事的表演之中，孩子能充分感受到一个剧的诞生的艰难与神奇。这样一路走来的孩子，会多了不起。

这是一个很美好的设想，你带着家长们循着这个方向往前走了一阵，陆续排出了《蚂蚁和大象》《便宜卖我妹妹》《七只小猫做苦工》等精彩剧目，正是经过这样的锻炼，再之后的《星星的孩子》《大脚丫跳芭蕾》就加入了孩子的很多智慧。

还记得在《星星的孩子》排练之前，大家最终选定了这个剧目，是因为看了《地球上的星星》这一感人的影片，你开始引导大家将目光从童话转移到身边的生活，在你们的身边，总会有一些特别的孩子，他们好像就是来自遥远星球的孩子，有的沉默不语，有的活泼好动，他们身上显现出来的这样或那样的不同，一开始，让大家都不适应。为了帮助大家理解至少是尊重这样的伙伴，你才在班上播放了阿米尔·汗的这部电影，相信很多人看过他的另一部很有名的电影《三傻大闹宝莱坞》。你至今还记得孩子们脸上挂着的眼泪，那一刻，大家心里都装着痛楚；那一刻，大家都怀着大爱；那一刻，大家都明白什么是慈悲。

带着这样的理解，再来排练一个关注阅读障碍症孩子的剧目，一个备受冷落、饱受讥嘲的孤独的女孩小西自然触动了大家的心。可是，谁来扮演这个角色呢？

在讨论剧本的时候，你们已经将剧中的人物进行了安排，然后公布出来，供全班孩子挑选，你只需要将所有选择演小西的孩子聚在一起，然后让他们自己PK就行。那是一个灯火通明的夜晚，你和剧团的精灵妈妈们一起，目睹了三组孩子的PK，最终选出小Y同学演小西。她胜在哪里？胜在一个小小的动作细节，那就是当小西遭受同学们的嘲笑之后，无比沮丧地坐在地上，新来的柯老师轻轻坐在她身边，一番安慰之后，柯老师伸手去拉她起来，小西犹犹豫豫地伸出手，就在快要碰到柯老师的手时，又触电般地猛缩了回来，迟疑片刻，再慢慢地伸出去，被柯老师温暖的手握着，轻轻站起了身……正是在这一伸一缩再慢慢伸出的小心翼翼吞吞吐吐中，传神地展现了小西孤独羸弱却又渴盼得到关爱的内心。这场剧目在会堂参加绘本剧大赛时，你以一位老师的身份走上了舞台，这个环节里需要你用一番话来结尾，原本在排练时是录了音的，只要对下口型就好了，可是DJ室的操作人员误以为你们的节目已经结束，关掉了音效，就在那一刻，你手持话筒，即兴说道：

"我们在座的很多人都是幸运的，因为我们顺利地学会了阅读和书写，可是你们知道吗？在我们身边，大约有20%的人存在着阅读书写的问题，对他们来说，学校的功课，就如同一座无法逾越的高山，他们就是来自遥远星球的孩子，他们都是断翅的天使。让我们一起来关心这些孩子，关注这个群体，让每一缕阳光洒在他们的心上，洒到世界上每一个角落。为了明天我们一起向前，我们会飞得更远更高！"

后来，你们还在四月二日世界自闭症日这天，专门去了一趟儿童医院，给患有自闭症的孩子和他们的家长表演了这个剧目。你还记得当时扮演柯老师的小H同学正在发烧，整个人病恹恹的，可是一上场，立即生龙活虎，令人感动的是，他硬是将这种状态一直坚持到表演结束……

很难说，你极力推崇的表演会带给孩子哪些特别的发展，每个孩子都是特别的，从一个剧的确定到后期的反复排练最后登台演出成功，细数其中的点滴，你无法提供一系列数据给家长说你家的孩子哪些方面增长了百分之几。就像有家长说的，当年播下的种子，需要很多年之后才能看得到收成，可惜到时收割的人不是你。你倒不觉得可惜，如果你是一个功利的人，你就不会费尽心力来折腾这些了。

你倒是很感谢这些积极支持和参与的家长们，一个剧目的成功，没有他们的极力支持、倾力付出，怎么可能会实现？

你当然不会忘记自己是怎么折腾这帮家长的——时间很紧，你需要一位妈妈尽快写出剧本来，她本想在安顿好孩子睡觉之后动笔的，可是孩子爸爸不许她熬夜，于是，她等全家人都睡熟之后，悄悄打开电脑……一直写到清早五点。事后，她笑着说，她以后一定要写一本书，内容就是对你的血泪控诉史。还有导演妈妈，因为时间紧迫，她承受了太大压力，晚上几乎睡不好觉，闭上眼睛全是剧的内容，一个月下来，演出成功了，她的嗓子也哑了，头发都掉了不少。另一位超级强大的妈妈，一台戏她编排了五六个舞蹈，排好之后，自己也病倒了。每次排练，精灵妈妈们总会如期而至，像上班一样。被孩子们亲切地称为"圣诞老人"、"哆啦A梦"的W妈，总是悄悄拎来一大袋特意从香港带来的安全食品，犒劳台上台下大大小小的人儿。几年来，给孩子们化妆用的化妆品，都是她专门从香港买来送给剧团用的，每次跟她说不要买这么贵的，她笑笑说，这些质量好，给孩子用着比较放心。班上的几个爸爸都是模范，每次排练或者比赛，都是任劳任怨做搬运工、扶背景板的幕后英雄。小精灵剧团表演了几年，他们就"扛了几年大树"……

买布料定制演出服装、一次又一次修改剧本、为制作音效一点点抠时间、进录音棚录音配音不知花了多少个夜晚……为了孩子，家长们从不抱怨，有什么事找到谁二话不说立马答应。

他们和你一起追梦、圆梦。你们的相遇也算一段传奇。

❀ ❀ ❀ ❀ ❀

那次在东莞参加全国科普剧邀请赛，你们力拔头筹夺到了第一名。整个过程惊心动魄，至今回忆起来还觉得津津有味。

表演时，孩子们的状态非常好，有几个家长看得流了泪，他们没想到孩子们在陌生的舞台上一点都不怯场，上场下场、站位、与其他演员的眼神互动、自己角色的演绎举手投足中充满自信，神气十足。有些爸爸是第一次来看表演，看完之后，终于知道孩子妈平日的忙碌是为了什么，他们没想到会弄出这么大的动静，取得这样大的成就，对孩子，对孩子他妈，都赞不绝口。

表演结束后，你们在焦急地等待结果，主持人说只要二十分钟就宣布，可是你们等了快一个小时还没动静。

小D妈去评委商议的办公室转了一圈，回来说里面正在争吵。

你笑着说肯定是在讨论我们该进一（等奖）还是留二（等奖）。

当然只是玩笑，你顶多只想拿个二等奖。

不是你们的水平差，也不是你不自信，你看啊，今年的剧比去年都强，而且阵容依旧强大，投入依旧巨大，都是来自各地的省市级科技馆啊，他们舍得花钱，看看他们的服饰背景道具有多豪华就知道了。

后来，你也忍不住了，名次已经不重要了，你要的是早点带孩子们回去。快五点了，这个时候回深圳，一路上该有多堵！你在顾虑的是，这个时段在东莞吃饭，孩子们上车后会不会吐？回深圳吃饭，路上不知要堵到什么时候。

你就在评委商议的办公室旁转来转去，转去转来。

不知道等了多久，当你再次过去的时候，就撞见你熟悉的评委赵明老师走了出来，一见到你，就要跟你握手。

她祝贺你们获得了总分第一的成绩！

那一刻，你有点儿不敢相信。

然后她问你，你们的剧第二天能不能再来演一次，因为第二天是他们科技馆的五周年馆庆。

突如其来的消息让你喜不自胜，你满口答应：没问题！没问题！

于是你就往回走，远远地看见，家长们正在看着你，往你这边看着，看到你怎么掩也掩不住的满脸笑容。

大家一定猜到了你们的好成绩，在你还没走到他们身边之前，在你还没告诉他们之前。

他们的目光是多么热切啊，就像你后来站在领奖台上望见的一样。

你努力压低声音告诉他们：结果出来了！是第一名！总分第一名！

他们要欢呼了，虽然他们也想努力忍住低调一些，但还是压抑不住内心的狂喜，其他的剧团显然已经感受到了你们的情绪，他们也猜到了你们夺得了这个名次吗？他们会承认这些来自深圳的一群小孩子，就是在妈妈爸爸的业余组织下，获得了总分第一的成绩吗？

因为还没到宣布结果的时间，你止住大家不要把高兴宣扬得太早，你说结果要等会儿宣布，大家不要喧哗不要欢呼。

总算宣布了，在你们急切的目光中，主持人率先读出了你们的成绩，661.3分，总分第一名！

现场那一片狂欢啊！那一片欢腾！

他们恰恰忘记了你刚刚的叮嘱，你提醒他们说不要哭啊，不要流泪。

可是，他们还是哭了。

真的不容易，真的不容易，这是你们共同创造的奇迹！

孩子们是最棒的，你们是最棒的！

一个学期的劳碌，一个学期的操持，多少回想放弃，多少次夜里失眠，终于尘埃落定，你们再一次成功了！

校长接到喜讯，发来短信热烈祝贺："你们，尤其是孩子们是有福的！"

王林博士在短信中也兴奋地说："真是太棒了！"他想目睹

你们的精彩演出。

方素珍老师听说后，也来信夸奖说："你们真棒！用力为小精灵们鼓掌！"

商报的记者朋友跟你说，一定要安排个专访。

这么多人在关注，在祝福，在支持，你们怎么会走不远？

看着大家流泪，你突然觉得，流泪，也是一种幸福。

不然，不知看了多少次演出的小F的爸爸，这次怎么也会有泪流下？

这样的眼泪，在后面的日子里，还会流过。

就在这次比赛结束后的一次庆功晚餐上，几位辛苦付出的妈妈和你谈起排练中的种种艰辛，止不住就泪流满面，而你也泣不成声。那时，正是深圳的冬天，你们几个快奔四的人，居然在一个清冷的夜晚的街头抱头痛哭，第二天回忆起来，不禁脸红。

❀❀❀❀❀

捡拾过去的记忆，你想起太多太多的镜头，痛与爱，笑和泪，交缠其中。

为了做好音效，你们中午十二点出发，直到晚上十二点多才回家。

耗时十二个小时，还不计算前面联系录音棚，多番选择并最终确定配乐及配音……几位精灵妈妈不辞辛劳，联手打造出一张时长十三分五十八秒的音效光碟。

因为你有亲自经历，更知其间的辛劳，也只有亲身体验，才懂得一个剧的诞生多么不易。

难为她们，细细打磨，让每一个环节臻于完美，为了其中的一段配乐，不惜百番请求，录音棚老板终于亲自出马，为你们这个剧献唱一曲。

听着孩子们熟悉的声音，想到录音时的小心翼翼——尽量用最短的时间，录出最好的效果，这帮平时就爱顽劣的孩子们，真的可以约束自己的言行——高抬脚、慢迈步、轻呼吸，甚至不咳嗽……终于，音效做成。这些配音，在不同旋律的音乐背景下清晰明亮，随着情节的变化，时而优美恬静，时而欢快活跃，时而庄严肃穆，时而风起云涌……你听着听着，恍然进入了剧中的情景，看到了孩子们在舞台上的生动表演。

一切的努力都是为了孩子。

只要你一声吆喝，能干的妈妈们总是挺身而出。

你多么想替剧团里的孩子，替这些孩子的家长，向辛劳排剧的精灵妈妈们、默默无闻的精灵爸爸们说一声：谢谢你们！

这些可亲可敬的家长们，正是孩子生命成长中的"重要他人"！

✿✿✿✿✿

那夜你正在读书，突然手机震动，飞来一条信息：

"老师，我是小Z妈妈。今天晚上在与小Z聊天时，他告诉我他今天牺牲了看《功夫熊猫》的时间做了一串漂亮的链子，本来想送给我，但下午送给了导演妈妈。我问他为什么？他说因为导演妈妈为班里演出付出了很多，觉得她很好很辛苦，所以送给了她，并说他还喜欢其他几个帮助排练的妈妈。听到这番话时，我心里多了一份感触，总以为这个调皮、捣蛋的孩子是什么都不在乎的，谁知他用他那细微的、看似不经意的眼睛看到了家长们背后付出的一切，他的心里隐藏着一份感动。真是欣慰，他有着一颗感恩与善良的美好的心。"

感动之余，你将这条信息转发给信息中提到的几位妈妈，一起感谢她们，还有很多热心的家长们，他们一直以来为了孩子更好的发展而艰辛付出，正如大家看到的那样，孩子会懂的，他们都记得，都会感念在心中。

每一个孩子都有他柔软的一面，虽然有些孩子有些时候看起来很顽劣，很调皮，不那么乖巧，难免会让你无名火起，可是，你一定要记得，他们还只是孩子，柔软的身躯里包裹着一颗纯真的心灵，我们大人所要做的，是要继续呵护这样的柔软，决不能让他们变得坚硬起来，不能为他们过早地套上一层硬壳。

你当然知道这件事。那天下午，导演妈妈接到你召集排练的信息，第一个来到学校，准备为很久未演的旧剧《多多老板和森林婆婆》继续张罗。她是一个急性子的人，做事又极认真，看到孩子们多日未练台词都忘了，舞台上的站位也乱了，演员的表情不到位，剧中穿插的几个舞蹈动作忘得差不多了，道具背景服装有的坏了有的干脆不见了……她自然很急，不急就不是她了，因为她是如此上心，两年下来，她的嗓子都坏掉了。L妈妈也是这样，前段时间病得不轻，至今还没好转……孩子们呢，其实他们是看在眼里，记在心里了。

你看小Z，这么小的一个人儿，平时看似漫不经心的，却有着如此细腻的情怀，用一双肉肉的小手，慢慢地串出一条漂亮的手链来。

导演妈妈摩挲着腕上的手链，告诉你这是班上的小帅哥送给她的，说小Z用了三节课的时间好不容易才串出一个手链送给她，让她很感动。

当时你也很吃惊，虽然你一直认为小Z是一个很懂事也很贴心的孩子，但是你没料到他会有这样一个举动。这时，你会去想，他要怎样才能排除玩耍的念头拒绝玩伴邀约甚至"功夫熊猫"的诱惑，在别人兴高采烈地去看动画片的时候，他一个人专注于自己的世界，用一根细细的线串起一颗颗小珠子，串成一条小小的手链，然后，将它送给辛苦的导演妈妈！

有这样懂得感恩的小人儿，你们再多的辛劳，全都值得了。

你提倡亲子阅读，提倡童年的守护和陪伴，提倡为更多的孩子带来美好的故事和童书，不就是为了让孩子拥有一个别致的童年吗？不就是呵护那颗颗纯真的童心吗，不就是让未来不至于太坏太糟糕吗？孩子在他的童年中，遇上这样一群有着爱心童心和慧心的大人，真是一件很可喜的事；而你们能在孩子童年的天空里，投下那么一抹柔和的光影，也是一生中最值得骄傲的回忆吧。

这样想来，一串小小的手链，自是对你们最大的褒奖了，这是童年的礼物，也是最贵重的记忆。

❀❀❀❀❀

你想起了你们的第一个剧。你们结束了向《可怕的科学》的两位英国作家作精彩展演后，小火车也到站了，你们可以停演这个剧了。

只是一年的光景，新剧从无到有，然后在这里那里不停地上演，最后以几乎完美的演出，为第一个剧画上了一个圆满的句号，同时也为下一个剧开辟了道路。

因为对表演的高度认可，才有了小火车的启程；因为众多妈妈热心而辛勤的参与，才让小火车一直开到今天；因为众人的关注和喜爱，小火车才让更多人所知，你们的表演也为更多人所推崇。

孩子们的成长看得见。不仅仅是因为孩子们已经很难穿上之前的精灵服，不仅仅是长大了的小精灵更调皮，不仅仅是在华丽的舞台上众人的目光中，孩子们变得镇静自如很有舞台风范……

那是散场以后，你的女儿拿回了一个道具，是一个罢工牌，她说她很想把小火车带回家，可是太大了；听她说有人拿回了金糖果，有人拿回了罢工旗……这些陪伴他们一年的道具，几经修补，见证了他们一场又一场排练的辛苦与不厌其烦，记载着他们的顽皮以及与顽皮相当的可爱，终究会成为他们人生中无法磨灭的印记。

内心的成长与强大，就像经历的丰富一样不可量化，不可预测。可是，你知道，你们都知道，并坚定地相信。

你想起了一位朋友看过你们的绘本剧表演后说过的一番话，她说她在读幼儿园时也有过一次登台表演的机会，也表演过一个小小的剧，这段经历直到今天还在鼓舞着她，还会在很多场合悄悄地给她输送勇气和力量。她一直记得那时的美好，以至于她几乎忘记了当年上幼儿园时还有什么别的不好。

或许，你们共同经历的这段时光，那些在排练厅、在舞台上熠熠生辉的日子，也会给你这班孩子留下最深情的怀念吧？

✽ ✽ ✽ ✽ ✽

在一次会议结束时，李校长朗读了智利诗人米斯特拉尔的一首祈祷词，你听后顿时振奋，你愿意摘选部分章句，把它放在这里，和有心的人们一起共勉。

把你那无与伦比的爱赋予我吧——我将全部把它献给学校。即使最强烈最灼热的美也无法使我对它的深情眷恋有丝毫动摇。

让我的绝望化为过去，让我的热情保持永远；消除我心中那使我惶惑不安的报复的渴望，消除那受到伤害时产生的计较和不满。别让我为我学生的蒙昧、健忘而痛苦，而悲伤。

让我的爱超过他们生身母亲的爱，让我疼爱他们，保护他们，就像对待我亲生的儿女一般，让我把我的学生陶冶成一首最美丽的诗，一旦我要停止歌唱，就让我动人的旋律留在她心上。

……

请给我质朴，给我深度；让我的日常教学既避免了平淡，也剔除了烦琐。

让我每天早晨走进校门时，忘掉个人心灵的创伤。让我工作时，抛开一切可怜的物质追求和生活中平庸的悲欢。

让我的手在惩罚时变得纤弱，在爱抚中更加温柔。因为我知道，正是出于爱，我才这样做啊，惩罚孩子，我心里难受。

让我把那砖土垒成的校舍变为培育崇高思想的场所，让我热情的火焰温暖它简陋的教室和清寒的走廊。让我的心，让我善良的意愿把它变得比富有的学校更为富丽堂皇。

每次高声诵读这样的词句，你的身心颤抖，灵魂总会受到洗礼。

每每在探索的路上遭遇困难举步维艰之时，你就用这样的颂祷之词为自己加油。你一直记得李校长曾经跟你戏说过的一句话，那时你刚来深圳不久，身份还只是一个代课教师。他说，当你转为正编教师之后，不用多久，也可能慢慢失去激情，不再有梦想。这不是预言，而是提醒，是一把达摩克利斯之剑，隐隐约约悬在你的头顶，让你丝毫不敢懈怠。

在不同的人眼中，成功的定义不尽相同，人们有着不同的生活目标不同的追求，这无可厚非，可是，你深深知道，没有热情和梦想的人生，不值一提。

10　迷人的写作课堂

创意写作，拓宽孩子的语言空间，打开孩子的言语生命，从生活的细处出发，从词语的密林中突围，建立对语言的敏感和自信，实现真诚而灵活地自我表达。

来，我们先读几则故事：

之一：冬天来了，小溪都冻成冰了，我想给它穿棉袄。我和小伙伴在野外玩捉迷藏，我躲在树上，把小小的头探出来，树枝在我面前摇啊摇，我好害怕，下不来了，赶紧解开红领巾，让别人看见来救我。

之二：冬天到了，我脱掉棉袄躺在床上，忽然门开了，我赶紧躲到棉被里，听声音我知道是妈妈。妈妈说："小宝贝，你在哪儿？"我突然掀开棉被探出头来说："妈妈，我们去野外玩吧，那里有解冻的小溪，还有摇来晃去的秋千。"妈妈说："不能去，外面太冷了。"我想：妈妈真坏！不懂我们！

之三：今天我起床，发现我种在阳台的小树苗已经干枯了，我觉得有些奇怪，昨天刚种下的怎么就枯萎了呢？于是，我查了查书，发现我种的这种草的名字叫"荣（容）易枯"草，天啊！我追赶着公交车，跑到农科中心找昨天卖草给我的那家花店，我问叔叔："你卖给我的草一下就枯萎了！"叔叔说："噢，我拿错给你了，你要的应该是'徐徐升起'草"。于是叔叔帮我换了一种草，我高兴地谢过他拿着草回家了。

过了两天，"徐徐升起"草开花了，它的样子像棵大大的白菜，当太阳升起时，它就会徐徐地升起来，当太阳西下，它就又降到土里，晚上，它住宿在花盘里。它还有个大嘴巴，当它闻到烧鸡的味道时就得让我们喂它吃点。

这就是未来植物。

你看得出来吗？这些，其实都是我们用语文课本上的生字，自己编出来的故事。十来个生字，构成了简单的制约，因为我们有不拘的想象力，所以照样能伸展自如，就像我们那柔软的身躯，可以在狭小的空间里，翩翩起舞。

你或许会觉得，这样的创作有些无厘头，不存在多大的意义。如果你真的这样想，你就忘记了语言本身的价值就在于自由的表达，尽情释放自己的想象力。

在晨诵课上，他曾经带我们一起诵读过这样一首小诗：

村小识字课
高凯

蛋 蛋 鸡蛋的蛋
调皮蛋的蛋
乖蛋蛋的蛋
红脸蛋的蛋
马铁蛋的蛋

花 花 花骨朵的花
桃花的花
杏花的花
花蝴蝶的花
花衫衫的花
王梅花的花
曹爱花的花

黑 黑 黑白的黑
黑板的黑
黑毛笔的黑

黑手手的黑

黑窑洞的黑

黑眼睛的黑

外　外　外面的外

窗外的外

山外的外

外国的外

谁还在门外喊报告的外

外　外——外就是那个外

飞　飞　飞上天的飞

飞机的飞

宇宙飞船的飞

想飞的飞

抬翅膀飞的飞

笨鸟先飞的飞

飞呀飞的飞

　　这首诗只有五个小节，每一小节都用一个汉字以组词的形式铺展开来，让人感觉很朴实，既没有繁复的韵脚，也没有词汇的堆砌，甚至连诗歌常用的修辞也没有。但诗中那引人遐思、无限丰厚的韵味，却正是通过这样一种极其简单的形式表现出来。这就是汉语的魅力。他从我们识字开始，就不遗余力地要让我们不断领略汉语的魅力。

　　在专注于文学阅读推广多年之后，随着我们渐渐长大，他开始将精力逐渐转移到创意写作的思考与实践上来。在他看来，我们的写作训练就是要训练对语言的敏感，一个个词语像一块块积木，我们要成为拼积木的高手。

❀ ❀ ❀ ❀ ❀

在语文教学这块，他很认同李校长关于"语言和文学分科"的理念，因此，他一直在自己的课堂上进行探索。一二年级的时候，因为学校有硬性规定，所以执行的力度很大，每个星期都能用至少四节课的时间给我们讲故事，那是一段非常轻松美妙的时光，我们喜欢语文课喜欢上学，很大程度上是因为故事的吸引。

当课程分成语言和文学两大块，并且要确保文学这块的时间之后，语言这块就自动压缩了。别的老师一本书要教整整一个学期，我们只有半个学期的时间可以用。这自然要求在作业这块淡化书写，增强听说。

在他的语言课堂，也不断发生一些变化，我们开始由字向词，由词向句，由句向篇章进发。

他会将一个单元的生字卡，全都贴在了黑板上，只要我们自己有空，就去拼读，去认识，去组词。其他的班级，受他影响，也这么做着。

当他有意强化我们平时的语言经验的时候，自然会提高我们对词语的敏感度，其实这也是在告诉我们，以后，别让词语轻轻松松地就从面前溜走，它的形象，它的气息，它的味道，你都要记得分明。

一、二年级是关心词语，三、四年级以后，就要关心句子了。只有对语言本身保持敏感，才会真正从生活、从阅读中积累丰富的语言，才能成其为一位"语言人"。哲学家海德格尔说：语言是存在的家园。人的存在，首先应该是作为语言的存在。对于正在学习语言的我们来说，训练我们对语言的敏感，才会有卓越的口才与锦绣的文章。

回到我们自己的语言课堂。

一个孩子，如果只是认得字，会组词，能造句，你不觉得有多稀罕。

一个普通的句子，谁都会说，就像谁都会用木块堆出一个高塔来。

他需要的是灵性的闪光，需要想象力的张扬。

这得益于小D的家庭游戏，他们将课本上的生字挑出来，摆在面前，用这有限的材料，组装成一个完整的故事。虽然，有时组装的故事离谱到让大家笑破肚皮，却毫不影响这个神奇的语言游戏。

每一个词语的方块，可以随意拼装，然后，在不同的孩子那里，就会变成不同的景观。

你想象不到的神奇，就在我们尽情随性的编织里。

在我们那里，每一个词语，似乎拥有了自动生长的本领，一番左冲右突一阵着力挣扎之后，一个明亮的故事破土而出了！

在阅读的过程中如果缺乏这样的训练（他从不讨厌"训练"这个词，当语言作为一种工具存在，"训练"自然有它存在的必要），阅读者虽然也是在词语的密林里行走，却对词语本身视而不见，就像他只看到脚下的路，却不看路边的树木。于是，你会看到一个孩子很喜欢看书，你会以为他读了那么多书，一定能写出灵动的文字来，结果往往令你失望。

这其中的原因，很多人都想不透，甚至以此来否定阅读本身的意义。

这时，他总会给我们引用贾尼·罗大里的那首诗《需要什么》：

> 做一张桌子，需要木头；
>
> 要有木头，需要大树；
>
> 要有大树，需要种子；
>
> 要有种子，需要果实；
>
> 要有果实，需要花朵；
>
> 做一张桌子，需要花一朵。

如果说写作就是"做桌子"，那么阅读就是"开花"，要做好"写作"这张桌子，需要开很多阅读的花。阅读与写作之间的关系，他用一首诗就巧妙地诠释了出来，我们还有什么理由去做简单的否定？

其实，只要去关心阅读过程本身，你会发现更多的秘密。

孩子爱阅读，往往是享受故事的情节，更多的是在关心故事中的人物命运，在此过程中，最容易忽视的总是组成故事情节丰满人物形象的语言本身。

他知晓这个秘密。

他一直要求我们在平时的阅读过程中，多做批注，在书上写写画画，就是要将那些奇特的语言组合从字里行间勾画出来，凸显在我们眼前，以此来训练我们对语言本身的敏感。

例如我们读《光草》①这本书，书中有很多精彩的语段，其中比较经典也让我们赞叹不已的是这么一段内容：

"欢迎来到我的领土，我的家。"领主说："谢谢您对我总

---

① [意]罗伯托·普密尼 著，切科·马利尼洛 绘：《光草》，倪安宇 译，新蕾出版社 2013年版

管的坚持让步，接受了邀请。我本应当个好主人，让您今晚好好休息……明天早上再来打扰您，但焦虑在我心中翻腾不已，我想要请您帮忙的事，就像一匹年轻力壮的马，让我片刻不得安宁。而您的答案就是牧草，如果我不喂它，我想它会在我胸口奔腾一整夜。"

妥帖的比喻都是"惊人句"。

当我们开始以写作者的眼光关心作者的遣词造句之妙时，我们对语言的形式更加敏感，对初学语言的人来说，效用很直接。毕竟，我们正处于一个积累语言的阶段。

除了研究书中的句子，我们还会关心一本书的开头和结尾。

我们会思考，为什么要这样开头，换一种方式行不行？

为什么在这里结尾？这个结尾是谁来决定的？作者吗？书中的某个人物吗？还是读者自己？

如果是读者自己的话，你会选择什么样的结尾？

之所以用这种方式来读一本书，围绕语言和结构展开讨论，而不是只局限于情节啊人物啊主题等，目的在哪里？

这就是在读者意识之外的作者意识。

只有带着作者意识来阅读，才会获得更多写作的技巧和灵感。

经过这样密集的有意识的训练之后，我们的语言在悄悄变化。

练习册上要求写比喻句，再也不会去默写那些稀松平常的例句了，更不会写成"妹妹的脸像红苹果""太阳像个大火球""弯弯的月亮像小船"这样"老掉牙"的句子。

我们会写出怎样的"惊人句"来呢？一起看看这样的描述吧：

"他有一个健壮的身体，就像河里的鳄鱼。"

"永不满足的人类，像被把油门踩到底的汽车，快速地不停前进。"

"他有一个深深的鼻孔，就像一个古井。"

"珍珠就像蚌善良的眼泪。"

"父亲的话像灯，照亮我未来的路。"

"一个惊喜就像埋在地下的宝藏等着被发现。"

"一只黑猫就像女巫的诅咒永远无法清白。"

看得出，他极喜欢这样没有拘束充满勇气和想象力的语言，每遇到一次，总会拍案叫好，然后用红笔画圈，一一勾出，毫不吝惜溢美之词。

✿ ✿ ✿ ✿ ✿

之前，曾经有家长跟他抱怨说我们造句少，孩子们都不会造句，甚至没有意识到要把那个词安进句子里去。

其实他经常要求我们回家复述故事，在复述的过程中，他告诉我们只要注意到以下几点就不必担心：

一是注意词语的组织和运用。这也是一种造句训练，他更愿意称之为说话练习。

二是注意故事的清楚完整，能够把一个故事清楚完整地表达出来。这个能力可不一般，需要家长有意识地引导才行。

三是注意复述时的语气神态，表情要丰富，肢体语言要随着情节的推动而变化。这个是对孩子表现力提出的要求，在这方面做得好的孩子，上台表演时，一定很出彩。

其实，按照他的想法，在低年级的时候，根本不需要去做什么写话训练，他很反感每天要求孩子写一句"完整的话"，他认为这是对孩子语言表达潜能的轻视和遏制，所以，他要求我们将生字串成故事，也鼓励家长在我们识字写字能力还不够强大的时候，勤奋地记录我们的语言，我们说，家长记，整理出来，然后再读给我们听，让我们再修改完善一次，就是一篇好文字。看到自己居然能够说出"一篇文章"来，内心涨涌的成就感可想而知。

他举了一个很典型的例子。他好朋友家的女儿才四岁，在他的鼓励下，妈妈用手机及时录下女儿编的故事，然后根据录音打出来读给女儿听，边读边听她的意见，在这个过程中，既可以进一步完善语言修改句子实现二次创作，更能让她明确自信：哇，我可以编出这么长这么好的故事来呢！

有多长呢？看看就知道了：

我和我的小牙牙

我的第一颗牙，是掉在旅途中的。

在大巴车上，妈妈发现我的嘴巴里多长了一颗牙！仔细一看，是长在下面的门牙后面的，妈妈觉得很奇怪，带我去医院请医生看看。

医生阿姨拿了一个小镜子，让我躺在一张小床上，用一盏灯照着我的牙，当她看清了之后，就用钳子"咯噔"一下拔掉了我的牙，好痛啊！拔完了之后放了一团棉花在里面，要咬住不放半小时，真难受。可医生阿姨说：恭喜你！拔了牙之后可以吃一个小雪糕呢！等到棉花取掉之后，我就吃上了一个大大的冰激凌。

医生阿姨把拔下来的那颗牙用纸包住了给我，我好喜欢那颗小小的牙，从重庆一回到家就找出小姨送给我的小木盒，我先给小牙洗了澡，然后放入小木盒里。

一颗牙被医生拔掉了，还有一颗牙也松了，可它就是不掉。我听到新牙齿说："老伙伴，走开走开走开！我要为我的小主人服务了！你快走啊！"可老伙伴说："不走不走，我还没玩够呢！"小主人觉得牙齿闹得太乱了，所以就找来了一个工具——苹果！最难啃的苹果！最有用的苹果！

是医生说要每天啃苹果，这样才会刺激我的牙神经，让我的牙齿换得更快。我就每天"咯吱咯吱"地啃苹果。啃苹果真是一件很难的事情，要把整个苹果啃完，又不能用小刀切开，还要用我松掉的那颗牙去啃它，很疼，而且，小口啃没用，要大口啃才行，所以我觉得这是一件特别难的事情。

老伙伴说："噢！我现在就走，我已经受够你了！"然后就扑通一声从自己的位置上跳了下来，把宝位让给了新牙牙。

我用双手把老伙伴捧起来，轻轻地放进我的小木盒。

可惜，这只是我的梦想，这件事情还没有发生呢！

才幼儿园的孩子，都可以创作出六百多字的作品，这让每次写作文时动辄就问要写多少字、能不能少点的人情何以堪！

如果从小就开始口述作文的训练，然后像我们一样进行生字故事词语故事的训练，到了高年级以后，怎么可能会对着作文本发愁呢？

❀❀❀❀❀

"五音令人耳聋，五色令人目盲"，他总像那个忧天的杞人，生怕我们身上的灵性消退于平凡的白日之光。为了帮助我们寻找灵感，他让我们蒙上眼睛试着用耳朵去倾听声音之美，捂住耳朵增强眼睛对色彩与形状的敏感；制造一节没有声音的课堂，让我们只能用白纸黑字去跟别人交流，增强对语言的敏感；放弃一切噪音，训练我们对环境的感受，体会安静的感觉……这一切活动结束之后，我们需要提笔去书写，不要想当然地认为我们会拒绝，会排斥，实际上，很多人写得欲罢不能，然后，他会选择一部分进行朗读，总能赢得赞叹声和掌声——

"当我感觉在一个很安静的地方，就知道这个世界是一个完美的世界。"

"当我安静的时候，时间好像停了，一点儿声音也没有，像在大森林里只有我一个人，也像在飞一样，无比的美好。"

"我想飞，飞得很高，一种强大的力量把我引向太空。我很自由。万物不能打败我！我想飞，自由地飞！如果你能静下来，可以感受到万物的伟大，万物的美，才能飞！"

"当我安静的时候，我觉得我进入了一种仙境，那儿桃花红，草儿绿，有一种非常非常安静的力量在我的身边，我用安静的力量打败了声音怪……"

"安静是一个什么也没有的世界，安静是一种很强大的力量，如果你能做到静，你将拥有最强大的力量。"

"当我安静的时候，我感觉在一个不知名的地方，那里静静的，什么也没有。连我也消失了，就像一朵美丽的花凋谢在那里，我仿佛听见了歌声消失在那里。我在那儿静静地，好像有一股强大的力量包围着我！当我把手伸开时，那股强大的力量顶着我的手，就像我的手漂浮在湖面上。其实，安静是解药，可以解决所有的痛苦、烦恼！"

"慢慢地……闭上眼睛……当我安静下来的时候，我觉得很奇怪。周围的声音，不再是问题……被蚊子咬到的小包，也不是问题。当我安静下来的时候，周围的打扰……不是问题。我仿佛在走动，走进了时光隧道，走进了一个世外桃源……当我安静下来的时候，我仿佛脱离了身体。我仿佛看到了老子、孔子和庄子坐在一把木头做的椅子上，说着一些我听不太懂的话。"

"我发现，我一静下心来，就觉得我把一切都超过了。我觉得我像站在一片田野上，非常的安静，像在飞一样，飞到了哪儿都不知道，我想，我也许飞过了海洋，飞到了一个又神奇又遥远的地方，那里生活着孔子、老子、庄子。"

"当我安静的时候，我觉得我离开了这个吵闹的世界，到了一个安静的世界。那里没有快乐，没有悲伤，没有任何声音。安静是一种享受，是一种最强大的力量。当我安静下来的时候，似乎没有了时间，没有了空间，没有了任何东西，只有自己。我觉得安静下来是很快乐的，甚至是最快乐的。"

"我安静的时候，仿佛在聆听大自然的气息。我和大自然融为一体了，我的心都沉默了。周围的景物一片空白，世界上只有一个字，就是静。静是一个让人享受的字。"

"当我安静的时候，世界不存在，我觉得我进入了一个宁静的空间。"

"安静下来，心灵才不会浮躁。安静下来，耳朵才会听到心灵的声音。"

"安静带给我的感受，就像我自己一个人在一个荒凉的原野上。"

你猜猜，这样诗性的文字，出自几年级孩子之口？

❀❀❀❀❀

充满创意的写作最迷人

在我们的创意写作过程中，曾经创造了一个"国"之系列。

起因是这样的。

很久很久以前，班上有很多的小磨蹭，做起事来拖拖拉拉，让谁看了都想抓狂。据说，是应一些家长的要求，希望他能治治这些小磨蹭的拖拉病。于是，他特意给我们讲了一个《磨蹭王国的故事》。

这个故事，我们至今还记得很真切，虽然事后限于不同人的性格特点以及年龄差异，磨蹭王国里派来的小间谍们还是没有什么变化，继续做他的小拖拉小磨蹭，而他的磨蹭王国的故事，自从开了这个头以后，也一直没有讲下去，可是，也是从此之后一发不可收拾，我们用文字建立起了各种"国"。

之一：

磨蹭王国里来的拖拉拉拉和慢吞吞吞的故事

在很久很久以前，在很远很远的地方有个磨蹭王国，磨蹭王国里的人都非常磨蹭，他们自我感觉很好，觉得自己一点儿都不磨蹭，可事实上他们是非常磨蹭的。我来形容一下他们一天的生活吧。

早上起床，坐起来需要1分钟，然后又在床上躺一会儿，一般需要5分钟，再坐起来，又躺下，来来回回要10次，起床一般需要一小时。

然后磨磨蹭蹭去刷牙，一般刷牙洗脸起码需要10分钟，吃个早餐就更磨蹭啦，先要挑精拣肥一番，这个我不爱吃，端走，那个不想吃也端走，重新又做喜欢吃的，吃的时候，含在嘴里，1分钟才吃一口，同时，手里不忘玩着食物和刀叉。

等他们磨蹭完去上学的时候，多半已经快到中午了。带着午饭去上学，路上如果被一颗石子绊倒了，他们会爬起来走到起点再走回去，然后又被绊倒一次，一直绊倒10次，才又继续往前走。如果路上遇到熟人，打招呼，都是慢慢说："你——好——啊——"

到了学校，就可以开始午餐了，一顿午餐过后，老师看看墙上的钟说，可以放学了。钟上指的是7点，其实已经12点了。等磨蹭回到家，天已经亮了。

磨蹭国的人，通常3天睡一次觉。因为他们太磨蹭了，所以他们每次都没有足够的时间睡觉，每个人都有黑眼圈，而且很严重。外来的人如果不仔细看，还以为到了熊猫国呢。

在磨蹭国里，有个男孩，叫慢吞吞，有个女孩叫拖拉拉，他俩都是11岁。他俩是磨蹭国里最磨蹭的两个人。他俩最喜欢比赛谁更磨蹭。第一回合，比赛跑步，比赛谁快，但是他俩总也快不起来，因为他们磨蹭惯了。比赛路程是3公里，拖拉拉在树下睡了3个小时，等她醒来，撒腿就跑，路上又遇见一棵大树，大树上有个树洞，拖拉拉就把头探了进去，抬头一看，正好对上了一双眼睛，仔细一看原来是慢吞吞。他俩不约而同地说，"怎么是你？"然后拔腿就跑，等慢吞吞到了终点的时候，拖拉拉还在3米远处。于是，第一回合，慢吞吞胜出。拖拉拉不服气地说，咱们再比。比啥呢？明天继续第二回合比赛。

之二：

从前，有一个磨蹭王国，那里的人都很磨蹭，最磨蹭的两个小屁孩是拖拉拉和慢吞吞。

拖拉拉是个爱臭美的二年级女生，她留着长长的辫子，每天早上上学前，她要花一个小时加二十分钟梳辫子，星期五的自由服装日她要花三十三分钟挑衣服，她还要花十分钟挑鞋子。

慢吞吞呢？他是一个爱酷的二年级男生，总是丢三落四，做事还慢吞吞的，老师说打开课本读书，都读一半了，他还没找到书，老半天才慢吞吞地说："我的书忘带了！"

❊ ❊ ❊ ❊ ❊

书写是在不经意的时候开始的。

静静地发生，悄悄地来临，适合很多美好的事物。

从生字王国开始，经过磨蹭王国、颠倒国，再到稀奇国，无意中，我们竟然建造了一个神奇的"国"之系列。

虽然，这可能只是童话世界中几个小小的属国，可是，在这些笨拙的文字里，能够看到我们无羁的想象在空中飞驰，那些没有规则的句子大着胆子呼啸而过，留下一片震惊地看着故事的人们。

他知道，循着孩子的想象总会发现差强人意的表达，或有语言不畅，或者内容重复，或许语序不清，或许标点错误用词不当，甚或还有三言两语匆匆了结一个表述……幸好他一而再再而三地鼓励，我们才敢张开翅膀。不然，我们可能并不知道自己还有翅膀可以飞翔。

他也看到，因为家长的引导和老师的指点会帮助孩子的表达臻于完善，但是他坚持认为可以放手，但不会任其自流。

从我们认真的文字里，他应该看到了一个想象世界的合理与逻辑所在，这是坚实的基础，是趋于成熟的迹象，任谁读过之后，都能看到"功力"二字。

写得比较成熟又颇有气魄的，小Y是其中的一个吧。下面是他某晚的口头作业，因为他只需要专注于他的故事叙述，而不会因为有字不能写而望而却步，甚或偷工减料。有个妈妈帮他做书记员，所以，他的故事总是完整而细致，一气呵成，极为顺利：

在彩虹桥上，有个稀奇国。稀奇国里的古怪事儿可真多呀！要说这些事儿有多么古怪，请听我细细地告诉你。

有一天，小Z老师买了一箱樱桃，过了3天收到了，打开一看全都是白白的棉花，他用手拿起一块棉花往嘴里一塞，说真好吃。原来这个棉花是甜的，因为棉花太甜了，把小Z老师的牙给甜掉了，小Z老师说"我系小眼界爷爷。"（因为他的牙掉了，所以说话漏风）

这事在稀奇国里根本就不算啥古怪事儿，还有更古怪的事情呢。有一天，小W同学对天上的鱼说："你快快飞吧，把我的信带给公主。"鱼说："遵命，保证完成任务。"说完鱼就嗡嗡地飞走了。那天天气很热，鱼忘记自己是条鱼，跳进水里去游泳，结果被淹死了，信被一只鸟捡到了，它继续去送信，它把信送到了螃蟹公主家，螃蟹公主用大钳子剪开信一看，上面写着：嫁给我吧，亲爱的公主。于是，螃蟹公主就高兴地上路去找小W同学了。路上遇到蛤蟆公主，抢走了螃蟹公主的信，然后自己找小W同学结婚了。小W同学在教堂里等了很久，等来了蛤蟆公主，他以为是稀奇国公主被施了魔咒，于是就亲吻了公主，结果蛤蟆公主真的变成了一个三寸长的公主了。后来他们结婚了，生了个小宝宝，小宝宝一天长2米，最后变成了一个30米高的巨人宝宝。

稀奇国的古怪事还有很多很多，说也说不完，如果你想知道更多的古怪事，你可以自己亲自去稀奇国一游，稀奇国就在彩虹桥上，你一定可以找得到。

如此自信又从容不迫，读过之后，你能相信这是出自低年级小男孩之口吗？

这就是阅读的功效，小Y可是咱班有名的读书狂人！一本《红尘王国》他能读二十遍还不厌倦！其他书就不用提了，对他来说，一个学期读一万页书没有任何问题。

何须千言万语，也不需我枉费口舌，读一读这样的文字，你就知道，阅读对于我们孩子的文字成长之不可或缺。

或许，你提笔书写或者口头言说的内容未必能与所阅读过的书籍取得一一对应的关系。然而，离开了阅读，你的表达一定是枯竭的，咬破笔头挤出来的那几句干巴巴的话，只会让人不忍卒读。

❧ ❧ ❧ ❧ ❧

稀奇国的故事真多，那个时候，我们编起来乐此不疲，在这之前，从来没有这样对写字兴致勃勃过。虽然有些情节性不强，只是一些对现象的描述，但哪怕只是三言两语，蕴藏其中的不羁的想象力就足以让人赞叹不已：

之一：

稀奇国里的古怪事可多了，它们可奇怪了。那里有一个人买了小小的一个苹果，回家后发现它变得很大很大；还有一个人，正要吃蘑菇，突然，一个蘑菇爆炸了，炸了他的房子，还好他没有吃那蘑菇。

还有更怪的，一只小蚂蚁吃了一头象，然后那蚂蚁变成了蚂蚁象，长了六条象腿，一条象尾巴。

这么奇怪的国家，你没听过吧？

之二：

今天，小迷糊去农场玩。在路途中，他发现树上结满了小南瓜，地上长出了五光十色的苹果。到了农场，他找到了银光闪闪的鸡窝，他看到了母鸡在打鸣，公鸡在下蛋。公鸡下的蛋是五颜六色的，奶牛挤出来的是鲜红的羊奶。农场主可以下又大又肥的鸡蛋，羊吃的不是草，是吃银光闪闪的鱼。他和农场主在谈话。小迷糊说中文，农场主说西班牙语。小迷糊问：你们农场有多少鸡？农场主说：我家有五棵树。

之三：

从前有个稀奇王国，那里的古怪事儿特别多。

夏天的时候，他们住在冰箱里，因为天气太热了，所以他们怕出来会变成一股烟。

要是他们想出去的话，就要穿上冰块做成的衣服，冰凉凉的，感觉好爽！

不过，只能出去一个小时，要不冰块会融化，那就光屁屁了，哈哈哈哈！

之四：

今天，我去图书馆看书。我看到一本书，名叫《稀奇王国……》。我迫不及待地打开书的第一页，没有字；第二页，没有字；第三页，没有字……到了最后一页，终于有一行字，说的是谁有耐心看到这一页，谁就能去稀奇王国。刚看完，我就被吸到书里去了。

到了稀奇王国，一下子就看见了一大片钻石，有几个人在找石头，我参与到了他们中间。可我给钻石他们不要！要石头！我在那里一干就干了三年。一天，我想看一些矿石的资料，却看到一本叫《去中国的方法》的书，我刚打开到第一页，突然，我就回到了家！

之五：

在很久很久以前，在世界的西面有一个稀奇王国，那里天上飘的白云就是棉花，而且飘得很低，人们需要时伸手就能摘下一朵。

在这个国家有很多稀奇古怪的人和事，人们的头长得奇形怪状，有的像个大南瓜，有的像钟表，有的像鞋子，而且他们都长着三只眼睛，四只耳朵，两个鼻子，五个嘴巴，看上去很吓人。但是，他们对自己的长相已经习以为常，如果我们去稀奇王国，这里的人会把我们当作怪物，远远避开。

在稀奇王国里，最烦的事情是上学，因为这里的房子会走路。孩子们早晨起床后，经常不知道自己的家在哪里，得背上书包到处去找学校。如果想打电话，得花半天时间找手机，因为这里的手机也会走路，会躲起来，在家里的衣柜里、枕头下或者冰箱里都有可能看到手机。

这就是传说中的稀奇王国，你想去吗？

如果我们的灵性被发掘出来，绝对是一个丰富的宝藏。很显然，他的创意写作就是想引爆我们的想象力，让我们的书写变得更为自信，而又才华横溢。

❀❀❀❀❀

　　我不知道北在哪，我也不想知道北在哪儿。我更想知道东在哪儿。一个日初升的地方。北，一个风凄凄的地方。我不知道它们的意思，但我知道，你在哪儿。

　　你被厚厚的土和沉沉的石压着。但我更愿意相信你是在穿着隐身衣跟我玩一个长达数十年的游戏，你看得见我，但我看不见你。

　　求你了，不要玩了，这不好玩，不要再穿隐身衣了。我多想你现在站在我面前呀！

　　然后，我对你说一声："爷爷，虽然你去了，但是，我永远爱着你……"

　　天梯断了……蓝色看来也会断啊……

　　我用手指慢慢编着一层层的天梯，是不是随着这暖蓝上去，我就能看到你了呢？三岁时，第一次也是最后一次看你时，你会夸我乖。要是这次我翻着花鼓又翻到属于你的彼岸去看你时，你仍会夸我乖吗？虽然你离开了我，但我不恨你，我只想亲口对你说一声："爷爷，虽然你去了，但我永远爱着你……"

　　我在隐藏很多，高兴的，不高兴的，我不知道，我不知道。有时候我哭，不是因为爷爷，我希望有一个借口来抒发很多。那"很多"不知是不是花儿，我不知道它能不能睡着，我不知道我的自画像是什么样，我不知道我现在是一个混乱的球还是一片迷茫的雾，我知道一些东西，但我也不知道很多东西。也许这是一个花开的历程。我没办法让花醒。花儿时刻处于半梦半醒之间。我现在很清晰，但我的笔却时刻写下交杂的文字，使我很难招架。太阳不是真正的太阳，就像文字不是真正的文字，生活不是真正的生活一样。我有点累。我害怕长大，恐惧长大。因为长大会更累。周围很多同学都很累，他们城府很深。我不知道城府是什么意思，但我知道我没有一个真正的朋友。但我不知道如何找到真朋友。程玮阿姨没有给我明确的答复，我也不明白。

我真的什么都不知道。

当C把这篇在课堂上即兴写出的随笔交给你时，她告诉你，现在好多了。

是的，你完全能够理解她，文字可以宣泄情绪梳理心情。当你把心里的真实感受一股脑地倒出来后，那种舒畅是难以言表的。作家程玮老师在你们的读书会上不正是这样告诉你们的吗？

你想和大家说说写这篇文章的小女孩。

就是她，将《小王子》看过很多遍。有一天，在你给他们读完其中一章时，她追出来告诉你："老师，我知道你为什么喜欢《小王子》。因为，你像小王子一样忧郁。"

就是她，每次与同位共读一本书时，同桌的孩子总是向你埋怨"她这根本不是看书，简直就是翻书嘛。一目十行啊，我没法看了"！

就是她，在一次读书会结束时说，老师说这样的阅读（死亡文学阅读）可以帮我们打开一扇窗（生命之窗），可是她不愿打开这扇窗，哪怕是从窗口往外看一眼。如果真的要看的话，她宁愿相信，死亡不是真正的结束，而是一个新的开始。

就是这样的一位女孩，就在某天的课堂上，在你读完班上一位女孩写的读书会的范文后，她在自己本子上自顾自地写着。同位偷窥后告诉你说她找不着北，你心里知道，她肯定是用笔在作诗意的倾诉与追寻。

　　果然，当她上到讲台来，针对她上次写的习作，你们聊到与程玮老师面对面时她提出的问题，一个关于友谊的问题。你告诉她，还是程老师说得对，长久的友谊很可能是一方很强大，一方较弱小，这样就会少了很多冲突，或许更稳固。于是很自然提到了她相交四年的好朋友，她们一起相处总是很快乐。可是，对方很强大很霸道时，总得她让步，让得多了，心里总有不踏实。你说，就像我们读过的图画书《亲爱的小鱼》，小鱼总有一天要长大，何必把她留在家里，到了该放手的时候，就自然地放吧。

　　就在这时，她哭了，问："要是放了以后她不回来了呢？"

　　接着，她又自己接下去说道："哦，那就不是真正的朋友了。"

　　你告诉她，生命中会有很多人进进出出，一路上会有人与我们相伴而行，也会有人离我们而去，我们该珍惜和感恩，每一个在我们面前出现的人，如果她真的要离开你，且真的不会回来，我们只是深深地祝福。《亲爱的小鱼》里的小鱼长大后虽然回到了大海，但她后来不还是回来看爱她的猫了吗？别担心。

　　她又告诉你，她哭不只是为了那位朋友，也不只是为了死去的爷爷，不知道是不是为了花儿。

　　你很奇怪，问她，花儿怎么了。

　　她告诉你，她不知道花儿能不能睡着，可是她没办法让花醒来。

　　你还是没有弄清她心里在想些什么，但是你知道，她说自己走不出来，是因为她受到先前那位女孩儿习作的影响，那个小女孩儿在读书会上想到了她故去的外公，所以很伤心。这样的情绪感染了她，也拨动了她敏感的心弦。于是，才会被莫名的悲伤沉浸。

你让她把自己心里所有的话都写出来，总会过去的，这只是一个片段。你这样安慰她。

她去写了，下课时，终于写完，交给你看。就是开始的那几段灵动而深切的文字。

这是对一朵小花曾经开过的纪念。

你把她这些真纯的文字取了个名字，叫作《一朵小花的低语》。

❧ ❧ ❧ ❧ ❧

那天早上，你和女儿在用完早餐回来的路上，看见好多小小鸟儿在紫荆花丛中飞来飞去。你和她一起小心翼翼地观察它们。她说小鸟比一片叶子还小，于是，你就问她，如果，你懂鸟语，会怎样。

这时，你想到，你们可以写一篇这样的明天日记：

明天起床，我发现自己听得懂鸟儿的语言了……

明天日记？

是的，就是明天日记。

其实，你不是一个爱让孩子写日记的人，天天去记录生活中的点点滴滴琐碎事，理由是为了提高孩子的写作水平，积累生活素材，结果却让孩子讨厌作文，水平倒没什么长进，这就是得不偿失。

再说了，写作能力的提升根本不是在写作的练习中完成的，根本就不是多写就会写这个逻辑。美国学者斯蒂芬·克拉生教授在《阅读的力量》一书里指出，写作的能力是在阅读中完成的，那些词语积累，那些言语的运用，那些布局谋篇，那些手法的变换，那些思想的表达，作者一直在影响读者，如果这位读者是在以一位写作者的眼光来读的话。

好了，话题回来，为什么你还要孩子写"日记"呢？而且，竟然是"明天日记"？

其实，称"日记"是不恰当的，或者请不要理解成常规的那种"每日一记"，这太辛苦，也没有必要，除非你真的太爱写了。

从一年级开始，你一直在强调复述，也就是口语的表达，口语优先发展于书面语，这个逻辑是对的。所以，你才不断地鼓励孩子去读，去说。可是，由于你们一直强调读淡化写，孩子会认不会写的现象比较普遍，不知不觉就变成了大家的担忧：孩子都不会写怎么办？其实，生字的书写不是抄写这么简单，而是要将字还原到具体的语言环境里去，汉字不是单独的存在，应该在运用中灵动起来。所以，你们才逐渐开始写话的训练。

你理解的写话，可不是写一句话那么简单，你从不觉得写一句完整的话的训练是恰当的，相反，你认为这根本不合乎汉语的表达习惯。

那么，你们写什么呢？

如果有谁看过《晴天下猪》系列，他一定会对故事中则安的"明天日记"印象深刻。

则安因为写日记被妈妈偷看，然后改成写明天日记，这样，妈妈看了也不明所以，而由于明天还未来到，究竟会不会发生日记中所写的事谁都不敢随便否认，所以这也可以算是符合老师要求写"真实"的事，而不是胡编乱造的。你从这个故事里，提取的其实是"明天日记"里的天马行空，你要的就是孩子无拘无束的想象。

想象力太重要了，孩子逐渐长大，你就越发担心这宝贵而又脆弱的想象力被扼杀，所以才心生此念，并有了书写"明天日记"的行动。

《晴天下猪》这套书你跟孩子们讲过，他们知道明天日记是怎么回事，但是，你还是希望大家不要受这个故事的约束，所以，才会在给孩子们的信里这样说道：

"水蓄多了就会漫出来，书看多了也该写写了。我们听过《晴天下猪》的故事，可以学习则安，写写明天日记。明天会发生什么事呢？太阳睡懒觉没起床？月亮还赖在天空上不肯下班？星星掉到你的房间里了吗？小狗跟你说话了没有？你的家被大风吹到了沙漠上？这些事情都有可能发生哦，将这些神奇的故事写在一个漂亮的小本子上（不会的字可以请教爸爸妈妈，最好是直接查我们的字典老师），每周写两篇，就可以积累很多呢。"

大家都没有想过原来还可以这样写日记，积极性唰地一下子全上来了。你在论坛里专门开了一个帖子，鼓励家长们及时将孩子们口述或者笔写的"明天日记"发上去，不仅引来了各地网友的围观，甚至引起了很多人的效仿，一度掀起大家都来写"明天日记"的热潮。

你随意挑了几条出来，就能让大家窥见其中的精彩——

明天，我要变魔术，变无数只小鸟，小鸟飞到一棵大树上，大树摇一摇，小鸟飞走了，回家了！

明天，我在公园玩，看见一只猴子，小孩在逗它玩，它一下吃掉了那个小孩，小孩的妈妈很伤心，他妈妈很伤心地回家了。

明天我一睁开眼睛，就看到小葵回来了。（按：小葵是小D

最钟爱的一只小鹦鹉，某日不见了）我问小葵："这么长时间没回来，你去哪了？"小葵说："我去了法国啊，还去了美国。在美国看到一个大别墅，里面住着一个孩子，是小L。小L还托我给你带了一封信。"我接过来一看，上面写着："小D，这是你的鸟吗？"我就给小L写了一封回信："这是我的鸟。"然后小葵就带着那封信飞走了。但是这次它迷路了，飞去了小Y家，小Y接到信，摸着脑袋，一点儿也没看明白！

明天会发生两件事情——明天会火山爆发，地球全身发抖。明天月亮会搬家，不再做我们的邻居，它会搬到海王星旁边，或者搬到金星旁边，也有可能搬到太阳的边上。

明天，我变成了响尾蛇，我爸变成了眼镜蛇，我们狭路相逢，互不相让。我发出警告，之后我和他打成一团，打了五十回合，不分胜负。我一下子想起了三十六计走为上计，可是行不通。我就用了必杀技，诈降计。我说：投降。他说：好吧。我趁他不注意飞快地攻击，咬到了他最脆弱的地方。我胜出！

明天，小猴子爱吃蜂蜜，它爬到树上，那里有个蜜蜂窝，它拿起蜜蜂窝来舔蜂蜜，蜜蜂飞来了，蜇它，它痛得要命，赶快爬到自己的家里，幸好蜜蜂没有追来。蜜蜂重新建了一栋房子，安安全全地住了下来。

明天我上学，在路上看见了一只棕色的大象，大象穿着一件厚厚的衣服。我觉得它很可爱，但是又不敢去碰它。这时，大象说话了："嘻嘻，我是被派来专门接送小孩子的。"这时，我终于松了一口气，说："那你送我上学吧！"大象笑着说："上来吧，爬到我的背上来吧。"大象蹲了下来，我爬了上去，我又紧张又兴奋，我往下看，看见人变小了，我也能够到树了，大象就送我到学校……

到了下午，放学的时候，我想再见到大象，可是很奇怪的是，大象没来接我，而且更奇怪的是变成老虎来接我了。哈哈，真有趣！

早上我起床，看到外面正在下巧克力，我惊呆了，之后我立刻跑了出去，伸出舌头，一块大大的巧克力落在了我的舌头上，啊，真香，还好甜。下完巧克力，又下了点汽水毛毛雨。有七喜、可口可乐、雪碧，太爽了，下完了汽水又开始下鸡腿和鸡翅。下完了，我进门的时候，脑子里又在想，如果每天都是这么爽就好了。

我有预感，明天我们会被风暴吹到撒哈拉沙漠，我看见了会走路的仙人掌，它追着我大声说："你从哪儿来的，敢跑到我的地盘来。"我说："我是被风暴吹来的，有本事你把我吹回去。"之后，它一脚把我踹飞了。

我们制作了一台时空机，乘着它回到了远古世界。我们看到了好多好多的远古生物。有好多都是我在现实世界学校没教、家里没说、书里没有的动物。有长颈鹿的祖先——古麟、生活在海里的蝎子——欧巴宾海蝎……我还带了一只古麟回家，但是我发现只有我看得见它，连爸妈都看不见！

我们在森林里散步，突然在一棵松树上发现七个小光点。走近一看，原来是七个不同颜色的小音符。我跟它们打招呼，红、橙、黄、绿、青、蓝、紫，真像一道音符彩虹。它们分别是：高高、怕怕、碧碧、绿油油、蓝晶晶、小紫……

我跟他们玩得好开心，绿油油还给了我一个小盒子，好看吗？我感觉很漂亮！我们玩得好晚好晚，说再见的时候，我差一点就哭了。

你特别喜欢Beyond乐队演唱的那首经典歌曲《海阔天空》，尤其钟爱这句"原谅我这一生不羁放纵爱自由"。在"明天日记"里，就有着你所钟爱的这种不羁的自由。当想象不拘，语言自由，思路轰然打开，兴趣蓬勃生长——这就是你所说的"迷死人的写作"。

❇ ❇ ❇ ❇ ❇

一方面，你觉得这个社会违背了常识，处处充满了荒诞，另一方面，你又像个淘气的孩子，你喜欢带着你的孩子们一起来挑战常规。

你这样跟他们说：

毫无疑问，我们出生以后，一切都被安排妥当，所有的规律，所有的称谓，所有的关系，都不是按照我们的意愿在运行。

后来的学习就是从了解并且遵守它们开始。

我们的世界就是这样诞生的。

其实，它并没有真正诞生过，因为一切都是按照以前的秩序开始的，我们的世界是跟随我们一同来的，我们是在学习适应遵从并希望尽好地发展。

而世界的最初是从语言开始的，没有语言来定义和命名，世界会乱成一团糟，存在就没有了意义。

所以，我们在学习语言，等我们开始表达了，世界就从嘴里开始了。

哲学家陈家琪先生说过，在量子物理的世界里，没有前后左右上下之别。人们感到吃力甚至无奈，因为无法对那个世界命名，那是一个不可捉摸也难以认识不可表述的神秘世界。

再看我们现在生活的这个世界，已经被贴上了千真万确不容置疑的标签，我们的一切表述都是在重复前人的话语，不可能超越，永远在复述。

除非，你能重新命名这个世界，重新用新鲜别致的词汇来构建存在的家园，就像日本的儿童诗人金子美铃在她的《草的名字》里写的那样。

重新命名未必是设计全新的词语，其实只要换一换——换个名字，整个世界就会大变样。

你有一位朋友，平时喜欢写诗写童话，他看了舒比格的《当世界年纪还小的时候》以后，突然来了灵感，写了一篇这样的故事：

如果世界重新开始①，将会发生什么事情呢？

如果世界重新开始，那将是一个早晨，不，那时候，早晨不再叫早晨，而叫"安古"，那是婴儿发出的第一个声音。

"早晨"是一只鸟儿的名字。

因此，每个安古我们都会听到早晨在歌唱。

如果世界重新开始，天空也不再叫天空，而叫游泳池，一个巨大的游泳池。

云也不再叫云，而叫鱼。

太阳也不再叫太阳，而叫土豆。太阳是一条狗的名字。

_____

① 作者：陈诗哥

每天，当土豆升起来的时候，我们会看到白色的、红色的、蓝色的鱼在巨大的游泳池里游泳。而太阳在下面汪汪叫。

如果世界重新开始——
天空是一只猫的名字；
月亮是一头猪的名字；
云是一头牛的名字；
而星星则是一只鸡的名字。

如果世界重新开始，风就会快乐地吹过来。
不，那时候，风也不再叫风了，而叫什么呢？
大象。
同样。玫瑰也不再叫玫瑰了，而叫什么呢？
老虎。
同样，树木也不再叫树木了，而叫什么呢？
豹子。
同样，草儿也不再叫草儿了，而叫什么呢？
狼。
于是，我们就会看到这芳香的一幕：
如果世界重新开始，大象会快乐地飞过来，在老虎的旁边轻快地跳舞，而豹子和狼在旁边鼓掌，大声叫好。

如果世界重新开始——
老虎也不再叫老虎了，而叫七弦琴；
大象也不再叫大象了，而叫小提琴；
黑熊也不再叫黑熊了，而叫钢琴；
长颈鹿也不再叫长颈鹿了，而叫二胡；

猴子也不再叫猴子了，而叫吉他。

那么，星期天我们将会干什么呢？

我们将会去动物园，看凶猛的七弦琴、小提琴、钢琴、二胡和吉他。

在动物园里，这些凶猛的动物会仰天长啸，举行一场伟大的演奏会。

不过有时候，它们看着我们，心里也会在嘀咕：这些像猴子，不，像吉他的家伙到底叫什么呢？

是啊，如果世界重新开始，人会叫什么呢？

石头？菠萝？一截桃花心木？还是一只乌鸦？

你的答案是什么呢？

仙人掌。

这个游戏很有趣吧？用你喜欢的名字叫你身边的事物，一定会产生很有趣的效果。

当你把这个游戏介绍给班上的孩子们之后，他们也兴致勃勃地模仿着写了起来，你看，这是其中一位小朋友写的，很有意思——

从前有两只兵蚁，一只叫刘备，一只叫张飞。它俩都是蚁群里的大将军。

有一天，刘备和张飞要去攻打曹操，曹操是只很凶的兵蚁，是另外一个蚁群里的大元帅。虽然曹操很凶，但他经常不自量力，所以并不是很难对付。因为曹操经常偷袭刘备和张飞的蚁群，所以刘备和张飞早已把曹操录进了黑名单。

　　刘备和张飞很想去跟曹操打一仗，可是去曹操那里的路程非常遥远又遍地是草，还有一些奇异的机关，很难通过。但因为它们恨曹操比兔子恨狮子还多一百倍，所以就不顾一切地去了。

　　可是曹操这次好像比前几次都厉害，原来曹操吃了一种叫"打胜仗"的药，所以才这么厉害的。曹操用刀劈刘备，但刘备用盾挡住了，刘备用剑砍曹操，但曹操又躲过去了。张飞用丈八蛇矛刺曹操，可曹操又用刀把丈八蛇矛给挑开了。它们就这样打了三天三夜，还是难分难解。最后，它们都打不动了，一起停了下来。

　　曹操说："咱们和好吧。"

　　刘备和张飞说："好啊，我们以后在一起工作，互相帮助，好不好？"

　　"行啊。"曹操说。

　　从此，两个蚁群之间再也没有战争了，蚂蚁世界和平了。刘备、张飞和曹操的故事，到现在还在蚂蚁世界里流传着。

　　不知不觉间，你们用学过的旧语言创造了一个新世界，这又是另一种不羁的自由，或者说，是一种温柔的颠覆、别致的对抗。

❧ ❧ ❧ ❧ ❧

　　阅读，是一种经历，在别人的故事里认识我们的人生；

　　阅读，是一种冒险，在别人的情节里跌宕起伏；

　　阅读，是一种穿越，在词语的密林里左冲右突；

　　阅读，是一种积累，将他人彼时的语言化用于自己将来的描述。

你遇上一批批的小娃娃，总是要引领他们进入到阅读的世界里。当别人在强调字词句的时候，你重视的是阅读的趣味和审美艺术，是鼓动孩子对书的喜爱，关切孩子阅读习惯的养成。

当别人在为孩子该读什么书犯愁为孩子不爱读书而焦虑的时候，你开始把目光移向文字，开始关注孩子对词汇和语言有意识的吸纳与接受。

你把这样的行为称之为"开启词语小银行"。

美好的事物，需要我们告知孩子，知道它们存于何处；

如何吸纳美好的东西，需要我们做出示范，让孩子看得见；

这个示范不仅仅是老师示范给孩子，还有伙伴之间的示范，让孩子看得清学得会。

所以你要告诉孩子，我们每个人的大脑里都有一个小小的词语银行，我们需要在读书或者读文章的时候，对一些少见的新颖的感觉很好的词语或者句子特别留心。比如，读到一个好词语，你就不要急着往下读，这个时候可以停下来，将这个词语反复读几遍，让它存在你的词语小银行里，变成你自己的财富，再接着往下读。这样坚持下去，也不会很辛苦，但是养成好习惯以后，你的词语小银行里就会存下很多很多好的词语和句子，你就成为很"富有"的人，说出来的话，写出来的文章，特漂亮，让人爱听爱读，你也就成为一个受人欢迎的人。

说完这些，你还特意强调，老师我自己就是这么做的。

孩子们听了你的这番描述，懵懵懂懂地知道："哦，原来读书还可以这样啊，跟以前比会有点麻烦，但是，好处很多哦，试试看。"

于是，你会在带着他们复习时，先从课文里偶尔出现的好词好句开始，给出时间让他们开动词语小银行，然后会找几个孩子来交流他们是怎么做的，在伙伴的描述中，大家都明白这是怎么一回事，我们可以在读完一篇文章以后，能学到那么几个好的词语，让词语银行里多一些积累，这就是另一种收获。

有的时候，在你说话过程中，会冒出一些词语来，例如你讲到七只小猫做苦工的辛苦努力，就用到了"功夫不负有心人"，你会特意将这七个字写在黑板上，让孩子听得见看得清，增强对新鲜词汇的敏感度，慢慢慢慢学会积累词语，当他们拥有大量的词汇以后，表达的空间更大，也更从容，同时因为这种自如的表达，能让人从真正意义上拥有自我。

小学阶段语文的学习，说到底是积累语言的过程，你尝试用各种方式，让更多孩子养成积累的习惯。你在批阅他们的小练笔时，每每看到他们有意识地运用新学的词汇，就会大加赞扬，孩子也因此特有成就感："我的词语小银行可以存也可以取哦！"

当孩子开始提笔书写时，他们尝试着用不太丰富的文字搭建一个小的世界，如果这是围绕一个有趣的话题展开的话，那这个世界一定充满奇异。例如，你让他们猜测：老师为什么喜欢古琴？在他们的心里，充满了很多好奇的回答，这些回答充分显示了每个孩子的特质。

你提出的话题一定都是有趣的，一定要让孩子有话说，有说下去写下去的兴致。

比如，关于"穿越"——

"我想坐时空穿越机到未来，因为我想看宇宙、火星、水星……"

"如果我有一台时光穿越机，我会去哪？如果我有一台时光穿越机，我想去老师小时候，因为我想看一下老师小时候是什么样子的。我还想去我小时候，因为我不记得我小时候是什么样子的。"

"我坐上时光穿越机，将会到恐龙时代，到了那里，我发现一个奇怪的现象，食草恐龙吃食肉恐龙，食肉恐龙吃食草恐龙的蛋，它们吃来吃去，把对方吃完了。原来恐龙就是这样灭绝的啊！"

"我想坐时光穿越机去《幻想数学大战》里去，看知修和其他的几个光斗士们，把无限魔王和阿修罗、大山、路西艾拉、布尔齐布齐、加加梅修、奥尔梅加 game over。可是，那样会很可怕的！"

"我想穿越时空，回到小宝宝的时候……"

"我想去未来看我长大以后会做什么职业或者成为什么专家，而且我还想去未来看看电子产品发不发达，看看人们有没有解开恐龙灭绝的原因。"

"我想回到恐龙时代，因为我爱小恐龙；

我想回到我小时候，因为不用上学！

我想回到原始森林，我想成为一名探险家；

我想回到一岁的时候，因为天天可以让妈妈抱着我玩……"

"当我坐上时空穿梭机，回到白垩纪恐龙时代，一个晚上，我爬到一头暴龙身上，做了一座箭塔，看看时间还早，我又做了几副弓箭。然后，睡着了。

第二天早晨，我被暴龙的叫声惊醒了，看见暴龙正在追捕一只禽龙，我走上箭塔，拿了块多余的木头，点上火，抢向禽龙，禽龙被烧伤了，暴龙吃了禽龙肉，就睡着了。我爬下去，割了禽龙肉，带回箭塔上晒干了，做肉干。吃了一块，味道真好呀。剩下的储存起来做干粮。

我看见暴龙正在孵蛋，于是，爬下去，在暴龙蛋上装了个加速器，蛋就很快被孵出来了。趁暴龙专心孵蛋的时候，我悄悄地搬走了一个最小的暴龙蛋，坐上时光机回来了。

回来以后，我把恐龙蛋交给了科学家，科学家在实验室孵出了小暴龙，可是它太小太虚弱了，所以没有成活，科学家就抽了小暴龙的血，做基因研究了。科学家把暴龙基因放到一个鸡蛋里，结果居然孵出一只窃蛋龙，偷走母鸡的鸡蛋，结果母鸡们群起而攻之，把窃蛋龙给啄死了。恐龙最后还是逃不过灭绝的命运呀。

如果有时光机的话，我会去侏罗纪，解开恐龙灭亡之谜，看一看古代生物长的哪样？总之一切皆有可能。"

……

关于穿越，其实可以极大地丰富孩子的想象，这个过程中，如果有家长或其他大人参与他的讨论，一定会展开得更详细，让想象更细致。所以，孩子最初的开笔是需要来自大人这方的刺激的，因为他们才开始啊。亲爱的家长们啊，这个时候，你在场吗？

关于梦想——

"我的梦想是当一名考古学家，我将发现很多古书和化石，解开一个个谜团，得到全世界的关注和信任，并出版（人类）这本书。我希望梦想成真，因为一切皆有可能哦。"

"我想当一名游泳世界杯冠军，我必须具备矫健的身手，聪明的头脑，坚韧不拔的毅力。我现在要苦练游泳本领，虽然前面有很多的困难和曲折，但是我一定会努力练习，争取进入大班，再超过大班的班长。

"成为游泳巨星，除了勤奋苦练，还有学习更多本领，科学的练习，合理地安排时间，为明天加油！"

"我想成为一名神笔画家，给不健康的人画一个好身体，给没饭吃的人画上一个美味的饭菜，给坏人画上一个好的心，这个地球就没有坏人更加美好。"

"我的梦想是开一个网球俱乐部。它一定好大好大，大得容得下一万个人。我会把它一半刷成黄色，那是玉米的颜色，是我最喜欢吃的！一半刷成蓝色，那是大海的颜色，是我最喜欢去的！"

"我的梦想是当足球运动员，每天可以踢九次足球。我梦想足球一会变三角形，一会变长方形，一会变回圆，好奇怪呀。"

"我的梦想是长大变成咏春拳高手，因为我现在在学咏春拳，咏春要学棍，双节棍。"

"我的梦想是让刘老师选上我进学校合唱团，我会唱得很好。"

"我想当银行家，因为这样可以很有钱。还想当一位小提琴家，因为我想得到很多奖。我会到世界各地演出，演奏世界名曲。不过，真的没得奖也没关系。"

……

这是你读完《梦想》这本图画书以后布置给孩子回家的试笔，你可以看到很多孩子心中的"梦想"，有很现实的，也有很多美好的。但总的来说，其实这些梦想都来自于现实的观察和思考，都是根植于孩子的日常生活的，你可以很轻易地从孩子大大小小的梦想中，窥知他们心中小小的秘密，故而，这是一个让我们轻巧进入孩子世界的途径。亲爱的家长们，你们是在这个世界的大门外吗？

❧ ❧ ❧ ❧ ❧

诗歌是最好的语言。印度《唱赞奥义书》[①]说过："草木之精英为人。人之精英为语言。语言之精英为颂祷之诗。诗之精英为高声唱赞。"你们会玩古诗大变脸，也就是用现代文改写古诗。例如，你们改写过《清明》——

正是清明，细雨纷纷。

站在山坡，遥望行人。

春风拂面过，新生的树叶很柔嫩。

遍地野花，香气真好闻。

三三两两的扫墓人，声泪俱下读祭文，

祭文极感人，我悄悄抹泪痕。

轻声悲叹，先人都已归土归尘。

问路之时大雨倾盆，狼狈不堪敲人门。

对面就是杏花村。

清明时，雨纷纷。

云乌黑，天阴沉。

雨骤倾，人狂奔。

小儿乐，大人恨。

清明时，路无尘。

雨过晴，太阳狠。

―――――――――

① ［印度］《五十奥义书》，徐梵澄译，中国社会科学出版社 2007年版

在云南，菌满盆。

在桂林，艾染村。

清明时，在深圳。

小长假，天气闷。

杜鹃红，茉莉芬。

自问何处寄亲情，小花一朵敬先人。

清明时节，天空阴沉。

细雨滴答，风声呜咽。

树枝摇摆，落英缤纷。

路上行人，三三两两。

思念亲人，多么诚恳。

人们脸庞，有着泪痕。

想去喝酒，解解愁闷。

酒庄在哪？找人问问。

遇见牧童，去杏花村。

雨后叶子，那么鲜嫩。

又是一年清明节，细雨纷纷。

春风吹绿杨柳岸，柳叶嫩嫩。

三三两两，行人。

走过一个又一个的土坑，寻找家族的祖坟。

望远处，郁郁森森，念亲人，心头忍。

很郁闷，欲把酒斟。

却不知酒家何处有？

小牧童，牛背上把手伸。

传来酒香阵阵，那是杏花村。

把酒温，伤心无处寄孤坟。

今天是清明节，雨水纷纷。

到墓地的时候，已接近黄昏。

先人们的墓旁，杂草纷纷。

清理完杂草，把香插上，一根一根。

烧完了纸钱，拜好了先人。

我们离开墓地，回到深圳。

回家的路上，一直在问：

人为什么会死？

先人的灵魂能不能重生？

正是清明，细雨纷纷，如丝如针。

祭祖的人，三五成群。

他们要去上坟，

脸上写满悲伤，

个个都像丢了魂。

怀念亲人，满脸泪痕。

借酒浇愁，酒家在哪。

找人问问，遇见牧童，遥指杏花村。

草青叶嫩，花香如熏。

开怀痛饮，兴尽回村。

你们的创意写作越玩越开心，甚至开始玩起了"人称大转换"——要求在短短的文字里出现"你、我、他"三种人称，而且这三种人称必须都要指向同一个人——

爸爸，我好想你，你出差了那么久，我有时候都记不住你什么样子了。

很多时候，你在家的时候，你的女儿，她总和你不好，当你出差的时候，才想到了你。爸爸，你养了个不孝的女儿。

她学习一般，不像你小时候，考试总是前三名。感觉她长得和你不怎么像，有时候，她仿佛感觉她是被捡来的！

有时，我自己对自己说，你怎么这么差！钢琴弹得很难听，语文考的真烂！可是，看着你的照片，我的眼睛就热了。

有一次，我在梦里梦到了你，我向你扑过去，大哭起来。爸爸，我爱你！你别去出差了，我在家里非常想你，真的很想你！快回来吧！

后来，你开始每周带孩子抄背两次小古文，这些小古文都是短小有趣的，读起来不费劲儿，有很多可以作为你们小练笔的材料。例如你们读过古文《吮疽》，然后试着从不同的角度用不同的声音来评价同一件事：

吮疽

吴起为魏将，攻中山，军人有病疽者，吴子自吮其脓，其母泣之。旁人曰："将军于而子如是，尚何为泣？"对曰："吴子吮此子父之创而杀之于注水之战，战不旋踵而死。今又吮之，安知是子何战而死，是以哭之矣！"

小Y这么写着——

吴起：感化士兵，兵将一心，可以让士气高涨。

士兵：吴将军不为毒疮恶心，为我吸脓，我要努力！

士兵他妈：将军又"杀"了一人，我恨他！

士兵他爸：我不想儿子死！不过可以提早来看爹地。（顺

路带点糖来）

　　旁人：将军的苦心她不知，真可怜。

　　小Z这么写的——

　　吴起的角度：我帮军人吮疽，是让军人报答这生自己养自己的国家，效忠国家。

　　军人：有吴将军这样的人，我能碰到，太荣幸了。您能帮我吮疽，估计我一辈子都难再遇到，所以我要拼命在沙场。

　　军人爸：吴将军，我是有点恨你，但是，你让我见到什么样的人，才是好人！也不枉我英年早逝。

　　军人妈：吴将军，我太恨你了。你把我的夫君那么早就送上了天，你还要把我的儿子送上天，你太残忍了！

　　我：对吴起来说，是有许多好处，但对于军人的家庭来说，太残忍了！

　　小G写的也很好玩——

　　父亲：我真后悔冲在第一个，看来被感动了也不要太冲动啊。

　　吴起：又有一个人被我感动了，我又有一员猛将了！

　　旁人：真奇怪，你儿子有一个那么好的将军，你还不高兴吗？你多幸福啊！

　　儿子：多么好的将军啊，我一定要好好报答你！

　　妈妈：儿子，你千万不要像你老爸一样！

　　这样的写作训练你也只是在模仿，模仿黑泽明的电影《罗生门》，模仿安东尼·布朗的绘本《公园里的声音》。习作入门，不妨先从对经典的模仿开始。

当然，你还带着孩子们写一些鬼里鬼气的文字，你给他们讲鬼故事，然后让他们编好玩的鬼故事。一起来欣赏两则鬼故事吧——

大家好，我是小D，万圣节就要来了，你怕鬼吗？我以前最怕的就是鬼，每次看完鬼片或者一到万圣节，晚上都很害怕，会睡不着。

我最怕的有三种鬼：

第一种是骷髅鬼，第二种是白色的幽灵，第三种鬼最可怕，没有形状，会从门缝里钻进来，可以变小，也可以变大。

后来，我想出了几个"搞鬼"的办法，也就是对付鬼的法宝和妙招了。

对付骷髅鬼，只要在家里养一条狗。因为狗狗最爱啃骨头啊！只要骷髅鬼一出现，狗狗就会闻到香味猛扑过去，把这一摊骨头全啃到肚子里去！

第二种鬼呢，只需要准备一些颜料和刷子。因为幽灵太爱干净了，总是穿着白袍子，如果我把那些颜料全甩在它身上，它就再也别想洗干净了。我猜它一定和我一样，超级不喜欢洗衣服。

对付第三种鬼，只需要准备一台吸尘器。

它既然没有形状，和空气一样，当它飘过来的时候，我只要一按开关，它就"咻——"的一声，被吸进吸尘器里面，然后往马桶里一丢，哗啦——就被冲走了。以后就再也不敢来啦！

这就是我对付三种鬼的法宝。

其实我也是一只鬼，原来我是爱哭鬼，后来是胆小鬼，现在是调皮鬼，自从我发现了这一点以后，我就再也不怕鬼了。

你也说说自己是什么鬼吧，你也怕鬼吗？如果你怕，就把你最怕的鬼告诉我吧！我来帮你对付它！

吸管吸血鬼和钻子吸血鬼的故事

我是一只小吸血鬼，请注意，我可不是那种凶残的吸血鬼，我是一只吸西红柿鬼。我的叔叔也是一只吸血鬼，后来他去了英国，不知为啥变得很凶残。

有一次，我去英国探望他，他希望我带给他的礼物是一把大钻子。我很惊讶，也很奇怪，但还是照做了。一见到叔叔，我就迫不及待地大喊："叔叔，您要的钻子我带来了！您要用来干什么呢？"叔叔神秘地微笑着说："到时候你就知道了。"

午夜时分，叔叔带我去了一个阴森的古堡，一路上叔叔吓跑了五只吸血鬼，最后在城堡里到处找可以吸血的人，我就去厨房找了五个西红柿做我的晚餐。等再见到叔叔的时候，叔叔夸奖了我带给他的礼物钻子非常锋利非常好用，他顺利地吸到了他的晚餐——一个胖伯爵的血，因为他实在太胖了，要顺利吸到血还真的非要借助钻子不可。看来这真是件好礼物呀！

在英国住了一个月，我就要回家了，叔叔让我带一包礼物给我的舅舅。舅舅拆开礼物，发现是一包吸管，舅舅迫不及待地去试验他的新礼物。舅舅去了一座破落的古庙，他已经让聂小倩诱惑了一位书生。然后，他学习英国绅士吸血鬼的模样，用吸管优雅地吸血。舅舅很开心，他很喜欢他的新礼物。从那天起，他一直用吸管吸血，还改名叫"吸管吸血鬼"啦。

故事里充满着儿童的幽默和智慧，读起来真可乐，无形中也能抵御听鬼故事带来的本能的恐惧。

❀ ❀ ❀ ❀ ❀

　　写作的基本思路是要帮助孩子建立起对语言的敏感和自信，让他们真诚而灵活地表达自我。你觉得，孩子在幼儿园到小学低年级需要注重口述作文；到了中年级，就要从读学写，进行创意写作；到了高年级，文学写作与应用文的写作要分开，不要只写美文，而忽略了应用文的训练。你还记得自己学中文那么多年，到了深圳之后，李校长要你写活动报道却一筹莫展的困窘，你也记得自己做活动方案时不知何处下手的尴尬。究其原因，正是你以前的写作过程里，老师只是要求你写美文，却从没有好好训练过你写实用文，所以后来你想写好毕业论文都是那样艰难不顺。你要带着你的孩子破除这样的障碍，实现真正自由地书写和表达，所以，在后面的设计里，你安排了各种练习——写二人对话，要求使用不同的提示语；熟练之后，加一个人进来，写成三人间的对话；写一段有理有据的说服别人的文字，要求别人看了之后心服口服，答应你的一个要求；写一段说明文字，向别人介绍某种游戏或某样物品；用一个学期的时间写一篇调查文章，切入点要小，可以申请专门设置的班级文化基金去完成这样的调查，例如调查全校有多少得近视的同学，他们的近视原因是什么，最后提出相应的忠告和建议……

　　一方面放飞想象，释放灵性；另一方面紧贴地面，融入生活。这就是你享受着文字的魅力。经过这样的文字训练，你还可以作为一名观察者，知道更多孩子世界的神奇，即便他们初始的文字有些粗糙，甚至跌跌撞撞，但是如果我们细心关注，主动扶持，每一个孩子都可以建造起一座神奇的言语的宫殿！

11　遇见未来的你

珍惜每一次相聚，拥抱每一次别离

梦想

我问你："将来的日子里，你准备做什么呢?"

你笑着说："这话，我也想问你。大学毕业你准备出国，之后呢，还回来吗?"

我们好像都没有回答彼此的问题，也无须去回答，答案就在彼此的关切与询问里。

未来，不要太遥远，在现在的社会里，大家都只专心活在当下，尽情享受现世的浮华，谁还有精力去虚构和编织未来?

可是，我们都是爱做梦的人，我们都是一片冰心，满腔火热，容易被感动，也愿意去付出。

握紧手心里的这一点温热这一点时光，珍惜每一次相聚，拥抱每一次别离。

顺从自己内心的召唤，做好自己要做的事。

不要一味去抱怨，更不要试图去泄恨，温和而坚定地执行自己的想法，做一名低调的理想主义者。你要相信："你给生活意境，生活才能给你风景；你风声鹤唳，生活也只好四面楚歌。"

只要能让未来变得美好一点儿，现实的每一点努力都充满着意义。

❀ ❀ ❀ ❀ ❀

文字

我们都深爱着文字，我们相信阅读的力量，相信故事的温暖，相信文字会记录生命的点滴，帮助我们重新梳理生活，我们用文字书写希望。尽管岁月会老化我们的身体，却无法摧残我们的容颜，相信文字能滋养我们的性灵，丰盈我们的精神，让你进入清明之境。

生活是向下的堕落，阅读是向上的升华。在一个信仰缺失的时代，如果连这样一点相信都跟着沦丧，所谓的生活只是不断满足肉身沉重的欲望，活着就失去了意义。

虽然，在很多时候，语言也扮演着攻讦与矫饰的角色，制造了太多的怨恨与谎言。可是，这不是语言的错也不是文字的缺陷，而是言语者心灵的映照。污水在浑浊之前还是清澈的，它的浑浊是因为水流洗下了污垢。我们深信文字自身携带的净化功能，只要你是诚恳的、虔敬的，你对人对事对世界怀着最大的善意，你真诚地言说，你自然会摆脱身处的那个平面的世界，你将脱颖而出或生活在别处。

你因此拥有了另一个世界，可以妥善地安顿你的灵魂，当身边的平面世界碎片化庸俗化甚至扭曲变形时，你不至于无所依傍或者苟延残喘，你大可独善其身，退居到另一个世界里怡然自得。

在寒冷的季节，我们用文字取暖。

在饥饿的时候，我们用文字充饥。

在黑暗的夜里，我们用文字照亮脚下的路。

❧ ❧ ❧ ❧ ❧

未来

将来我也会像你一样，虔诚地写下我自己的故事，我愿意用我的文字呼应你的人生。

你呢？

你也会继续书写你的传奇吧？

你我在人生中的某个阶段短暂相交，然后是长久地分离。可是这火光电石间的交集，已经烙成生命里的一处印痕。不察的痛，不觉得痒，在每个清醒着的早晨或劳累后的黄昏，总是在提醒。

我们要走好脚下的路，我们能做一点改善的事，用一点点的热，一点点的光，带给身边的世界一点点的希望。

哪怕是做泥土，也要把肥沃和营养输送给绿植，让它们成长为我们的希望。我们都明白：在今天的这个故事里，我不是我，你不是你。我就是你，你就是他，他就是我。

生命中总会有这样奇妙的交互。

还要继续写下去吗？

我们需要勇气继续生活。

更要带着快乐继续生活。

眼前的这一切都是未完成的作品，有些故事申请暂停，有些故事需要休息，有些故事即将登台，重新开始。

✿ ✿ ✿ ✿ ✿

我们在下一个故事里，和你相遇。

不妨来一杯金汤力

一本书写完了，写书的那个人照例是要跳出来说几句话的。

下面的这些文字，就是这个人要说的话。

这些话，一般是放在书的前面或者后面，大意是自己为什么要写这本书，希望大家能喜欢云云。

不过我得悄悄告诉你，这些话诞生的时候，这本书还没有最终完成。

这些话是在他有一天写累了，出去跳绳的时候突然就想起来的。

他一边跳一边想，结果想了很久，也跳了很久。

那天，他破天荒地跳了六千多下绳，之前，他也就偶尔跳个两三千的。

跳完去洗澡，他一边洗澡一边继续想这些话，就好像这些话在他的脑子里不断生长，然后像清水汩汩地冒出来一样。

想到水，他又想到了朋友推荐给他喝的一款很经典的鸡尾酒——金汤力。晶莹剔透的杯子里，冰块悬浮在酒中，气泡包围着柠檬薄片，轻啜一口，清凉爽口。

就像他的这本书，四分之三的汤力水是他用生活构成的文

327

字，四分之一的金酒是他用文字编织的生活。一开始的时候，他本来是野心勃勃想写一部小说的，你们从一开头的惊人句大概能猜到他的一点点野心。

可是他发现自己驾驭不了小说的文字。或者说，他的生活历练心智准备还不足以让他支撑起小说的体重。太多教育现场的东西在纠缠着他、包裹着他。

他得对过去那些直接诞生于教育现场的文字有个交代。

虽然有些可能只是存留在他的脑子里，但更多的却是涌到现场真实发生。

这样也好，他可以用自己喜欢的文学手法来安排这些教育场景。

曾经有人跟他说，好喜欢你的文字啊，赶紧出书吧。

他没有动静。

曾经还有人跟他说，就把你博客里的那些文字汇集起来，不就是一本书了吗？

他还是没有动静。

一个对文字颇为敏感与敬重的人，是不会轻易安置自己的文字的。

他思考了很久，终于决定用两种人称交互叙事的方式来讲述教室里的故事，就像你们看到的这样。

他用文字梳理了过去的那些时光，努力勾勒出一个光芒四射的文学课堂，一间彩色的阅读教室，一个有着人文精神与浪漫情怀的理想教师。是的，作为一名教师，要有"阅读教师"的身份自觉，要动用自己的热情和智慧，打造一间色彩缤纷的阅读教室——在那里，有好听的故事会、好玩的语文课，可以对教材指手画脚，还有丰富多彩的活动、兴致勃勃的表演，当然，这个教室的边界是大家共同商议和必须遵守的规则。除此之外，无边无际，无始无终。

十一个章节，两种声音，散乱其间的很多小故事，读起来断断续续，杂乱无章。可是，生活不就是这样吗？回首来时路，我们的目光总会被路上那些闪着光的东西所吸引，那一块块小石子、碎玻璃、小叶片，都附着了很多美好的记忆。

他这一路走来，其实并不孤单，前面是梅子涵、李庆明、徐冬梅、周益民、王林、赵志祥、顾兵这些师长引路，身边有三叶草故事家族的草籽们同行，更有一众家长（编内的、编外的）死心塌地的支持，他乐在其中！那些散落在风中的文字，恰好带着生活的温度，带着梦想的光泽，有点痴人说话的傻气，有些絮絮叨叨的宣泄，偏偏就得到了谢影女士的喜爱，让他有点儿小得意，有些大感激。

可是，他最终还是没能做成一道大餐，充其量算是调制出了一杯鸡尾酒，有点儿淡淡的酒味，有点儿冰冰凉凉的口感，可以端出来让大家尝尝，打发俗世里的一段好时光。

在品尝这杯金汤力的时候，会遇见你，遇见我，也会遇见他，遇见一个真实的人群，看着他们怎样怀揣着梦想走路，蹦蹦跳跳，跌跌撞撞，闲庭信步，踏歌而行。

这时，你可以放下酒杯，为他们的出现送上一点掌声。

写完这本书的时候，正好他也结束了一所学校的教学生涯，转到同一城市的另一所学校。

那段时间，有关他的很多议论和评价蜂拥而至，正好帮助他完善了对整本书的构思。

幸好不是小说，他不用安排人物的命运，不用担心故事的结局，不用斟酌结构的严密。

他喜欢喝金汤力时的松散和悠闲。

所以，当生活里的各种人物各样声音纷至沓来，其实，这正中他的下怀。因为，往往是这时，他需要的文字也会闻风而至。

就这样，他完成了与一段生活的告别，也完成了对这段生活的总结。

他要感谢书中提及和没有提及的那些孩子、那些家长，是他们，帮助他一起完成了这本书。

书成之时，他从内地来到深圳已满七年。七年时光，值得珍存的东西太多太多，写成这本书，也是对这七年光阴的基本交代。

这是他的第一本书，希望第二本出现的时候，将会是另一个面目，另一种样态。

那时，或许他会捧着一杯拿铁，或许在品一壶清香的黄芽？

生活在继续，文字也不会停止。

来吧，朋友，让我们先为往事干杯！

周其星
2013年7月30号初稿于深圳
2014年2月18号定稿于深圳